Adolf Eichenseer (Herausgeber)
Engelbert Süß (Zeichner)

Das große bairische Gstanzlbuch

– Håt oaner oans gsunga –

Volk Verlag München

Gemeinschaftsausgabe mit dem Bayerischen Landesverein für Heimatpflege e. V., München,
in dessen Schriftenreihe „Lied, Musik und Tanz in Bayern" Nr. 82

Die Deutsche Bibliothek verzeichnet diese Publikation in der
Deutschen Nationalbibliografie; detaillierte bibliografische Daten sind
im Internet über http://dnb.ddb.de abrufbar.

© 2014 by Volk Verlag München
Streitfeldstraße 19; 81673 München
Tel. 089 / 42079 69 80; Fax 089 / 42079 69 86

Druck: Kösel, Krugzell
Alle Rechte, einschließlich derjenigen des auszugsweisen Abdrucks
sowie der fotomechanischen Wiedergabe, vorbehalten.

ISBN 978-3-86222-153-0
www.volkverlag.de

Inhalt

Geleitwort 9

Einleitung 11

I. Einzelgstanzl 21

Lebensfreude 23
Schnaderhüpfl 24
Freude am Gstanzlsingen 25
Lust am Leben 26

Liebe und Ehe 31
Wechselseitiges Schwärmen 32
Annäherung, Fensterlgang, Enttäuschung 39
Enge Beziehung / Verhältnis 45
Hochzeit, Ehe, Familie 55
Kinder 59
Entfremdung / Trennung 62

Alltag und Arbeit 65
Arbeit 66
Handwerker 67
Bauer 71
Pfarrer 72
Lehrer 73
Andere Berufe 73

Wirtshaus — 77
Wirtshaus — 78
Essen — 79
Trinken — 80
Unterhaltung / Spiel — 85
Verabschiedung / Heimgang — 86

Musik — 89
Singen — 90
Musizieren — 91
Tanzen — 93
Kirchweih — 95

Kritik — 99
Leben — 100
Kirwa-Gstanzl, gesungen von Kirwamoidln — 105
Des håt ma heint — 106
Aktuelles aus dem Jahr 2010 — 106
Gesellschaft und Leute — 107
Aktuelles über Politiker aus dem Jahr 2012 — 109

Spott — 111
Ortsneckereien — 112
Dabläckn — 116
Handwerkerschelte — 127
Ironie / Groteske — 129
Streiten/Raufen — 138

Unsinn **141**
    Blödsinn / Humor 142
    Wortspiel / Lautmalerei 147

Zote **153**
    Derb-Sinnliches 154
    Erotisches 157
    Kirwa-Gstanzl, gesungen von Kirwaburschen 160

Um a Fünferl a Durchanander **163**
    Allerlei 164
    Kunst-Gstanzl 169

II. Gstanzlgruppen: Gstanzllieder **173**
    (Thematisch zusammenhängende Vierzeiler)
    Kindergstanzl 174
    Erwachsenengstanzl 177
    Schwiegermutter 182
    Rauchverbot 183
    Weltuntergang 2012 184
    Und ewig lockt das Weib 185
    Hochzeit 185

III. Gstanzlgruppen: Gstanzlserien **189**
(Thematisch nicht zusammenhängende Vierzeiler)

Politische Schnaderhüpfel (März 2012) 190

Allgemeine Gstanzl 191

Schierlinger Gstanzl 191

Hirschbachtaler Gstanzl 193

Schönwerth-Gstanzl 197

Da drobn aufm Bergerl-Gstanzl 198

IV. Gstanzlmelodien – Auswahl **199**

V. Anhang **245**

Gstanzl-Werkstatt 246

Kleines bairisches Glossar 248

Quellenregister 250

Gewährspersonen 252

Geleitwort

Das Gstanzl – ein lyrischer Einstropher mit epigrammatischer Zuspitzung; auch Schnaderhüpfl, Schnaderhacki, Schluperliedl, Schnatterliedl, Schelmenliedlein, Schandliedlein, Schamperliedlein, Vierzeiler, Trutzliedl, Trutzgsangl u. v. a. m. genannt, so sagt es das Österreichische Musiklexikon.

Dass Adolf Eichenseer ein ausgewiesener Kenner dieses Genres ist, muss nicht eigens erwähnt werden – dass er sich aber die Mühe macht, seine Sammlung nun in einem weiteren Buch im Volk Verlag der Öffentlichkeit zugänglich zu machen, ist aller Ehren wert. Neben seinen Wirtshauslieder-Publikationen – inzwischen sind bereits fünf Bände veröffentlicht – ist dieses Buch einmal mehr ein wichtiger Beitrag zur Dokumentation von Singtraditionen in Bayern.

Adolf Eichenseer sei herzlich gedankt, dass er sein „Notenkasterl" erneut geöffnet hat, seine wertvolle Sammlung zugänglich macht und somit seinen Teil dazu beiträgt, die Lied- und Singtraditionen in Bayern lebendig zu erhalten.

Elmar Walter
Bayerischer Landesverein für Heimatpflege

Einleitung

Das Gstanzl, Schnaderhüpfl oder einfach auch Gsangl, wie es in Niederbayern und in der Oberpfalz genannt wird, ist eine im gesamten bairischen Sprachraum seit Jahrhunderten überlieferte Liedgattung, die sich heute noch bzw. wieder großer Beliebtheit erfreut. Beim Gstanzl wird einer bekannten Melodie ein meist lustiger, witziger, oft hintersinniger Text in vier sich reimenden Verszeilen unterlegt (s. S. 246), der entweder im Stegreif entsteht oder vorbereitet und dann aus dem Gedächtnis vorgetragen wird.

Als frühester Beleg gilt der Vierzeiler in Luthers Tischreden aus dem Jahre 1537:

Ist der apfel rosen rodd,
so ist ein Würmlein drinnen.
Ist das meidlein säuberlich,
so hat es krause sinnen.

Klingt das bairische Gstanzl da nicht anders, griffiger, farbiger, kräftiger, lebensechter, verständlicher?

Wås hilft ma a scheener Apfl,
wenn er wurmstichig is?
Wås nützt mir a scheens Deanderl,
wenns gråd aso is?

Im Jahr 1779 wettert der Wiesenpater von Ismaning in einer Rosenkranzpredigt gegen die Burschen: „Aber Schniederhüpfl, aber Sausangel könnts singen auf d' Nacht ..." Ein früher Beweis, dass manche Gstanzl schon damals recht anstößig empfunden wurden.

Der Roider Jackl und das Gstanzlsingen in Altbayern

Und jetz wird's halt bald aus sei
mitm Schnaderhüpflsinga.
Mia Altn sterbn weg,
und die Junga lernas nimmer.

Trifft diese negative Vorhersage eigentlich zu?

Lebte das bairische Gstanzl als Klein-Volksdichtung und Klein-Volkslied früher brauchgebunden in den ländlichen Wirtsstuben, auf den Tanzböden, bei den Kirchweihfesten[1] und Heimgängen, Hochzeiten[2] und in geselligen Kreisen, so erleben wir es

---

1 Näheres über das Kirchweihbrauchtum im Lkr. Amberg-Sulzbach s. Piehler Uli s. S. 254 und Strehl Evi, S. 255
2 Näheres über die Bauernhochzeit s. Fisch Silvie und Fleischmann Hermann, S. 252

heute hauptsächlich als Politiker-Schelte, als „Derblecka" in großen städtischen Sälen, auf Bühnen, in Bierzelten, bei Starkbierfesten, politischen Dämmerschoppen usw. ebenso bei den beliebten Gstanzlsängertreffen, wo es allerdings mehr um aktuelle Missstände geht und sich die Akteure gegenseitig kräftig aussingen zum Gaudium des feixenden Publikums.

Dieses „geistige Fingerhackln" kommt bei den Gästen stets am besten an.

Denn der Herrgott im Himml
måg lustige Leit.
Mit traurige Leit
håt koa Teifl a Freid.

Maßgeblichen Einfluss auf die Funktionsänderung des Gstanzlsingens hatte zweifellos der legendäre Volksssänger, Gstanzlsänger und Kommentator Jakob Roider, geboren in Weihmichl im Landkreis Landshut, vulgo Roider Jackl (1906–1975), mit seiner jahrzehntelangen Präsenz auf Veranstaltungen und im Bayerischen Rundfunk, wo er das bis dahin gering geschätzte Schnaderhüpfl in der breiten Öffentlichkeit bekannt und gesellschaftsfähig gemacht hat.

Wohl am treffendsten beschreibt ihn der niederbayerische Bezirksheimatpfleger Max Seefelder: „Seine scharfe Beobachtungsgabe, gute Einfälle, sein Sprachwitz, die Aussagekraft seiner Gstanzl, sein Vortrag, sein Auftreten und seine Ausstrahlung bescherten ihm Respekt und Anerkennung, auch weil Attacken und Seitenhiebe aus seinem Mund niemals peinlich wirkten. Sie waren wohl überlegt und trafen stets den Nagel auf den Kopf. Weil der Roider Jackl die verletzende Spitze seines Pfeiles so geschickt mit seinem Humor brach, konnte kein Politiker beleidigt sein, wenn er ‚naufgschossn' wurde. Im Gegenteil, es sprach sogar für den Betroffenen, vom Roider Jackl mit einem Gstanzl bedacht zu werden."[3]

Es wundert also nicht, wenn der Gstanzlkönig Roider zum Vorbild geworden ist, dem die meisten Hochzeitslader/Innen und Gstanzlsänger/Innen in ganz Bayern versuchen nachzueifern. Übrigens haben couragierte, talentierte Frauen das jahrhundertelange Männermonopol des Hochzeitsladens und Gstanzlsingens auf der Bühne längst erobert.

Roider wird heute vielfach kopiert, seine von ihm bevorzugte Bezeichnung „Gstanzl" hat die früher üblichen Namen für Vierzeiler verdrängt, seine für ihn typische Melodie mit instrumentalem Nachspiel wird heutzutage mit besonderer Vorliebe verwendet. Roiders größtes Verdienst ist es jedoch, dass er das Gstanzlsingen in Bayern auf ein beachtenswertes Niveau gehoben und es inhaltlich wie vortragstechnisch perfektioniert hat. Zunehmend interessieren sich immer mehr Sänger wie Zuhörer für diese Kleinkunst. Selbstbewußt und stolz konnte das Gstanzl-Idol von sich und seinem Wirken behaupten:

---

3   Max Seefelder: Der Roider Jackl, in Derbleckt, S. 10

*Bayern is net nur berühmt wordn
durch Kunst und durchs Bier,
sondern in der Hauptsach durch Gstanzl,
und de san von mir.*

Während nun der Roider Jackl mit seiner Art des Gstanzlvortrags lange Zeit die Szene beherrschte, wurde es in den 1950er Jahren in Bayern um die sympathische, oft aus der Situation heraus improvisierte Kleinform der Volksmusik und Volkspoesie immer stiller. Das traditionelle Gstanzl blühte bis Roiders Tod mehr im Verborgenen. Zwar entdeckte die Volksmusikpflege in Niederbayern diese Liedgattung wieder und nahm sie 1951 beim Straubinger Volksliedersingen erstmals als eigene Kategorie in die Veranstaltung auf, aber die Breiten- und Tiefenwirkung blieb leider aus. In der offiziellen Pflege galt das Schnaderhüpfl weiterhin nicht als gleichwertige Liedgattung, vermutlich weil es wegen seines z. T. „schlechten" Rufes nicht dem Idealbild vom „gepflegten Volkslied" entsprach.

Als erstes Schnaderhüpfl in meinem Leben lernte ich bei einem Kirchweihfest in der Oberpfalz bereits um 1949 folgenden Vierzeiler kennen und singe ihn heute noch begeistert mit den Gästen bei meinen öffentlichen Wirtshausliedersingen:

*Geh, himmlischer Våder,
geh schick uns a Geld!
Na san ma wieder gstellt
auf dera scheena Welt.*

Dieser Text ist so aktuell, dass ihn manches Land im Zeichen der gegenwärtigen Finanzkrise zu seiner Nationalhymne erheben könnte.

Die Gstanzlsammlung im OVA

In den 1970er Jahren begann ich als erster in ganz Bayern, in meiner Dienststelle beim Bezirk Oberpfalz in Regensburg ein regionales Volksmusikarchiv aufzubauen. In meiner Freizeit sammelte ich neben alten Notenhandschriften und Liederheften mit dem Tonband sowohl instrumentale als auch vokale Volksmusik und gründete das Oberpfälzer Volksmusikarchiv. Darin befindet sich heute eine umfangreiche Sammlung von ca. 5.000 Vierzeilern, die aus literarischen Quellen, größtenteils aber aus meiner eigenen Feldforschung im gesamten mittel- und nordbairischen Sprachraum stammen.

Die vorliegende Auswahl von nahezu 2.000 Gstanzln zeigt eindeutig, dass sie sich keineswegs in der Politikerschelte erschöpfen, wie man heute allgemein glaubt, sondern alle Bereiche unseres Lebens und unserer Gesellschaft erfassen. Aus dieser Kenntnis heraus versuchte ich in dieser Veröffentlichung, das gewaltige Material in thematisch unterschiedliche Kapitel einzuteilen.

Die Gstanzlsängertreffen

Als Bezirksheimatpfleger der Oberpfalz (1969–1994) widmete ich mich insbesondere der Volksmusikpflege, im Speziellen der Wiederentdeckung und -belebung autochthoner Volksmusik dieser ostbayerischen Region mit dem angrenzenden Egerland (nordbairisch) und dem Böhmerwald (mittelbairisch).

Unter dem Motto „Das Gstanzl darf nicht sterben" lud ich 1976 – also ein Jahr nach Roiders Tod – zum ersten Schnaderhüpfl-Lehrgang nach Lederdorn im Landkreis Cham ein, zu dem 66 hochmotivierte Gstanzlsänger, Hochzeitslader und Volkssänger aus ganz Altbayern zum Erfahrungsaustausch erschienen. Dabei wurden auch Fragen wie Inhalte und Melodien angesprochen. Sehr schnell stellte sich heraus, dass diese immer noch mündlich überlieferte Kleinform keinesfalls nur Kritik und Spott ausdrückt, sondern alle Seiten des menschlichen Lebens und Alltags behandelt. Die Bandbreite der Gstanzl bzw. Schnaderhüpfl reicht daher von lyrisch, innig, besinnlich über lustig, zweideutig, verspottend, hintersinnig, provozierend bis frech, frivol und zotenhaft. Neben der allgemein verbreiteten Roider-Jackl-Melodie (s. S. 200) kannten jedoch die Teilnehmer eine ganze Reihe anderer Gstanzlmelodien, darunter die kunstvollen sogenannten Abgsetzten.

Nach dem ersten Gstanzlsängerlehrgang in Lederdorn, dem auch einer für Kinder und Jugendliche in Schierling folgte, stand für mich fest: Im Unterschied zu den niederbayerischen Preis-Gstanzlsingen, bei denen es um die Ermittlung von Gewinnern und um Pokale ging und geht, wollte ich diese besondere Art des Singens auf eine andere Weise fördern und steckte mir – im Sinne einer bewussten Volksmusikpflege – folgende Ziele:

1. Aufwertung und Pflege des Gstanzls, Schnaderhüpfls, Gsangls;
2. Pflege der noch erhaltenen Melodien bei Sängern und Weitergabe an Musikanten, die zum Leidwesen der Sänger viele traditionelle Weisen nicht mehr kennen;
3. Wiederentdeckung und Bereitstellung verloren gegangener Melodien für Sänger und Musikanten;
4. Förderung der hohen Kunst des Stegreifsingens, vor allem beim gegenseitigen Aussingen;
5. Rückkehr zu Vielfalt und Reichtum an Themen aus dem Alltagsleben;
6. Nachwuchsgewinnung durch Beteiligung von Kindern und Jugendlichen an Veranstaltungen;
7. Gemeinsames Singen (Mitmach-Kultur mit Aktiven und Gästen);
8. Volksnahe, stimmungsvolle Veranstaltungen mit lockerer Atmosphäre wie in der traditionellen Wirtshausmusik;
9. Maximale Werbung für das Gstanzlsingen über die Medien;
10. Erinnerung an Roider Jackl.

EINLEITUNG

Ermutigt durch den aufgeschlossenen damaligen Marktgemeinderat Otto Gascher (2. Bürgermeister seit 1982 und 1. seit 1984) und gefördert vom Bayerischen Landesverein für Heimatpflege sowie vom Bayerischen Rundfunk, brachte ich das Gstanzlsingen zum ersten Mal in Schierling, einer Nahtstelle zwischen den Bezirken Niederbayern und Oberpfalz im südlichen Landkreis Regensburg, am 2. Mai 1976 auf die Bühne der Gaststätte Aumeier und vor ein großes Publikum. Wir nannten diese Veranstaltung „Bayerisches Gstanzlsängertreffen mit Hochzeitsladern, Sängern und Musikanten aus Altbayern", das wegen der starken Nachfrage in den folgenden Jahren zweimal am Tag angesetzt werden musste. In einer Viertelstunde waren die Eintrittskarten ausverkauft, die Besucher kamen aus nah und fern. Nach wie vor zählt übrigens heute noch das Schierlinger Gstanzlsängertreffen zu den beliebtesten, weil lustigsten, originellsten, witzigsten und glanzvollsten Volksmusikveranstaltungen weit und breit.

Als Hauptgründe für die überraschend große Akzeptanz des Gstanzlsingens durch das breite Publikum verschiedener sozialer Schichten und Generationen bezeichne ich:

Spontaneität, Natürlichkeit der auftretenden Sänger und Musikanten, die einfache Volkssprache, Themen aus dem Alltag und aktuelle Anlässe aus Kultur, Wirtschaft, Politik, Gesellschaft etc., Spannung, Humor und Ausgelassenheit, eine ganz und gar unchristliche Schadenfreude auf Kosten der Ausgesungenen, urbairisches Lebensgefühl, positive Einstellung zur Gegenwart u. a. m. An solchen Abenden mutiert ein hoffentlich nicht allzu großer und nicht zu nüchterner Wirtshaussaal schnell zu einer Hochburg bairischen Volkshumors, ja zum bairischen Volkstheater. Vier Stunden Dauer sind keine Seltenheit, die Besucher wirken aktiv mit, manchmal reagiert einer der Gäste sogar und singt zurück. Vorzeitig verlässt niemand den Saal.

Das Gstanzlbuch und sein Gebrauch

*Wenn i wissat, dass i woaß,
dass i's wissen taat,
na wissat i gwieß,
dass i woaß, wås i taat.*

Für diese Veröffentlichung habe ich aus dem reichen Sammelfundus des OVA nahezu 2.000 Vierzeiler ausgewählt, die das ganze Spektrum bairischer Lebensart, das Denken und Fühlen der einfachen Menschen anschaulich wiederspiegeln. Hauptthemen sind dabei die Liebe, das Verhältnis zwischen beiden Geschlechtern, der Humor, aber auch der urbairische Nationalsport, das Frozzeln, auf den Arm- und aufs Korn-Nehmen, das Derblecken der Leute und Kritisieren ihrer Schwächen. Nebenbei gesagt: Ein wahrer Gstanzlsänger beleidigt nicht, er liest dem Betroffenen lediglich mit Gesang die Leviten. Nach dem berühmten Kabarettisten Django Asül darf dieses Aussingen keinesfalls zu einer Hinrichtung ausarten.

Die vorliegende Ausgabe ist ein Buch aus der Praxis für die Praxis und teilt die ausgewählten Gstanzl in zwölf thematisch unterschiedliche Kapitel auf. Alle Vierzeiler, die hier aus Zeit- und Raumgründen als Zweizeiler zitiert werden, stammen aus Ober- und Niederbayern, der Oberpfalz sowie dem sprachlich verwandten Egerland und dem Böhmerwald. Das Kulturgut der Heimatvertriebenen aus diesen Gebieten soll nach meiner Meinung nicht der totalen Vergessenheit anheim fallen.

Text
Neben den wenigen schriftdeutschen Beispielen, z. B. den Trommelversen[4] (s. S. 127), findet man die allermeisten Gstanzl in unzähligen, sehr differenzierten, oft nur lokalen Dialekten der mittel- und nordbairischen Mundart vor. Wer des Bairischen nicht mächtig ist, wird seine liebe Not haben beim Lesen, besonders aber beim Sprechen oder Singen. Er sollte den Versuch überhaupt nicht unternehmen, die Wörter phonetisch richtig zu artikulieren, und sollte sich mit dem Lesen zufrieden geben. Einzelne Wort-

---

4 Solche Trommelverse wurden in den 1920er Jahren auf den Bühnen der Volkssänger mit Trommelwirbeln angekündigt.

EINLEITUNG

übersetzungen und das kleine Glossar (s. S. 248) werden ihm das Verständnis erleichtern.

Darüber hinaus habe ich mich bemüht, die Schreibweise einigermaßen begreiflich zu gestalten und habe manche nordbairische Fassung in eine in breiteren Kreisen geläufige mittelbairische Version umgewandelt, was ja der nordbairische Purist notfalls wieder rückgängig machen kann. Sollte jemand diese Texte vortragen wollen, müsste er sie unbedingt vorher seinem gewohnten persönlichen Dialekt anpassen und einüben.

Aus Zeit- und Platzgründen war es mir leider nicht möglich, die Quelle oder den jeweiligen Gewährsmann jedem einzelnen Vierzeiler zuzuordnen, was der Wissenschaftler sicher bedauert, der Praktiker vielleicht überhaupt nicht zur Kenntnis nimmt. Die Namen der einzelnen Gewährsleute erwähne ich in einem eigenen Register (s. S. 252 ff.) schon aus reiner Dankbarkeit. Mir bekannte Autoren bzw. Gewährspersonen von ganzen Gstanzlgruppen gebe ich gerne an. Im Oberpfälzer Volksmusikarchiv (Bezirk Oberpfalz, Heimat- und Kulturpflege, Ludwig-Thoma-Straße 13, 93051 Regensburg, Tel. 0941-9100-1382) können die wissenschaftlich interessanten und notwendigen Details selbstverständlich nachgeprüft werden. Wie man eigene Texte zu einer bekannten Gstanzlmelodie dichtet, erfährt man im Kapitel Gstanzlwerkstatt (s. S. 246)

Melodie

Den Vierzeilern sind die unterschiedlichsten Melodien, meistens im Dreiertakt, aber auch im Zweiertakt (s. S. 228), selten im Wechseltakt (s. S. 243) unterlegt. In der Regel bestehen solche Weisen aus 8 Takten, die durch einen Refrain, meist mit Jodlersilben wie *fidralla-lala-la* oder *holla-da-ria, holla-da-ro* auf 16 Takte erweitert werden können. Eine Auswahl aus Hunderten früher gebräuchlicher Gsanzlmelodien befindet sich S. 1997 ff. Wer also Gstanzl, Schnaderhüpfln, Gsangln schaffen will, soll sich zuerst eine ihm gefallende Melodie aussuchen.

Die Schnaderhüpfl-Renaissance in Altbayern

Im Rückblick auf die vielen Bemühungen um die Erhaltung und Wiederbelebung des Gstanzls und des Gstanzlsingens lässt sich nach meiner Ansicht folgendes Resümee ziehen:

1. Das Gedächtnis an Roider Jackl, den bayerischen Gstanzlkönig, ist erhalten geblieben. Er wirkt als Vorbild nachhaltig fort.
2. Das Gstanzl, Schnaderhüpfl, Gsangl hat seine notwendige, längst fällige Aufwertung in der Volksmusikpflege erfahren. Bei der Bevölkerung wie in den Medien ist es wieder ein wesentliches Stück lebendiger Volksmusiktradition geworden.
3. Auch in der Gegenwart hat es seine alte wie neue Funktion und Vitalität bewiesen.
4. Gstanzlsängertreffen haben sich zu einer Börse von traditionellen wie aktuellen Schnaderhüpfln und zugleich zu einer Schule für heranwachsende Schnaderhüpflsänger entwickelt.

5. Zwar wird der allgemeine, langsame Rückgang von traditionellen Bauernhochzeiten – und damit verbunden – von Hochzeitsladern in Altbayern beklagt, bei den Gstanzlsängern tauchen jedoch immer wieder junge Talente auf, Kinder, Jugendliche, Männer und Frauen.
6. Einige Hochzeitslader/Innen bzw. Gstanzlsänger/Innen haben sich zu professionellen Vortrags- und Unterhaltungs-Künstlern entwickelt, sind selbständig geworden, besitzen auch eigene Internetseiten. Im Stil der Volkssänger agieren sie nicht nur als Sänger, sondern auch als Witz- und Geschichtenerzähler, Alleinunterhalter, Kabarettisten, öffentlich wie in privaten Kreisen, z. B. bei Jubiläen, Familienfeiern etc.
(Auskunft über Hochzeitslader und Gstanzlsänger in Bayern erteilt der „Chronist der Bayerischen Hochzeitslader", Christian Glas, Föhrenstraße 15, D-83125 Eggstätt. Tel. 08056-511, E-Mail: christian.glas.bayern@t-online.de).
7. Tausende von Texten zu aktuellen Themen sind neu entstanden und entstehen immer wieder.
8. Immer mehr traditionelle Schnaderhüpflmelodien werden entdeckt und gesungen. Auch andere Melodien, z. B. Zwiefache (s. S. 243) oder „der Fensterstockhias", dienen als frei verfügbare Weisen für Vierzeiler.
9. Die Schierlinger Bühnenveranstaltung hat Nachfolger hervorgebracht, die ebenso beliebt sind, z. B. Haidlfing bei Wallersdorf, später Adldorf und Mamming (alle Lkr. Dingolfing-Landau) seit 1978 und das Holledauer Königssingen in Abensberg (Lkr. Kelheim) seit 1989, beide Gstanzlsängerwettbewerbe, sowie das Barbinger Gstanzlsingen (Lkr. Regensburg), ebenfalls seit 1989, Bad Kötzting, Neurandsberg, Wasserburg u. v. m.
10. Das politische Gstanzl erfreut sich momentan besonderer Beliebtheit, z. B. bei Starkbierfesten, die nach dem Vorbild des Salvatoranstichs auf dem Nockherberg in München bzw. des Schierlinger Gstanzlsängertreffens durchgeführt werden. Dort werden nach dem Muster vom Roider Jackl insbesondere die Politiker aufs Korn genommen und „ausgesungen".
11. Durch Presse, Rundfunk- und Fernsehsendungen wurde das Schnaderhüpfl wieder populär gemacht, viele Freunde wurden gewonnen. Der Bayerische Rundfunk hat dankenswerterweise die intensiven Bemühungen um eine Renaissance des altbayerischen Gstanzl- bzw. Schnaderhüpflsingens in Schierling von Anfang an wohlwollend begleitet und dreißig Jahre lang durch Sendungen unterstützt. Eine Auswahl wurde aus den Mitschnitten von jeweils zehn Jahren unter dem Titel „Hät oaner oans gsunga" in drei CDs veröffentlicht und somit der Nachwelt erhalten, zu beziehen im BR-Shop (www.br-shop.de).

12. Gstanzlsängertreffen gelten als eine echte Alternative zu den üblichen Sänger- und Musikantentreffen mit gepflegter Volksmusik, weil sie humorvoller, aktueller und unterhaltender gestaltet sind und das Publikum mit einbeziehen, weil sie einfach ein Hochfest des Frohsinns darstellen, bei der der altbayerische Volksmensch seine Seele baumeln lassen kann.
13. Das Stegreifsingen, d. h. die hohe Kunst des Improvisierens, wurde zielstrebig gefördert.
14. Traditionelle Bauernhochzeiten mit Hochzeitsladern sind auch bei Städtern heute gefragt.
15. Das Gstanzl, Schnaderhüpfl, Gsangl lebt weiter da und dort in den Wirtsstuben, sowie brauchgebunden in Kirchweihen und traditionellen Bauernhochzeiten in Altbayern, zunehmend jedoch auf der Bühne vor großem Publikum, was natürlich auch gewisse Gefahren der Folklorisierung in sich birgt.

Absichten des Herausgebers

Zunächst dient diese Sammlung natürlich der notwendigen Dokumentation und Sicherung eines wertvollen bayerischen Volksgutes. Zum andern will das Buch beweisen, dass das Gstanzl, Schnaderhüpfl, Gsangl eben nicht „in der Regel ein vierzeiliges Spottlied" (Rolf W. Brednich) darstellt, sondern eine äußerst facettenreiche und vielschichtige Liedgattung, die nicht zum Aussterben verurteilt sein darf. Des Weiteren soll diese Sammlung aufschlussreiche Einblicke in die Höhen und Tiefen der bairischen Volksseele bieten.

Die hier veröffentlichten Vierzeiler wollen talentierte Sängerinnen und Sänger zum Gstanzlsingen motivieren.

Junge, machts nåche,
wia de Åltn ham to!
Macht der oa nimmer weiter,
fangt der andere o.

Mein größtes, aber wichtigstes Anliegen ist es, mit diesem „gesungenen Humor" die Menschen in Bayern und darüber hinaus wieder zum Lachen zu bringen. Gerne möchte ich meine Begeisterung für das Gstanzl mit allen Lesern teilen.

Dank

Dieses Buch ist ein imposantes Gemeinschaftswerk zahlreicher Idealisten, ohne deren Unterstützung es nicht zustande gekommen wäre. Daher möchte ich allen Beteiligten meinen herzlichen Dank aussprechen.

Als erste nenne ich die vielen Gewährspersonen, Sängerinnen und Sänger, die mir ihre Vierzeiler, Texte wie Melodien, bereitwillig anvertraut haben, ebenso meinen verdienstvollen Notenschreiber Otto Wolf.

Zu großem Dank fühle ich mich verpflichtet Elmar Walter für sein Geleitwort sowie dem Bayerischen Landesverein für Heimatpflege für die Aufnahme meiner Veröffentlichung in seine Schriftenreihe „Lied, Musik und Tanz in Bayern".

Lob und Anerkennung verdient der Volk Verlag mit seinem Team, voran der Verleger Michael Volk und sein von mir Kummer gewohnten Mitarbeiter Ralf Bumann für die allzeit unkomplizierte, harmonische Zusammenarbeit.

Mein allergrößter Dank aber gilt meiner Frau Erika für ihre jahrzehntelange Ausdauer und engelsgleiche Geduld beim Sammeln und Dokumentieren des wertvollen Materials, insbesondere bei der wahren Sisyphus-Arbeit am Computer beim Schreiben und Transformieren der schwierigen Dialekttexte, bei der Auswahl und Anordnung der zahlreichen Belege, bei der Beratung und einfühlsamen Mäßigung, wenn ich wieder einmal übers Ziel hinaus schießen wollte.

Juch heißa, juch he,
weil ma 's Leben no ham,
seids lustig, mia kemma
so jung nimmer zamm!

Adolf Eichenseer
Regensburg, November 2014

I. Einzelgstanzl

Lebensfreude

Grüaß Gott, liabe Leitl, jetz geh mas halt o.

Schnaderhüpfl

» Griaß enk Gott, liabe Leit, griaß enk Gott beianand!
I gfrei mi, dassds kemma seids und seids zünfti beinand.

» Griaß eich Gott, ihr liabn Leit, jetz kimm i daher.
I sing eich a poar Schnåderhüpfl, de a jeder gern heart.

» Mitm Schnåderhüpflsinga då fang ma jetz o.
A jeder derf oans singa, der oans singa ko.

» A scheens Schnåderhüpfl, des hearn de Leit gern.
Drum sollts es von mia a ganz Dutzad glei hearn.

» A Vögerl, a kloans, aufn Tannawipfl,
und es is nix so liab als wia(r) a Schnåderhüpfl.

» A Schnåderhüpfl is wia(r) a Vogl im Wåld.
Wenn er trauri will wern, na stirbt er aa båld.

» Auf a scheens Gsangl drauf gheart a Schnåderhüpfl.
Auf a kohlschwoarze Haubn gheart a weißer Zipfl.

» Åber Schnåderhüpfl muaß ma singa kenna.
Åber dumm und verdraaht muaß mas vürebringa.

» Und 's Schnåderhüpflsinga is wia 's Håberfeldtreibn[1].
Då ko ma oft oan sei Sach gscheit um d'Nåsn rum reibn.

» Schnåderhüpfl-Singa, des hearn de Leut gern.
Drum sollts es im Auswärts[2] glei haufaweis hearn.

» Und d'Vögerln håm Kröpferl, de singa um d'Wett.
Mei Schwiegermuatter håt an Kropf, åber singa konns net.

» Wia schreia meine Rösserl, wia schreia meine Roß,
wia draaht si' mei Deanderl, wanns nausgeht ums Gras!

» I wer(d) enk no a påår singa, wers ma dalaubn.
Schee sing e zwar net, für enk werds scho taugn.

» Ja, i taat scho oans singa und fallt ma koans ei.
I sing 's Hinter vorm Vordern, muaß's gråd aso sei.

---

1 Håberfeldtreibn = ländliche Selbstjustiz
2 Auswärts = Frühjahr

- » I taat gern oans singa, kos net vüra bringa.
  Håb a Kröpferl im Håls, drum vawicklt siålls.

- » Åber a Schnådahüpfl und a Witz is scho allweil mei Freid.
  Is a recht a guats Mittl für d' Langweiligkeit.

- » Musikant, jetz pfeif eine und lass 's halt klinga!
  Jetz mächt i de Leut a paar Gstanzl singa.

- » Bei dera Schnåderhüpflsingerei, då braucht ma a Glück:
  Ghaut hams uns gråd net, åber d'Schandarm håms uns gschickt.

  Wias uns verheart ham, då ham ma bloß glacht.
  Und ham für d'Kriminaler glei a Schnåderhüpfl gmacht.

  Ja, eigsperrt hams uns no net, unsre Manner ham se scho gfreit,
  weils gsagt ham, na hättns amal a ganz scheene Zeit.

  Zum Singa hear ma net auf, des derfts uns scho glaabn.
  Mia fürchtn koan Staatsanwalt und aa koan Schandarm.
  Seubersdorfer Sängerinnen

- » Grüaß di Gott, grüaß di Gott, des is a scheens Woart.
  Pfüat di Gott, pfüat di Gott, des is a weng hoart.

- » Unser Herrgott im Himml muaß selber lacha,
  wås d'Leit auf der Welt für an Spektakl macha.

- » Schau, schau, wias regna tuat, schau, schau, wias giaßt, wias giaßt.
  Åber schau, schau, wias Wasser vom Dåch åbaschiaßt.

- » Grea san de Hollerstaudn, weiß san de Blüah, de Blüah,
  schee san de schwarzn Augn, åber trei bleibns håit nia.

Freude am Gstanzlsingen

- » Griaß Gott, liabe Leitl, jetz geh mas hålt o.
  Es waar schee, wenn aa de staad waarn, wou i nimmer daschpeibn ko.

- » Weil ma gråd Zeit håm, sing ma Schnåderhüpfe,
  und tuan sa se reima, sans aa ganz zünfte.

- » Ja, es is scho wås Scheens ja, des Gstanzlsinga.
  Åber mia Åltn, mia sterbn, und de Junga lernas nimmer.

- » Jetz wolln ma oans singa und traun uns net raus,
  weil ma ållaweil moana, d' Leit lacha uns aus.

» Und jetz muaß's an End ham, des Gstanzl-Singa.
  Wer a Bier in sein Kruag håt, der laßt mi trinka.

Lust am Leben

» Mei Strümpf und mei Schuah san aus Fuchsleder gmacht.
  Sie schlaffa am Tåg und geha aus bei der Nacht.

» Der Dietscherlbeck håt 's Geld valorn, der Datscherlbeck håts gfunna.
  Der Läck-ma'm Oa(r)sch is nåche grennt und håts eahm wieder gnumma.

» A lustiger Bua bin i, wenn i aufsteh, na sing i,
  wenn i mi niederlegn tua, gib i aa no koa Ruah.

» Und de Bauern tean trauern, und bättn tean d'Herrn.
  Åber de lustinga Buama müassn in Zuchthaisern sterbn.

» Wenns schneibt, na schneibts weiß, wenns rengt, na rengts nåß.
  Wenn ander Leit schlaffa, geh i zu meim Schåtz.

» Und a lustiger Bua, der braucht oft a Poar Schuah.
  Und a trauriger Narr, der glangt mit oan Paar.

» Då drunt bin i auffa, net weit von Trient,
  mei Vatter is a Jungfrau, mei Muatter a Student.

» Åber lusti macht durschti, macht an Geldbeitl leer.
  I wollt, dass mei Geldbeitl a Kälberkuah wär.

» I bin halt der Micherl, mi kennt de ganz Welt,
  håb alls voller Tascherl und nirgends a Geld.

» Ei, du mei liabe Lisabeth, wia oft håb i dei Wieserl gmäht,
  håb 's Hei und Grummet[3] guat hoambracht und alles bei der Nacht.

» Mia san drei brav Schwestern, und i bin de Kleenst,
  san alle drei resch, åber i bin de Scheenst.

» Juchheißa, juchhei, weil ma 's Lebn jetzt no håm!
  Seids lustig, mia kumma so jung nimmer zamm.

» Bin a lustiger Bua, bin a Lamperltreiber,
  håb d'Diandln viel liaber wia de åltn Weiber.

---

3 Grummet, durch den zweiten (oder dritten) Schnitt innerhalb eines Jahres gewonnenes Heu

» Wenn i koan Schatz net håb, reiß ich mir'n Kopf net åb.
  Nimm ich hålt a Katz in Arm, ei, de is aa schee warm.

» Mei Freid is a Liad, mei Freid is a Gsang.
  Konn i nimmer singa, leb i aa nimmer lang.

» Wenns schneibt, na schneibts weiß, und wenns gfriert, gibts a Eis.
  Wenn ma ålt wird, verliert ma d'Håår, und wenns aus is, is's går.

» Zum Fensterln bin i ganga, bin i auffegraaglt[4],
  håt d'Katz aussagschaut und håt mi eineghacklt.

» Wenn i amal gstorbn bin und wenn i drin lieg in der Erd,
  då wird oft a Madl sågn, der waar 's Ausgråbn no wert.

» All meine Glieder, all meine Knochn tuan ma weh de ganz Wochn.
  Wenn i zu mein Madl geh, tuans ma nimmer weh.

» Ma Lättå[5] hå(b) i koi gout niat tou(n) u[6] hå(b)'s aa näi[7] in Sinn -
  des seahn ma d'Leit oan Fedan oa(n), wås i für a Vuagl bin.

» Wenn oaner a scheens Wieserl håt, heigt[8] er a scheens Hei.
  Åber wann oaner a scheens Deandl liabt, kriagt er a scheens Wei.

» Im Wirtshaus kreuzlusti, mit der Kircha koa Freid.
  Wås werd denn aus uns no wern, sågn ålle Leit.

» Håb i oft a Biedl[9] g'ackert, håb i oft a bißl gsaat.
  Håts me oft zu meim Schåtzerl in Keller åbedraaht.

» Zwoa kohlschwarze Rapperl, dazua an Schimme.
  Die lustinga Leit kemmand ållz'samm in Himme.

  Zwoa kohlnschwarze Rapperl, gråd oaner håt an Stern.
  Jetz håt mi mei ålter Schatz aa wieder gern.

» A Duckantl håb i gschossn in der Irlbrücker Au.
  Wia(r) i's rupfa håb wolln, håts koa Federl am Bau(ch).

---

4 auffegraaglt = hinaufgeklettert
5 Lätta = Lebtag
6 u = und
7 näi = nie
8 heigt = macht er Heu
9 Biedl = Beet, Furche

» Ja, åber auslassn tea ma net, weit liaber sterbn.
   Ja, auf an Stoahaiferl hausn und kloaweis voderbn!

» Ja, trågt denn des Rauchfangkihrn går so vül Geld?
   Kaaf ma uns a Beserl und kihrn de ganz Welt!

» Åber i bin hålt a Maanderl, i håb håit koa Geld.
   Liaber koa Geld als koa Schneid auf der Welt!

» Åber Dianderl, sei gscheit, liab oan, der di gfreit.
   Liab oan mit an Geld, gfreit di die Welt.

» Und i bin hålt vo Straubing, vo Straubing dahoam!
   Von ran winzign kloan Haiserl, wos Kohln brenna toan!

» Und i bin halt vo Straubing, vo Straubing, wers woaß,
   und i reit auf(r)am Schimml und net auf(r)a Goaß.

» Åber unterhål(b) Passau fliaßt in d' Doana der Inn.
   Åber, Dirnei, wia waars denn, wann i zu dir kimm?

» Und i bin halt a Fischer, i fisch gern am Bå(ch).
   Wann oaner a saubers Madl håt, na fisch i's eahm å(b).

» Es gibt nix so lustigs als i und mei Bua,
   er redt nix und deit nix, und i lus eahm zua.

» Wenn uns 's braun Bier nu schmeckt und uns 's Geld aa nu gleckt[10],
   wolln ma net trauri sein, fallt uns net ein.

» Und wenn i amal gstorbn bin, na wern halt d'Leit redn:
   Pfiad di Gott, werns na sågn, der håt d'Madln gern meng.

» I wollt, i waar im Himml drobn und hätt an Såck voll Geld.
   Na knöpfat i mei Hosn auf und scheißat auf die Welt.

» Heit waar mir ålles oans, gaang ålles vodraaht.
   Und wenns heit stattn Wasser a Bier regna taat.

» Ja, der Teifl und der Toud hocka drobn aufm Schlout[11].
   Sågt der Teifl zum Toud: Wenn i di oischlåg, bist tout!

» Wisserl-Bua, Wasserl-Bua, d'Sonn geht unter.
   Åber koa trauriger Bua macht koa Maderl munter.

---

10   gleckt = fehlt
11   Schlout = Schlot, Kamin

» Wenn i allaweil hupf und spring und scheene Liadln sing,
konns denn a scheeners Leben auf dera Welt gebn?

» Bals regnt, na is's nåss, und wanns schneit, na is's weiß.
Wås ander Leit ärgert, des tua(r) i mit Fleiß.

» A Håslnußstaudn wachst draußt aufm Roa.
Wenn i net a scheens Deandl kriag, bleib i alloa.

» A lustiger Bua, der kriagt Deandl gråd gnua.
Vo an traurign Mo laaffas ålle davo.

A lustiger Bua, des bin allzeit i.
Drum passt a traurigs Deandl aa net für mi.

» A bißl langsam, a bißl schnell, a bißl warm und a bißl kålt,
a bißl lusti und a bißl trauri, aso wern de Leit ålt.

» Ans Kranksein net denka, laß der Zeit ihran Lauf!
Und wenn alle Strick reißn, hängst di aa no net auf.

» Auf der Welt gibts nix Scheeners wia Tanzn und Geign,
mit de scheen Deandln schmaatzn[12] und Lustigkeit treibn.

» Und der oane ißt und der oane trinkt, und der oane laafft und der oane saafft,
der oa kummt in Himml, der ander in d'Höll, a jeder kånn si hiwendn, wöidarawöll[13].

» Drei lederne strimpf und strimpf und zwei darzu seind fünff,
und wan ich ein verliehre, hab ich doch noch viere.

Gott, der herr, das freyt mich sehr, der ist halt noch nit gstorbn,
drum bin ich auch, obwohl ein Gauch[14], nit völlig ganz verdorbn. *(17. Jh.)*

» Håst koa Freid auf der Welt, nacha pack no glei zamm
und geh dene net im Weg um, de a Freid damit ham.

» Lusti is's auf der Welt, ham de Herrn aa koa Geld.
Is's für uns aa koa Schand, wenn ma koans hamd.

» So, so muaß mas macha. Schee staad muaß ma lacha!
Ja, ja muaß mas sågn und zum Noarrn muaß mas håm.

---

12 schmaazn = plaudern
13 wöidarawöll = wie einer will
14 Gauch = alte Bezeichnung für Jüngling

» Wenns allwaal renga taat, gaang de ganz Gschicht vadraaht:
　D'Sunna brauch ma(r)aa, tralala für unser Straah[15].

» Warum solln mia net lustig sei, san ma ja no jung!
　Wenn ma amål älter wern, kehr ma scho um.

» Wås ma håm, o mein Gott, des is z'letzt egal.
　Wås ma san, naa, des san ma allzamm near a Waal[16].

» Bin i a Lump, bist du a Lump, san uns der Lumpn zwee.
　Håst du koa Geld, håb i koa Geld, o Lump, wie wird's uns geh?

» Åber d' Leit, de håts gfreit, daß's bei mir so weit feiht[17].
　D' Leit wissn an Dreeg, bei mir feihts so weit net.

» Du bist des sell Birscherl, di kennt de ganz Wejt,
　håst n' Såck voller Taschn und nirgends a Gejd.

» Heit håb i wieder ålls bei mir, Stieflwix und Någlschmier
　und a Flaschl Karmelitergeist und a gselchts Fleisch.

» I bin a lebfrischer Bua, åber jetz geh i hoam,
　d' Hehna san griffa, håb nix mehr zum toan.

» I und mei Vatter tuan uns ållawei z'kriagn
　wegn an Furtgeh, wegn an Hoamgeh, wegn an Haustür Zuaspirrn.

» Liaber, Herr Pfarrer, verzeih mir de Sünd,
　wenn mei Diandl niederkimmt, schenk i dir 's Kind.

» Lusti is 's Buamalebn, 's Gejd muaß dir d' Muatter gebn,
　wann da 's der Vatter geit, glangts net so weit.

» Nüber über d'Bruck, nüber übern Gråbn, lusti sans de N.N. Buam.
　Sans am Berg oder im Tål, hearn tuat mas überåll.

» Lustig is's Burschenlebn, 's Geld håt uns d'Muatter gebn.
　's Deandl håm ma si selber gschafft gestern auf d'Nacht.

» Der Herrgott im Himml måg lustige Leit,
　Mit traurige Leit håt koa Teifl a Freid.

15　Straah = Waldlaub zum Einstreuen im Stall
16　Waal = Weile, Moment
17　feiht = fehlt

Liebe und Ehe

Mei Muatter håt gsagt, i soll d'Madln gern håm.

Wechselseitiges Schwärmen

» Wenn e aa(r) a Distlvogl bin, denna[1] bin e koa Spåtz, koa Spåtz.
   Wenn e aa(r) a dummer Kerl bin, åber denna håb e mein Schåtz.

» Überschaua derf i net über de Höh, de Höh.
   Drodenka derf i net, 's Herz tuat ma weh.

» Heit Nacht håt ma traamt, håb i lacha müaßn,
   håb gmoant, i håb's Deandl, jetz håb i Katz bei'n Füaßn.

» A Büchserl zan Schiaßn, a Hunderl zan Jågn,
   a Diandl zan Bussln muaß an jeder Bua håm.

» As Deanderl is liabreich, åber geldreich is's net.
   Mir is's liaber, sie is liabreich, denn beim Geld schlaf i net.

» Der Herr Pfarrer håt predigt: Leit, habts anand gern!
   Drum konn i von mein Deanderl net weggatriebn wern.

» Drei Äpfe, drei Nuss, drei Håslnußkern,
   im Dorf is a Deandl, de muaß no mei wern.

» Åber 's Dianderl is liable, åber 's Dianderl is schee,
   åber weils so vül Buam gern håt, wia wirds ihr denn geh?

» Und kirzagråd übe, in Bauernhof ei,
   der Hof gheart an Bauern, as Deandl gheart mei.

» 's Herz is a Baacherl, und a Fischerl de Liab.
   De arbat drin umma, macht 's Wasser ganz trüab.

» Åber a Wåldbua bin i und a Wålddeandl liab i.
   I bins a Bua a kloaner, schleich im Wåld ummanander.

   Åber Deanderl, sei gscheit, liab an Buam, der di gfreit.
   Liab an Buam mit aran Geld, håst a Freid auf der Welt.

   Åber Deanderl, geh, geh, en der Fruah an Kaffee,
   am Mittåg sauerne Ruam, und auf d'Nacht an scheen Buam.

   Åber Deanderl, dei Jugend, dei Keischheit, dei Tugend,
   deine scheene Manier ham mi hergführt zu dir.

» Am Wieserl im Baacherl laafft 's Wasser so still.
   Mei Deandl, des laß i net, konn der Våder sågn, wås er will.

---

1 denna = dennoch

» Wenn d'Deichslkia(tt)n[2] klappert und der Så(tt)lgaal[3] schreit,
des häjat[4] mei Schåtzerl drei Viertelstund weit.

» Wia schwingt se mei Peitschn, wia schwingt se mei Roß,
wia draaht se mei Madl, wenns eigeht ums Gås.

» Mei Maderl hoaßt Nannerl, håt schneeweiße Zahnerl,
håt schneeweiße Knia, åber gsehgn håb is nia.

» Mia san hålt drei Bröider, und i bin der Kloinst.
Håt jeder a schöins Moidl, åber i håb de Schöinst.

» Und i woiß nu wöi heint, wou der Mond so schöi scheint.
Håst dei Köpferl oigloint[5], håst so bitterlich gwoint[6].

» Åber Deanderl mei, mei, wia kånns denn so sei?
Weil no koaner so is, is mei Herzerl dir gwieß.

» Ma Moidl is va Asch und i bin aas der Hådamühl.
Und wenn i aaf sie lach, sua woiß sie, wås i wüll.

» Im Holz, wenn der Wind geht, na tuats Lauberl rauschn.
Då sågt der Bua zum Deandl: Mågst net Herzerl tauschn?

» Schöi rund im Gsicht, schöi dick in der Mitt, sua[7] mou(ß) maa Moidl saa,
und wenn se niat sua gschaffn is, nou ghäierts[8] aa niat maa.

» Ja, wenn ma sua(r) a Tipfl[9] häi(tt)n, wou Böja[10] drinna waa(r),
und wenn e near a Moidl häitt, des mir alloi gout waa(r).

» So weit als i aussi schau, is der Wåld grea,
und i laß zu mein Deandl koan andern Buam geh!

» Mei Muatter håt gsagt, i soll d'Madln gern håm,
solls drucka und daatschln[11] und nehma beim Krågn.

» Warum sollt i net liabn, soll koane kenna,
soll i mei Liab begråbn? Des waar des Scheena?

---

2 Deichslkia(tt)n = Deichselkette
3 Sa(tt)lgaal = Sattelpferd
4 häjat = hört
5 oigloint = angelehnt
6 gwoint = geweint
7 sua = so
8 ghäierts = gehört sie
9 Tipfl = Töpfchen
10 Böja = Bier
11 daatschln = tätscheln

» Links und rechts a Hollerstauan, in der Mitt a Kirzn.
Wenn der Bua sei Diandl siehgt, mächt er si dastürzn.

» Pimperl, Pamperl, Löffelstül, Bauernmadl fressn vül.
I mächt a Madl aus der Stådt, de is scho an oam Knedl sått.

» Auf dera buckltn Welt, då draaht se alls ums Geld.
Und um de Madln, de scheen, draaht ses aa no a weng.

» Wenn i mei Deandl in der Kirchn woaß, ziag i mein langa Frack o,
siehg i mei Deandl von weitn steh, schau i koan Heilign o.

» Rundgsichtat, blauaugat, scheene Röserl im Gsicht.
I konn di net lassn, weilsd går so schee bist.

» Wenn der Himml schee blau is, nacha leichtn de Stern.
Åber de blauaugertn Deandln håmmad d'Burschn so gern.

» So klar und so hell ja, wia 's Quellwaasserl is,
åber so liab is des Deanderl, wias blauaugat is.

» Blauaugat is sauber, blauaugat is schee.
Åber um a blauaugats Deandl muaß ma no so weit geh.

» Åber Deandl, du kloans, håst a Haus oder koans,
håst a Geld oder net, åber lassn tua i de net.

» Des is halt a Deandl mit an scheen Gsicht.
Åber auf ihrem Herzerl wachst a Vergißmeinnicht.

Und im Wangerl håts a Grüaberl, weils so liab und trei lacht,
åber des håt ihr a Engerl mitn Finger neigmacht.

» Je höher de Glockn, je scheener des Glait[12],
je weiter zum Deandl ei, je größer de Freid.

» Åber drei Rousn in Goartn, drei Tanna im Wåld:
Åber des is a scheens Deandl vom Bayrischen Wåld.

» Schee langsam, schee langsam, wia sich 's Mühlradl draaht,
wia sich 's Mühlradl draaht, wia ma d'Arbasbirl[13] saat.

Wia ma d'Arbasbirl saat, wia ma d'Rosn olangt,
so håb i de scheenstn Madl scho gfangt.

---

12 Glait = Geläute
13 Arbasbirl = Erbsen

» Wann i mei Deandl beim Tanzn betracht,
  na gfreit mi der Mo, der de Arbat håt gmacht.

» Wer net schnupft und net raucht und seim Deandl nix kauft,
  des is a Lump auf der Welt und håt denna koa Geld.

» Mei Deanderl is ins Wasser gfålln, i håbs glei aussazogn.
  Sie war tropfnaß wia(r) a Pudlhund und håts recht sakrisch gfrorn.

  Geh, Deandl, tua di trickan schnell, die Sunn scheint ja so warm,
  dann muaßt mir no a Busserl gebn, mir ganz verrucktn Narrn.

  Du muaßt ma no a Busserl gebn, i håb di ja so gern!
  Drauf sagt sie nur: Es is scho gschehgn, und håts koa Mensch net gsehgn.

» 's Katherl, des is unterm Tisch, waachlt[14] mit an Flederwisch.
  Sepperl, laß des Kaatherl geh, 's Katherl is so schee.

» Durt druntn aaf der Wies is a Madl, hoaßt Lies.
  Håt a Strickzeig in der Hand, strickt an Schifferwastl sei Gwand.

» Gråd den i går net måg, den siehg i ålle Tåg.
  Und den, den i gern hätt, den siehg i net.

» Madl, du kloans, håst a Geld oder koans,
  håst a Geld oder net, lassn tua i di net.

» Zwoa schneeweiße Taiberl, de då ummamausn,
  a lustiger Bua konn si nix dahausn.

  Zwoa schneeweiße Taiberl fliagn über den See.
  De Liab, de geht nieder und nimmer auf d'Höh.

  Zwoa schneeweiße Taiberl håm gschnåblt am Dåch,
  und i und mei Schatzerl håms gråd a so gmacht.

  Zwoa schneeweiße Taiberl, a Maanderl und a Weiberl,
  de müassen si gern håm, weils a Nesterl zammtrågn.

  Zwoa schneeweiße Taiberl ham houch auffi gnist.
  Jetz håb i mei Madl bei der Falschheit derwischt.

» Unter am Tannabaam wachst a greans Grås.
  Derf i da's går net sågn: Du bist mei Schåtz?

» Åberführn, überführn sagt de kloa Hutscherdirn.
  Mit der kloan Hutscherdirn müaßt i's probiern.

---

14 waachlt = wedelt

» Wenns rengt und wenns schneibt und wenns donnert und blitzt,
so fürcht i mi net, wenn mei Schåtz bei mir sitzt.

» Wieserl gröi, Wasserl gröi, wöi wirds mein Spåtzerl göih?
Gäihts n gout, gäihts n schlecht? Mir is's niat recht.

» Der Bua auf der Gred, der mei Deandl gern hätt,
er soll mas net kriagn, weils ma aa(r) aso geht.

» Vom Gamsbock de Hörner, vom Hirschen des Gweih,
vom Spielhahn de Feder, vom Deandl de Trei.

» A bissl damisch, a bissl dålkat, a wengl glustat derf ma sei.
Åber überall sched a Bröckl, sunst kriagt ma koa Wei.

» Åber Dianderl, geh her zum Zaun, laß de amål gnäich[15] oschaugn,
wåsd fir a Poar Aigerl håst, schwoarz oder braun.

» A viereckats Wieserl und a dreieckats Feld
und a herzigs scheens Dirnei is des Scheenst auf der Welt.

» Der Kuckuck is gscheckat, håt allaweil blaue Füaß.
Und wia is doch de himmlische Liabschaft so siaß.

» Wås liegt denn an aran Fuchzger, wås liegt denn an aran Geld?
Wås liegt an de scheen Diandln, wenns gnua gibt auf der Welt!

» Und a Waldlerbua bin i, und a Waldlerdiandl liab i,
bin a Bua, a junga, schleich ums Wirtshaus umma.

» Auf an Fuchs passn måg i net, då is's mir z'kålt.
I pass auf a Füchsin, de håt an scheen Bålg.

» Vo der houchn Ålm auf die Niederålm, von der Niederålm aufs Trett, ja,
und vom Trett zu mein liabn Diandl, übern Ålmasattl geht der Weg.

» Åber 's Diandl is frisch, håt a Bluat wia(r) a Fisch,
håt a Herz wia(r) a Kron, hengan mehra Buam dro.

» Fürs Diandl auf der Åim, då is båid a Bua guat,
und wenn er glei am Tåg Topfn und Schmåiz bedln tuat.

» Und i kunnt eahm net feind sei, dem Wuzerl, dem kloan.
Es wuzelt si so vui nett umma um oan.

---

15 gnäich = von der Nähe

» Juchhe, bei der Zithern, juchhe, bei der Geign,
  juchhe, bei mein Deandl, då will i jetz bleibn.

» Deanderl, geh her zum Zaun, laß dir in d' Aigerl schaun,
  wia deine Aigerl san, schwarz oder braun.

  I geh net hi zum Zaun, laß mir net in d'Aigerl schaun,
  wia meine Aigerl san, schwarz oder braun.

» Wås nutzt mir a Madl im Waldnaabtal drin,
  wanns ma aussa net geht und i eine net kimm.

» I woaß scho a Gwisse und i woaß bloß net gwiß,
  ob de Gwisse, de i woaß, de Gwisse aa is.

» Vo hint bin i vüra, wou d'Krouha[16] sua schreit.
  I renn zu mein Moidl, weils mi går a so gfreit.

» Då hint auf dem Bergerl, då steht a Schimml.
  Wer d' Deandln net gern håt, kimmt aa net in Himml.

» Alle Wiesn sans nåß, und alle Veigerl sans blau.
  Jetza muaß i hålt scho wieder zu mein Deanderl eischaun.

» Laaft as Wasserl über d' Wies, so wird vül Hai und Gras.
  Trinkt as Maderl ausm Brünnerl, nacha wird ihr 's Herzerl nåß.

» Geh i über d' Wiesn und geh i über d'Schneid
  wega mein liabn Deandl, weils mi goar a so gfreit.

» Wia schee is der Klee, wenn er aafgeht in d'Höh.
  Und wia frisch is mei Bua, wenn i'n aufmuntern tua.

» Zwoa Sterndl am Himml, de leichtn mitsam.
  Des oa leicht mi zum Deandl, und des ander leicht mi ham.

» Du herzigs scheens Schatzerl, du herzig scheens Kind,
  wo håst denn dei Herzerl, wo d' Liab außabrinnt?

» Zwoa Rosn auf oam Stengl san i und mei Schåtz.
  Då håt hålt koa Drittes danebn mehra Plåtz.

» An alter Jaager sagt zu mir, mia alle sans vo Wean, vo Wean,
  då wos so dicke Waadln håm, geh her und laß mas sehng.

---

16 Krouha = Krähe

» D' Liab is a Gottesgab, ganz ohne Zweife,
und wer koa Liab net håt, den holt der Teife.

» Wenn 's Wasserl über 's Wieserl laafft, nou gibts a Hei und Gras
Wenn 's Moiderl aasn Brünnerl trinkt, nou[17] wern döi Tittala nåß.

Und 's Moiderl sitzt am Bankerl und 's Buaberl oan der Mühl,
und wenn's nan siaht, nou lacht sie. Sie woiß schou, wås er wüll.

Und 's Mühlradl, ja, des draaht se, seit Tågnan[18] bleibts niat stüll.
Und wüll er zu seim Moiderl, nou gäiht er, wenn er wüll.

» Ja, wenn mei Deandl net waar, hätts mi längst scho dafroarn.
Ja, und bei ihr bin i oiwei no aufgleinert[19] worn.

» Åber Dianderl, dei Trei, dei Aufrichtigkeit,
dei scheene Manier, de führn mi zu dir!

» Åber Dianei, mei, mei, muaßd denn so sei?
Wenn du a so bist, is ålls ummasi(n)st!

» Der Fritz steigt auf d'Zugspitz, der Sepp am Montblanc,
und i steig auf d'Jungfrau und zwar ganz alloa,

» Zum Diandl bin i ganga dreitausad Wocha.
Wenn i nomoi so weit geh, wer(d) i heilig gsprocha.

» Åber a Büchserl zum Schiaßn und a Hunderl zum Jågn,
a Diandl zum Gernhåm muaß a frischer Bua håm.

» Deandl, wannsd mi muaßt liabn, muaßd as Herz auffeschiabn,
d' Håår müaßn gschnecklt sei, nacha ghearst mei.

» Huaber Resl, plåg di net! Der Maier Sepp, der måg di net.
Der schaut si um an andre um, du bist eahm einfach z' dumm.

» Und denkt håb a mas lang scho, åber gsågt håb is nia.
De langhaxatn Madln ham gspitzate Knia.

» Wås is scho an de Weiber dro? Bei bei de Füaß, då fangas o
und drobn bei de Håår, da hans scho wieder gar.

» Auf und auf gar koan Arsch, unt bredlebn,
wer werd denn beim Tuife a sellas Mensch megn?

---
17 nou = nachher
18 Tågnan = Tagen
19 aufgleinert = aufgetaut

» 's Kathei vom Tatzlwurm de håt an Hoizknechtbuam
und 's Gsicht voller Fliagndreeg, i mächt de net.

» Wås hülft mir an Apfe, wenn er hoch am Baam hängt?
Wås nutzt mir a scheens Deanderl, wenns net an mi denkt?

» Wås hülft ma(r) a scheener Apfe, wenn er wurmstiche is?
Wås nutzt ma(r) a scheens Deanderl, wenns gråd aso is.

» Wås hülft ma(r) an Apfl, wenn er liegt und glei fallt?
Wås nutzt ma(r) a Büaberl, dems überall faahlt?

» Wås hülft ma beim Gråsn, wenn d'Sichl net schneidt?
Wås hülft ma mei Schåtzl, wenns net bei mir bleibt?

» Wås nutzt ma(r)a Straißl so frisch aufm Huat,
wenn drunter der Kopf net dazuapassn tuat?

» Du Mockerl, du Bockerl, du Hutzerl, du kloans,
du mächst scho a Deandl? Der Hund scheißt dir oans!

» Und wann i des Ding hätt gwißt, dass du mi net mächst,
na häitt i dir koan Kaas net kaaft, kohlschwoarze Hex.

» Du bist mei Freid, du bist mei Lebn, dir håb i a Pfund Pressack gebn.
Und wenns du net mei Bua willst sei, dann gheart er wieder mei.

» As Deanderl is sauber, de brauchat an Tauberer,
an Tauberer, an kloan, åber der Hund scheißt ihr oan.

» I bedank mi für de Zeit, dassd mi gliabt håst in der Falschheit.
In der Falschheit håst mi gliabt, håst mi denner[20] net kriagt.

Annäherung, Fensterlgang, Enttäuschung

» D' Gamserln tean pfeifn und d' Hirscherl tean reahrn.
Und d' Buama tean greifn und d' Diandlan håms gern.

» Daß i di gar net måg, naa, naa, des såg i net.
Åber wannsd a weng scheener waarst, schådn taat's da net.

» A wengl kurz und an wengl lang, und a wengl umaruck'n auf der Bank.
A wengl eng und a wengl weit, mit an scheen' Diandl hätt i a Freid.

---

20 denner = dennoch

» Allawaal koa ma niat lusti saa(n), allawaal[21] koa ma niat woin,
  'z Summit[22] nachts derf ma zan Moidlan göih, Sunnta[23] dou bleibt ma dahoim.

» Katherl, Katherl wart a weng, draußn is a groußer Regn.
  Laß ma erscht an Regn vabei, ja, dann geh ma glei.

» Båld freit mi mei Såttlgaul, båld freit mi mei Gschirr,
  na freit mi mei Deandl, wann i drin bin bei ihr.

» Wo i zu mein Deanderl geh, wachst koa Gråres, bleibt koa Schnee.
  Und wann mi 's Deanderl nimmer måg, kimmt der Steig wieder å(b)!

» Åber Deanderl mach auf, denn des Riegerl is vür,
  und i håb scho so lang nimmer gschlaffa bei dir!

» Vor mein Deanderl ihran Fensterl håts Eisblaatl higfreahrt.
  Wann a fremder Bua higeht, dass's 'n hihaut auf d'Erd.

» Unser kloaner Hiaterbou laaft allwaal de Madln nou.
  I, sagt er, håb aa des Recht wöi der grouße Knecht.

» Daß's im Wåld finster is, des macht der Tannabaam.
  Dass mei Madl zorni is, des glaub i kaam.

» 's Deandl hoaßt Liesl, der Bua, der hoaßt Lenz.
  Håt's eahm a Busserl gebn, håt der Lenz trenzt[24].

» Åber 's Deandl håt gsågt, und sie måg mi nimmer,
  åber 's kaannt leicht aso sei, i mågs selber nimmer.

» Draußn schauts trauri aus, pfiat di Gott, Welt!
  Zum Zammakemma is's ja net, 's Deandl håt koa Geld.

» Åber gell, du Schiachaugate, gell, zum Zåhln taugat e.
  Dickschädlds Odlfåss, mi leckst am Oarsch!

» Hax am Baam, Schmålz in der Pfann, d'Semmenudln in der Reahrn[25],
  ållaweil oa Deandl liabn: Zwider mächts oan wern.

» Håb i oft a bissl g'ackert, håb i oft a weng gsaat,
  håb i oft a scheens Maderl in Straßngråbn neidraaht.

---

21 allawaal = immer
22 z' Summit = samstags
23 z' Sunnta = sonntags
24 trenzt = geweint
25 Reahrn = Bratröhre

» Herzigs Schåtzerl, geh nur eina! Ziag dei Schuach å(b), leg di eina!
  Wenn der Våder schimpfn tuat, bin i da nomal so guat.

» Mia håm de Buam so gern, då kaantst glei naarrisch wern.
  Sepp, du waarst uns scho recht, wennsd uns glei alle mächst.

» An oanzigs Mål alloa mächt i bei mein scheen Deandl sei,
  im Bettstaadl und am Roa, an oanzigs Mål alloa.

» Mir is mei Madl untrei worn, i wünsch ihr Glück dazua.
  I wer(d) scho wieder an andere kriagn. Bin aa(r) a scheener Bua!

» Is d' Katzn auf der Bodnstiagn drobn, is der Kåter aa scho då.
  Då hint im Ståll rennt der große Knecht der kloaner Stållmagd nå.

» Dreimal sechs is achtzehn, Maderl, du muaßt wachsen.
  Maderl, du muaßt gräßer wern, wann du willst mei Weiberl wern.

» Der Bua, der tanzt so schee, liagn tuat er aa für zwee.
  Muaß bei de Madln sakrisch guat steh.

» Und a wengl Liab und a wengl Trei und a wengl Falschheit is aa dabei.
  Und a wengl süaß und a wengl guat macht der Liabschaft an Muat.

» Håb i öfter an Baam gschidlt[26], håb i öfter an Ast bong,
  håb i öfter mei scheens Büaberl zum Fenster einezogn.

  Jetza konn i koan Baam schidln, jetza konn i koan Åst biagn,
  jetza konn i koa scheens Büaberl zum Fenster eineziagn.

» Gäih i aasse, gäih i eine, siah(r) i neamads niat stöih.
  Und dou mächt ja ma Herzerl vo Wäihding[27] vagöih[28].

  Vor an an(d)ern lou(ß) nan loihna, vor an an(d)ern lou(ß) nan stöih.
  Deanthålm[29] is hål(t) aaf dera Welt gåuer[30] koa weng mäiher[31] schöi.

» Deandl, i hätt de gern, meine Leit sehgns net gern.
  Deine führn aa(r) an Zoarn wegna uns zwoan.

» Wenns d' allweil so falsch bist und bleibst mir net trei,
  geht unser Liab unter, und dann is's vorbei.

---

26 gschidlt = geschüttelt
27 Wäihding = Weh, Schmerz
28 vagöih = vergehen
29 deanthalm = deswegen
30 gåuer = gar
31 mäiher = mehr

» 's Diandl håt gsagt, sie zoagt mir ihr Zimmer.
   Bis zur Tür håts mi lassn, åber weiter nimmer.

» Mei Deandl is schee rund, åber sonst is's scho gsund,
   wia mas halt wünschn kunnt, oben und unt.

» Gib mir a Bussl und mach koa so a Gsicht,
   i druck scho de Augn zua, dass's neamad net siehgt.

   Wannsd a Bussl willst gebn, derfst net lang frågn.
   D' Madln håms ålle gern, sie wollns nur net någn.

   I lass mi net bussln, denn 's Bussln gibt Fleck.
   De holt ma koa Doktor, koa Båder net weg.

   As Bussln macht gscheckert, mei Muatter håts gsagt.
   Drum nimm i mi seitdem vorm Bussln in Acht.

   Dass Bussln oan gscheckert macht, des is erdicht.
   Då hättn vui Madln a gscheckertes Gsicht.

   Mei Schatz håt ma(r)a Bussl gebn, na håt sie 's kränkt.
   I gib ihrs gern wieder, i will ja nix gschenkt.
   Alfred Kinskofer

» Balsd mi net mågst, ja, so sågs nur gråd gschwind,
   an andere Muatter håt aa(r)a scheens Kind.

» Drobn unterm Daachl steht a hölzerne Wiagn.
   Und wås då no neigheart, is billig zum kriagn.

» As Deandl vo Miasbåch, de schickt uns an Gruaß.
   Sie konn heit net kemma, weils ausmistn muaß.

» Wenn mir a Deandl untrei wird, i såg då nix dazua.
   Wir(d) i glei wieder an andre håm, bin aa(r) a scheener Bua.

» Jetzt woaß sie net, wohers kimmt, dass koa Lercherl mehr singt
   und koa Kuckuck mehr schreit. 's is a traurige Zeit.

» Im Ungarland drunt håm die Bauern grouß Hund,
   håm de Madln a Schneid, håt de Buama recht gfreit.

» Und übers Wieserl geht koa Steig, und wer net geht, der kriagt koa Weib.
   Und wer net tritscht und plaudern ko, der bringt aa koane dro.

» Schmeiß i mein Huat in Båch und i spring aa glei nåch,
   weil mi mei alter Schåtz går nimmer måg.

LIEBE UND EHE

» Groß is er net, mei Schåtz, åber recht nett.
   Då is er net bei mir, weit is er weg.

» Wo mei Bettstaadl steht, då san vier Wänd.
   Mit unsrer Liabschaft, då håts an End.

» Aufgewichst, aufgewichst, d'Madln hams gern.
   De håm an weißn Bauch und an braun Stern.

» Wenn 's Madl sauber is und is no jung,
   muaß der Bua fleißi sei, sonst kimmt er drum.

» Wås brauchst denn du traurig sei, dalketer Bua?
   De Welt is koa Hehnasteign, Deandln gibts gnua.

» Am Frei[32] bin i ganga a kloins Viertlstund,
   und an Flouch håb i gfanga wöi a Fleischhackershund.

   Am Frei bin i ganga, håb's Fensterl niat gwißt.
   In Ståll bin i kumma, håb 'n Goaßbock dawischt.

» I håb hålt zwoa Madl, an ålts und a neis,
   håt jede zwoa Herzerl, a falsch und a treis.

» Der Girglhans håt gfensterlt, håts Fensterl vofaahlt
   und håt bald a Stund lang an de Wänd ummakraalt.

» Wenn i koin Schatz niat håb, reiß i mir an Kopf niat åb,
   nehm i mei Katz in Oarm, döi is schöi woarm!

» An Schatz håb i ghabt, an recht an schöin kloan.
   Öitz håt man der Fuchs åbgfangt, öitz håb e koan.

» Zum Diandl bin i ganga bei der stockfinstern Nacht.
   Alle Engerln ham gsunga, und der Herrgott håt glacht.

» Auf und auf wascherlnåss, d' Schuah voller Sand.
   Jetz wennsd mi net neilasst, zreiß i dir 's Gwand.

» Åber du herzigs scheens Dirnei, du wunderliabs Kind,
   bei dir mächt i schlaffa, bei dir waars koa Sünd.

» Bei mein Deandl sein Fenster wachsen scheene Rosn.
   Bin i oft a Stund ganga in der Unterhosn.

---

32 Am Frei = zum Kammerfenster

Håb d'Schlappschuach oglegt und an Mantl umghängt.
So geh i zum Deandl, obs schneit oder regnt.

» Über d'Ålma, då gibts Kålma, då gibts weichselbraune Küah!
Und i geh dir net eine, i kunnt schwarz wern von dir.

» Då drobn aufm Bergei, då steht a Gerüst.
Då werden die Mädchen elektrisch geküßt.

» Geh, Diandl, spreiz di net, wann i dir a Busserl geb.
Deine Aigelein solln frendli wern, wann i dir såg, i håb di gern.

» Der Himml is voller Stern. Ei, Diandl, i håb di gern.
I håb koa Rast, i håb koa Ruah, bis du net sågst: Du bist mei Bua.

» Wann i mei Dianderl håisn[33] tua, druckt sie de Aigerl zua.
Sie tuat, als wenns schlaffa taat und håit si staad.

Åber herzigs Dianderl, du bist mei Lebn,
du bist mei Seligkeit in alle Ewigkeit.

I und mei Dianderl ham uns gern, d' Liab konn net grässer wern.
Wir reichen uns stets die Hand und bleibn beinand.

» Dianderl, wannst mi nimmer mågst, na håst a Mai(l)[34], daßd mas sågst:
Na geh i wieder hi, wo i herkemma bi.

» Diandl, wix, wix, mit deiner Schönheit is 's nix,
mit deiner Tugend alloa låßt si aa net vui toa!

» Daß i nia gfåin bi, des dank i Gott,
Åber gstolpert bin i öfter über's sechste Gebot.

» Draußn schauts trauri aus. Pfüat di Gott, Welt!
Vom Zammkemma is går net d' Red, 's Deandl håt koa Geld.

---

33 håisn = halsen, umarmen
34 Mai(l) = Mund

Enge Beziehung / Verhältnis

» Obn auf der Leitn, då sitzt a Kadett.
  Håt 's Hosntürl offen und putzt 's Bajonett.

» Der Adam und d'Eva, de schwimma im See.
  Der Adam geht unter und d' Eva in d'Höh.

  Der Adam und d'Eva håm 's Liabn aufbråcht.
  Und i und mei Diandl håms gråd aso gmacht.

» Kimmst allamål, wennsd an Rausch håst, na schlafst so bald ei.
  Kimm nur amål, wennsd koan håst, na reiß ma 's Bett ei.

» Håust allawaal gsagt, es tout da nix, håust allawaal gsagt: „Tou zou, tou zou!"
  Und aus dem „Tout da nix, tou zou!" is worn a kloiner Bou.

» Ei, Tone, ei, Tone, wo bist denn du gwest?
  I war in der Kathl ihran Stüberl, vastehst.

  Ei Tone, ei, Tone, geh weg vo meim Bett!
  Du bist ja a Maurer und machst mi voll Dreeg.

  I mach di net voll Dreeg und i mach di net voll Loahm.
  Då bind i mein Schurz um und nimm di in Oarm.

  Ei, Tone, ei, Tone, geh weg von meim Bett.
  I bin a schwachs Maderl und bin glei überredt.

  I pfeif ja auf mei Jungfernschaft, i pfeif ja auf mei Lebn.
  Weil der Bua, der wo mas gnumma håt, der ko mas nimmer gébn.

  Unser Fensterscheibn san dreegert, de spieln scho ålle Farbn.
  Ach, laß sie no so dreegert, de macha ja so warm.
  Heinz Lorenz / Pius Honis

» Und a bissl sikarisch, a bissl sakarisch, a bissl hoi-dadl-didl-då.
  Scheene Madln liabn, åber net vaführn, des håt der Pfoarrer gsagt, i derfs probiern.

» Annamirl, mach 's Türl zua! Kummt a Zigeinersbua.
  Håt a schwoarz Kaapperl auf, Annamirl, mach auf!

» Des Vouchal[35] am Kerschbaam, des håut mi aafgweckt,
  sunst häitt a mi vaschlouffa in mein Moidl ihran Bett.

» As Diandl vo Hackamühl lasst den Buam, wann er wüll.
  Laßt nan amål drüåbersteign über d'Baßgeign.

---

35 Voucherl = Vöglein

» As Diandl is lutherisch, konn 's Kreiz net macha.
  Der Bua is katholisch, der lernts ihr nacha.

» Beim Bachofn drauß is alles voll Ruaß,
  und 's Deandl wird aangste[36], wenns beichtn geh muaß.

» As Diandl håt se links eidraaht, Bua, heit wird nix mehr gmaaht.
  Lass mas für a Kroamat[37] steh, wachst scho recht schee.

» Rosmarin und greane Blattln trågt mei Schatzei an seim Huat.
  Schatzerl, schlafst du oder wachst du, oder bist mir nimmer guat?

» A bißl links, a bißl rechts, der oane liabts, der ander mächts.
  Der oa schickt ihr an scheena Gruaß, der ander håt sie scho beim Fuaß.

» Wenn i an mei Schatzerl denk und an ihr Haus,
  steht mir mei Pfeifnspitz kerzngråd naus.

» Übern Straahrechan[38] is's gscheah(n), håb i d'Huasn[39] oa(n) Baam oineghanga.
  Bin an Moidl in Hem(d) nouganga. Übern Straahrechan is's gscheah(n).

» Der Bua, der håt Zithern gschlågn, 's Deandl is schlaafrig worn.
  Geh, Bua, leg d' Zithern weg, geh ma(r) ins Bett.

» Du wennsd dei Bett net machst und d' Flöh net aussejagst,
  geh i net hoam mit dir und zåhl da koa Bier.

» Wenn i in der Fröih van Frei hamgäih, nou gibt maa Våter scho a(n),
  sagt: „No, ma Bou, wou kummst denn her? Daa Bett woar heint nacht laa(r)."

  In Moidl ihran Federbett, dou hå(b) a me verspaat,
  dou hå(b) a me schöi woarm zoudeckt. Dou håut der Gockl kraaht.

  Maa löiber Våder, du håust das schöi,
  du koast[40] ba der Nacht zu der Mutter eigöih.

» Der Bauer håts mit der Bairin, und der Knecht håts mit der Dirn,
  der Ochsnbua und 's Sau-Madl mächtns aa scho probiern.

» Då druntn in dem Ackerl, då wachsn rote Ruam.
  Und wenn de Madln Kinder kriagn, na schiabns es auf de Buam.

---

36 aangste = ängstlich
37 Kroamat = zweites Heu
38 Straahrechan = Streusammeln
39 Huasn = Hose
40 koast = kannst

» Wås gibts denn ebbs Scheeners wia zwoa junge Leit,
wenn d'Wiagn a so kneagazt[41] und a Kind a so schreit.

» Vor der Ståd auf dera Wiesn håts der Bua sein Madl gwiesn.
Erscht håts gwoant, na håts glacht, na håt ers ihr glei nomal gmacht.

» Unterhålbn Nåbl då heart der Bauch auf,
då sitzt a schwarz Kaatzerl und paasst auf a Maus.

» Deanderl, geh, geh, heb dei Kitterl in d'Höh,
laß mi einegucka in dei Spitzbuamlucka.

» 's Deanderl is wuzikloa, håt an Bauch wia(r) a Stoa.
Soll der Bua gscheiter sa, solls ihr net toa.

» Mei Schatz is katholisch, i bin reformiert,
drum wirds zerscht katholisch, na reformisch probiert.

» 's Maderl is winzigkloa, håt an Bauch wia(r)a Stoa.
Håt an Rapunzl bråcht mittn in der Nåcht.

» Maderl, bist du wirkli schwanger? Schau bloß deine Dittla o!
Tua amal dei Fiaß vanander, dass i an dei Fummerl ko!

» Dou her, dou her derfst niat langa. Dou her leid e 's Balfern[42] niat.
Dou her derf mei Böiberl glanga, åber doch koa andrer niat!

» Du saurer Hulzapfl, du süaßer Kern,
wia schlafft denn mei Büaberl bei(r)a andern so gern.

Bei(r)a andern so gern und håt d'Madln so liab,
und des håt mir scho oftmals meina Aigerl betrüabt.

Meina Aigerln betrüabt und mei Herzerl schwaar gmacht.
Und jetz muaß i von eahm scheiden, ade und guate Nacht.

» Han ma ummeganga um an Schwanger Ranger[43],
åber eineganga san ma net.

Will di einalassn, will di drüberlassn,
åber sågn derfst as du halt net.

Håst mi einelassn, håst mi drüberlassn,
åber an Vatter macha tua i net.

---

41 kneagazt = knarzt
42 Balfern = Berühren
43 Ranger = Feldrand

Håm ma 's auffegschnacklt, dass der Bauch håt gwacklt,
åber heiratn tean mas net.

» Der Bauer haut aufn Tisch ei, schreit: Eichel is Trumpf!
Heit muaß er no eine, der Wetzstoa in Kumpf.

» Drobn am Bodn knarzt a Breet, wenns nur net so knarzn tät.
Laß des Knarzn Knarzn sei, schlågn ma hålt an Någl nei.

» Ach, Mouder, gäihts einer, i mou(ß) enk wås sågn:
Der Knecht raafft mitn Naannla, er håut sie ban Krågn.

» Greif net so weit auffe, wos går so schee is,
sonst kimmst an de Stell hi, wosd herkemma bist.

» Hå(b) i ma(n) Moidl Zitzala datscht und an Bauch aa.
Öitza gäihts über d'Schnurrimurri her, Alleluja!

» Mei Moiderl schau oa(n), wöi dick is dei Boa(n)
und wöi houch håst as drua(b)n, dei dickbackerte Schnurrn.

» Sitzt 's Moiderl aaf der Uafabenk, schaut ihra Ding oa, Ding oa:
Saulouder, wenn i di niat häitt, brauchat i koin Moa[44]!

» Deanderl, wennsd heiratn willst, heiratsd halt mi,
denn i håb a gußeisers Hosntürl und an oichern Pipi.

» Zwidiwischperl, zwidiwaschperl, wird d'Houzert[45] bal(d) wer(d)n.
Mi juckt mei Hanskasperl, dass i naarrisch kaannt wer(d)n.

» Ei, Moiderl, dou schau her, mir wachst a Schüberl Hoar am Bauch.
I glaab, i wer(d) a Bär. Ei, Moiderl, dou schau her!

» Sell håb i wieder gar net denkt, daß mas auf der Ofabänk,
wenn 's linke Boa åbehängt, aa macha könnt.

» Schöi gickerl wack, schöi gickerl wack, mei Moiderl håut ra zwou.
Håut hint und vorn schöi Bandla dra(n), dou macht ma(r) aaf und zou.

» Moidl mit deim Überdüber, Moidl mit deim Vuglhaus,
tou dei Baa zu mein Baa rüber, nou lou(ß) i mein Vugl aas.

» Gestern is der Gockl gfreckt, heit scho wieder a Hehna.
Håt der Knecht de Magd higstreckt, druntn liegts im Tenna.

---

44 Moa = Mann
45 Houzert = Hochzeit

» Kugl oi va der Benk und rumpl niat, schlouf bei der Moad und tou a ras niat,
und fass(r) as an ihr Gfälligkeit, nou wirds schou wieder gscheit.

» Loan de nur zuawe, denn 's Bettstaadl is kloa.
Und fallast ma ausse, waar i wieder alloa.

» 's Deanderl hoaßt Hannerl, und der Bua Muck.
Tuats Hannerl an Fuaß auf d' Höh, då håt der Muck guckt!

» An oichas Hosntürl, buachane Knöpf drauf,
wanssd a Jungfrau küsst, springts selber auf.

» Steig niat so weit aaffe, wou der Baam so dick is,
dou kummst ja niat hi, wou des Drouscherlnest[46] is.

» Sollt i allaweil beichtn und woaß gar koa Sünd.
Gråd an oanzigs Mål woaß i's im Straahschüpferl hint.

» A so a scheens Deandl håb i no net ghabt,
de wo unterhalbn Nåbl a Schnurrbaartl trågt.

» Es gibt ja nix Scheeners wia(r) a Zithern und Geign
und a schwarzaugats Deanderl zum Schiaßn auf d'Scheibn.

» Ja, Deanerl, wennsd mågst, na geh ma ausse auf d' Wies.
Na zoag i dir 'n Parasolstecka[47], wia lang dass er is.

» 's Deandl håt an Fuaß aufghobn, is ihr der Fink eine gflogn.
Wart, bis er außa kimmt, ob er net singt.

» Deanerl, geh her zum Zaun bis zum Gådern,
na zoag i dir mei Heiglzeig[48] zamt der Blådern[49].

» Sagst allaweil, es schadt da nix, jetz schau nur an dein Bauch,
då hockt a kloaner Kasper drin, der håt a schiaglats Aug.

Sagst allaweil, es schadt da nix, jetz schau nur o dein Bauch!
Jetz schaff da nur glei Windel o und alles, wåsd no brauchst.

» Wenn ma jung is, tuats oan wohl, wenn ma ålt is, tuats oan aa no wohl,
jawohl, jawohl, jawohl. Wenn ma jung is, tuats oan wohl.

---

46 Drouscherlnest = Drosselnest
47 Parasolstecka = Schirmgriff
48 Heiglzeig = Heurechen, übertragen Penis
49 Blådern = Blase

» Durt untn auf der Bruck liegt a Maderl am Ruck,
  håt a Schifferl am Bauch, håt mi foahrn lassn drauf.

» Håb e amål a Beedlmoidl gnåglt, bin i mit ihra übern Ranger oigrudlt.
  Håb e gsagt: Moiderl, dou håust dei Brout. Sågs fei neamads, wer di gnåglt håut.

» Hinter zwoia Håbernsäck håuts mas numål vüragreckt.
  Håb e gmoint, es waar der Wouwou, håb a(r)as glei numål tou.

» Sechs, siebn, acht, nei, geh ma ins Voglhaisl ei.
  O, du liabs Maunzerl, du bist doch mei.

» Deandl unterm Birnbaum, wenn der Fuchs über di kaam?
  Der Fuchs waar mir scho recht, åber sei Bålg is ma z' schlecht.

» Deandl, duck de, Deandl, duck de, jetz kimmt der Franzos!
  Deandl, duck de, Deandl, duck de, auf di schiaßt er los.

» 's Deandl is wunzi kloa, sitzt auf(r) an Denglstoa,
  dengln taats gern, taats gern, åber neamands sollts hearn.

» Hinter drei Håbersäck håt si mei Schåtz versteckt.
  Håb e'n glei einegsteckt, des håt ihr gschmeckt.

» D'Mühlkathl mechat Hochzeit håm, håt nu koan Kammerwågn,
  håt nu koa Federbett, wo mas neilegt.

» Meiner Muatter Gschwisterskind sagt, sie håt koa Hoar am Ding.
  Derawaal då liagts mi o, håts an ganzn Schübl dro.

» Hi und her und hin und wieder, 's Madl is koa Kinnerspiel,
  legt mas über d'Bettstatt nüber, konn mas vugeln, wia mas will.

» Aus is's mit der Lustbarkeit, Schåtz, wås macht de Schuldigkeit.
  D'Schuldigkeit, de is scho gmacht. Schåtz, jetz guate Nacht!

» Schlågn ma Hufnägl, schlågn ma Schuahnägl, fangst du Vögl, fang i Vögl,
  mach 's Haisl auf, mach 's Türl zua, åber vöglfanga taan ma gnua.

» Und 's Deanderl håt a Wieserl, håt a Brünnerl drina.
  der Bua håt a Fischerl, låßts eineschwimma.

» Bin a Lindler, bin a Landler, håb an Schurz volla Bandla.
  Bin a lustiger Bua, wenn i mein Hahnawackl aussatua.

» Am Frei bin i ganga übers Wiesnbachl.
  Dawaal håb e'n vergessn, mein Tschischawackl.

» Der Ochsnstoffl håt an Schubkarrn brocha auf der Küahlena ihran Mist.
  Und de Küahlena håts gern gsehgn, dass der Schubkarrn brocha is.

» Buam, heit kemmts her zu mir, heit håb i's net bei mir,
  heit håb i's über der Tür in aran Papier.

» Deandl, heit halt di zamm, heit is's koa Sünd.
  I håb scho in Kalender gschaut, heit wirds koa Kind.

» Unter mein Hosnknopf wachst a Pomeranznstock[50].
  Deandl, willst a Pomeranzn håm, derfst mas bloß sågn.

» Lang net an mei Vürtabandl[51], meine Vürtabandl han gstirkt.
  Lang net an mei Tschurimuri, mei Bua håt ses gmirkt.

» I håb gfragt auf der Straßn a Deandl, a kecks,
  ob sie no Jungfrau waar, naa, håts gsagt: Schmecks!

» Mei Liabster hoaßt Hans, is a kreizbraver Bua,
  åber oan Fehler håt er, dass er nia gibt a Ruah.

» Je höher des Bergl, je stärker der Wind,
  je scheener des Deandl, je kleaner de Sünd.

» Unter mein Kiedlsaam[52] då wachst a Zwetschgnbaam.
  Bua, wüllst a Zwetschgn håm, muaßt mas nur sågn.

» Åber i und mei Deandl håm si niamals versündt.
  Åber gestern waars båld gschehng beim Stådltürl då hint.

» Wås hilft mir der Floh im Bett, wann er mi net sticht.
  Då schneid i sei Schwaanzl weg und schmeiß's eahm ins Gsicht.

» Und 's Lieserl håt 's Wieserl gmaaht und 's Schürzerl håts auffedraaht.
  Und 's Hei håt sie einebracht schee bei der Nacht.

» Håb i mein Moiderl eh nix tou, 's Baicherl nimmt zou wöi der Mou(nd).
  Tuttala wern aa scho grouß. Ja, wås is dou lous?

---

50 Pomeranzen = Bitterorangen
51 Vürtabandl = Schürzenband
52 Kiedlsaam = Kittelsaum

» Hoch am Baam han Zwetschgn drobn, då hängt a gelbe Birn.
   Maderl, heb dei Röckerl aaf, laß mas amål probiern!

» Vo der Wischbänk, vo der Waschbänk is a Brett åbbrocha:
   Der Hans is zu der Lina ins Bett eikrocha.

» A buachas Hosntürl und oachane Knöpf dro, wenn i's oschau, håb i a Freid dro.
   Wenn i koi Freid nimmer håb, schau i 's Hosntürl nimmer o.

» Drei Fuader Wicka und drei Fuader Klee:
   Lies, laß di zwicka, es tuat ja net weh!

» 's Deandl is sauber, is houch auf der Brust,
   es waar aa koa Wunder, es kaamat oan d'Lust.

» Der Kuahbauern Schorsch is a ehrnbraver Mo:
   Hockt si auffi aufs Weiberl, schreit Gocka hoho!

» Ja, mei Denglhammer, mei Denglhammer macht mir Freid.
   Ohne Dangln, då kimmst net, ohne Dangln kimmst net weit.

» I bin der Hans vom Welschenland, håb Wetzstoasichl ållerhand.
   Wås i in meiner Kraxn håb, is lauter guate Wår.

   Und wann i in die Berg neigeh, na schreit de Sennrin auf der Höh:
   Geh, Bauer, kaaf an Wetzstoa å(b), der Wetzstoahans i då.

   Då sagt de Bairin: Liaber Mo, geh kaaf eahm doch an Wetzstoa å(b).
   Na håt des Madl a große Freid, håt a jeder hålt sei Schneid.

» Gehst allawei(l) ins Holz und håst dengast koa Büchs.
   Und du bist gråd a Jaager, wannsd Weiberleit siehgst.

   Båld schiaß i auf d' Gemsn, bald schiaß i auf d'Reh,
   båld schiaß i auf d' Schwaagerin[53], 's tuat ihr åber net weh.

» Geh, gib ma dei Stutzerl, i bhalt dirs guat auf!
   Tuas eine ins Kammerl, zwoa Millibrettl drauf.

   I koch dir an Schmarrn mit Weinbeerln drein.
   Bei der Nacht konnst scho schlaffn, ja schlaffn zweng mein.

» Die Sonne geht im Osten auf, Mittag steht sie im Süden.
   Die Baierin steht nachm Vögln auf, der Bauer bleibt noch liegn.

---

53 Schwaagerin = Sennerin

» 's Diandl håt gfischt am Båch, gfischt håts de ganze Nacht.
Håt a scheens Köderl dro, beißt åber koaner o.

» 's Diandl håt oane wia(r) a Katznschüssei.
Und wann i ihr higlang, aft[54] soachts a bissei.

» Dianei, wannsd packt wuist sei, gehst nach Niederaudorf nei,
fragst, wo der Martin is, der tuat da's gwieß.

» Oamåi is koamåi, zwoamåi is oamåi,
dreimåi is aa net z'vui, wann ers toa wui.

» Tausendmåi denk i's dro, wia mei Schatz bussaln ko.
Und wias oan einibrennt bis auf de Zähnt.

» Heb di staad, heb di staad, dass di net åbidraaht.
Über mei Håberfejd geht's a weng schnej.

» Der Mensch is a Mensch und der Mensch braucht a Mensch.
Und braucht der Mensch koa Mensch, is der Mensch aa koa Mensch.

» 's Diandl is jung, sie håt gmoant, i brings um,
åber sie hebat sie staad, wann i s' umbringa taat.

» 's Diandl is kloa, konn net schlaffa alloa,
åber wenn i mi zuaweleg, konn er schlaffa, der Dreeg.

» Und 's Mensch håt an Stern und nugizt[55] so gern
und sie sågt, es tuat guat, båi ma nugizn tuat.

» Va dou hint kumma vüra van Rabersgaagl,
der Oarsch hängt uns aassa und 's ganze Quagl.

» Du kannst mi net stimma mit deiner Latern,
mei Nachbare håt oane, de leihts ma recht gern.

» Allerweil über ecks san ma ganger, allerweil fünf, sechs san schwanger,
allerweil über ecks, über ecks, allerwaal fünf, sechs.

» Nüber über d'Bruck, rüber übern Steg. Deandl, tua dei Händ vo mein Hosntürl weg.
Sonst hau i dir mein Hanskaschper ins Gsicht. Ver – giss – mein – nicht!

» Zwetschgnkern, Zwetschgnkern, Madl, laß dei Bumberl schern.
Übers Joahr, übers Joahr wachsn wieder neie Hoar.

---

54 aft = dann
55 nugizt = nuggelt, saugt

» 's Deandl is am Nußbaam gstiegn, is mit dem Hal(b)n hänga bliebn.
's Deandl steigt am Nußbaam rum, suacht ihr halbs Trumm.

» Vo hint bin i ausser, geht a eisiger Wind.
Willst a Jungfrau no sei und wiagst a kloans Kind.

Vo hint bin i vüra, då scheint d' Sunn so schee.
Kriagn d' Madl an Ranzn, na sans nimmer schee.

» Mei Madl håt a Katz, und des is hålt mei Lebn,
und der verflixte Fratz will mas net gebn.

Madl, i bitt di schee, schlåg mas net åb,
leih ma dei Katz a weng, i richt dirs åb.

Ich leih da mei Katzerl net, des såg a da glei,
geh nur zur Nachbarin, de leihats da glei.

D' Nachbarin ihra Katz, de is fuchsfeierrot.
Wenn i's dawischn tua, stich a(r)as glei tot.

» Schauts bloß den Gockl o drobn auf der Tenna!
Is so a kloaner Mo, håt fuchzehn Hehna.

Wann so a kloaner Mo bei fuchzehn Hehna ko,
und unseroaner, der glangt mit oaner.

An Nachbarn sei Gockl håt fuchzehn Hehna,
der rumplt åi(ll) daamlang naus, i taat des net kenna.

» Redns ållweil vom Sündsei de ganz gscheitn Leit.
Wia ko des a Sünd sei, wås oan aso gfreit.

» Balsd net dawuschn werst, na is's doch koa Sünd.
Vom Oschaun und Otupfa kriagt ma koa Kind.

» Ei, Deandl, wannst mågst, håst a Maul, daßd mas sågst.
Wannst du mågst, måg i aa, na geh ma hintre auf d'Straah.

» 's Deandl is Jungfrau, und i bin ihr Bua.
Sie ko leicht Jungfrau sei, wann i ihr nix tua.

Hochzeit, Ehe, Familie

» As Maderl håt gheirat in Böhmerwald nei.
  Åber der zaundürre Schneider bringt d'Nudl net nei.

» Guadn Moring, Herr Pfarrer, wås macht der Kaplan?
  Er liegt auf der Köchin und kraaht wiar a Hahn.

» Mei Våder håt gsagt, i soll Fuchspassn geh.
  I pass liaber auf d'Füchsin und lass an Fuchs steh.

» Und mei Våder, der Hund, håt ma's Madl net vagunnt,
  und mei Muader, de Maatz, håt me glei no besser traatzt.

» Der oine stäiht drobn aaf der Loiter, der andere is draaß vor der Tür.
  Der dritte sitzt då aaf der Uafabenk[56] und schmaatzt[57] ma vom Heiratn vür.

  Er schmaatzt ma hålt vül von der Heirat und sågt ma so allerhand vür.
  Und i såg eahm: Öitz gäih scho wieder, der Våder lust drauß vor der Tür!

  De schee Seitn sågt dir a jeder, de schlechtn zoigns åber niat.
  Und 's Heiratn lou(ß) i nu bleibn, ja 's Lebn waar sunst går aso hiart.

» Heiratn tua(r) i net, des håb i scho varedt.
  I brauch koa Kindergschroa und aa koan Mo im Bett.

» Draah de um und draah de um, du gscheckate Kuah.
  Wer wird di na melka, wenn i heira(t)n tua.

» Heiratn måg i net, is ma no z' früah.
  Koan Wärmstoa brauch i net, kalt is ma nia.

» O du mei himmlischer Våter, schick ma(r) aa bald an Ma(nn)!
  Jeds Katzerl håt aa sein Kåter, jeds Hennerl håt aa sein Hah(n).

  Jeds Katzerl håt aa sei Munzerl, jeds Hennerl legt aa(r) a Oa.
  Schick ma doch aa(r) a solchs Munzerl, schick ma(r)aa doch oans oder zwoa!

» Himml, dreitausend Stern! D' Liesl will Baierin wern?
  Ko no koan Dåtsch[58] net brå(t)n, då wirds wås håm!

» A gscheckats Poar Ochsn und a bleamate Kuah
  kriagt d' Schöller Marie, bal i's heiratn tua.

---

56 Uafabenk = Ofenbank
57 schmaazt = redet
58 Datsch = Kartoffelpuffer

» Wer nix daheirat und nix dairbt,
  der bleibt an oarmer Teifl, bis er stirbt.

  As Scheenste is und bleibt auf dera Welt
  a reiches Wei und a Sååck voll Geld.

» A Spinnraadl, a Bettstaadl und a gscheckerte Kuah,
  de gibt ma mei Muatter, wenn i heiratn tua.

» Håst denkt, weilsd a Haus håst, i werd di bittn.
  I scheiß auf dei Haus, auf dei laare Hüttn!

» Deandl, heirat koan Maurer, du heiratst in d' Nout;
  håst im Summer koan Mo und im Winter koa Brout.

» Hearts nur, hearts nur, 's wird di scho reia[59].
  Wennsd an grobn Flegl kriagst, wird er di brav bleia[60].

» Wann i mål heirat, des macht ma nix aus.
  Wann 's Wei net dahoam is, bin i Herr im Haus.

» Der Lehrer håt 's Steckerl zum Kinderkuriern:
  Wenn d'Braut net pariert, muaß as Gleiche probiern.

» Wenn i amål heirat, nachad heirat i nei(n).
  Sechs gib i an Schinder[61] und drei gråb i ei.

  Wenn i amål heirat, nachad heirat i di!
  Setz mei routs Kapperl auf, höllsaxndi!

» Fidlgungas, fidlgungas, jetz wird d' Houzat[62] båld wern,
  gehn i aa drei, gehn i aa drei mit der brochan Latern.

» Åber es gibt doch nix Scheeners als wia d' Houzatlåderei,
  der oane mächt a Baierin und der ander a Wei.

» Unsre zwoa Kranzlmadl han so schneeweiß.
  De passn auf d' Buama wia d' Katzn auf d' Mais.

» Då a Bröckl, durt a Bröckl! Wird scho wieder a Kreuzerweckl.
  Då a Schwaanzl, durt a Schwaanzl, wird scho wieder a Houzatkraanzl!

---

59 reia = reuen
60 bleia = bläuen, blau schlagen
61 Schinder = Abdecker
62 Houzat = Hochzeit

LIEBE UND EHE

» Wås is denn des für a Brautführer? Den kennt de ganz Welt!
   Håt alles voller Taschn und nirgends koa Geld.

» Und 's Vögerl am Birnbaam håt trauri gsunga,
   wia d' Braut vo der Hoamat håt Abschied gnumma.

» n' Weiberl san Tränen über d' Wangan gflossn,
   wie der Herr am Altar sie håt zammagschlossn.

» Ja, der Braut ihrane Eltern, åber de kinn ma lobn,
   de ham für unseren Braitigam a scheens Deandl aufzogn.

» Unser Herr Pfarrer is a heiliger Mo,
   weil er aus uns Deandln a Wei macha ko.

» Allerliebster Hochzeiter, jetzt bist halt a Mo.
   jetzt steht dir des Loaterltrågn aa nimmer o.

» Allerliebster Hochzeiter, wirst du no schwitzn.
   Wennsd moanst, du willst schlaffa muaßt Schnuller spitzn.

» Hochzeitrin, håst gheirat, i wünsch dir viel Glück.
   Du wirst as scho sehgn, wås der Herrgott alls schickt.

» Hochzeitrin, håst gheirat, i wünsch dir viel Glück.
   a halbs Dutzend Buama und a Deandl ganz dick.

» O liaber Hochzeiter, du wirst as scho gspürn,
   wia d' Schüsserln und d' Haferln nåch dir nåche fliagn.

» Allerliabste Hochzeiterin, jetza bist halt sei Wei,
   jetza muaßt halt bald eine zum Gockl in d'Stei(g)n.

» Åber 's Gebet håm ma glittn und 's Kreiz håm ma gmacht.
   Jetza wünsch ma de Brautleit a ruahsame Nacht.

» Und wenn amal gheirat is, is der Knopf gmacht.
   Na machts nix mehr aus, wenn 's Bettstaadl kracht.

» An Karrn ohne Raadl, a Wiagn und a Bettstaadl,
   an Mistkraal[63] und an Strohsåck, mehr håm mia net ghåbt.

» Schee bist und schee waarst und wannsd net so taatst,
   und wannsd de net mit ålle Buam im Strohsåck åbgaabst.

---

63 Mistkraal = Mistkratzer

Und im Strohsåck åbgebn, oh, des is ja mei Lebn,
und des håt ma mei Våder als ra Heiratsguat gebn.

» Wenns regnt, na is's nåss, und wenns schneibt, na is's weiß.
An Ehstand, wo gschimpft wird, bleibt zamm gråd mit Fleiß.

» Und seitdem dass i gheirat håb, is goar a kurze Zeit,
am Samståg håb i Houzat ghabt, am Sunntåg håts mi greit.

» Wer a Wittib heirat und wer an Kuttlfleck frißt,
der muaß wissen, wås davor scho dahintergsteckt is.

» Du alte Runkikl[64], du bschissne Latern,
i måg di net heiratn, und du hättst as so gern!

» Åber wart no, Herr Pfarrer, i werd di scho kriagn:
I bau ma a Haisl und heirat dei Dirn.

» Deanderl, i håb di gern. Mågst net mei Weiberl wern?
I håb koa Rast, håb koa Ruh. Mei oanzige Freid bist du!

» Åber der Bauer und d'Bairin hammand Erdäpfl klaubt.
Daweil håt er der Bairin untern Rock auffe gschaut.

» Draah de Wischbaam, draah de Oarschbaam, is's Breettl åbbrocha,
is der Bauer bei der Baire ins Bett eigschloffa.

» Kocht de Muatter an Hådlbrei, stampft der Vatter mitn Fiaßn nei.
Schlapperament[65], Schlapperament, jetz håt der Vatter d'Fiaß vobrennt.

» Mei Wei is a gouts Wei, gibt an Weidling[66] voller Mül(ch).
Wenns a Wei waar, wias der Brauch is, gebats numal so vül.

» Mei Muatterl, mei Muatterl håt d'Schoppala[67] vobrennt,
mei Vatter, der Spitzbua, is de Madln nåchgrennt.

» D'Baire sitzt am Fensterbrett und kamplt ihre Hoar.
Der Bauer rennt in der Stubn umanand und tuat als wia(r) a Noarr.

» Der Wirt vo Louh håt 's Haus vokaaft, håt seiner Åltn a Höiterl kaaft,
a Höiterl kaaft, a Straißerl draaf, des setzt sie alle Sunntågh aaf.

---

64 Runkikl = Schimpfwort
65 Schlapperment = sapperment
66 Weidling = irdene Schüssel
67 Schoppala = Fingernudeln

» Und wenns an scheena Frühling gibt, na gibts a scheenes Hei.
   Und wer a saubers Deandl liabt, kriagt gwiß a scheenes Wei.

» Mei Schwester is kropfat, mei Bruader is krump,
   mei Muader is oanaugat, mei Våder a Lump.

» Mei Muatter, des Luader, macht d'Knedl so dick.
   Mei Våder, der Maulaff, waar bald dro dastickt.

» Wenn i hoamgeh, geh i glei, geh i hoam zu mein Wei.
   Mei Wei håt a Mühl, konn i aufschüttn, wann i wüll.

» Je höher der Kirchturm, je scheener des Kleid,
   je älter de Weiber, je zaacher de Hait[68].

» Und a Schnupftabakdöserl und a Schwieglpfeifn,
   des kaafft ma mei Alter fürs Åberreißn.

» Herzensschatzerl, Zuckergoscherl, reck dei Göscherl her,
   na gib i dir a Schmi-Schma-Schmåtzerl, bin wieder guat mit dir.

» Då drunt auf der Au geht a Herr und a Frau.
   Und der Knecht und de Dirn gehngan aa dort spaziern.

» Und der Ritter Kundriblau, der håt a tätowierte Frau.
   Und wenn er nachts net schlaffa ko, na schaut er se de Buidln o.

Kinder

» Mei Vatter håts gsagt, und mei Muatter sågts aa,
   wenn i amål a scheens Deandl bring, kriag i 's Haus dahoam aa.

» Mei Muatter gibt über, wås wirds ma denn gebn?
   Zwoa Hehner zum Ackern und an Gickl zum Eggn.

» Vatter, wann gibts mir denn über? Vatter, wann gibst ma denn 's Haus?
   Scher di doch hinte ins Stübl, nimm dir brav Erdäpfl aus!

» Wenn mi mei Vatter haua will, na woaß i, wås i tua:
   Dann krabbl i nei ins Ofaloch und hau as Türl zua.

» Kloi bin i, kloi bleib i, grouß måg i niat wer(d)n,
   schöi rumpat, schöi pumpat wöi d' Håslnusskern.

---

68 Hait = Häute

Wöi d' Håslnusskern, des is aa niat schöi,
schöi rumpat, schöi pumpat wöi d'Håslnuss-Schöll[69].

» Und wer an stoanern Acker håt, der håt an eisern Pfluag.
Und wer scho fuchzeah Kinder håt, der håt scho g'ackert gnua.

» Rowinsala, Rowinsala, san Summer wöi Winter gröi.
Und wenn döi Moidla Kinder kröing, nou sans halt nimmer schöi.

» Mei Vatter håts gsagt und mei Muatter sagts aa,
dass sie ohne mi no koa Großmuatter waar.

» Geh her, du scheens Schatzerl, håm ma uns a weng gern,
daß unsre kloan Kinner schee schwarzaugat wern!

Schee schwarzaugat wern und schee schwarzaugat bleibn
und na wolln ma unser Zeit mit de Kinder vertreibn.

Åber herzigs scheens Dianerl, wås håst da denn denkt, ja,
wia du dei guats Herzerl so an Raiber håst gschenkt?

» Ja, i und mei Bruader san zwoa große Luader,
steign auffe am Tisch und haltn åbe auf d'Muader.

» Annerl, nimms Pfannerl, koch an Tanerl[70] an Brei.
Der Brei is vobrennt und 's Annerl is grennt.

» Hansl, fangs Gansl, tua Federn rupfa.
Na kannst ins warm Betterl glei eineschlupfa.

» Heiner, Zigeiner, schleck 's Nudlbrett å(b).
Håt d'Hehna drauf gschissn, schlecks nu amål å(b).

» Lenerl, nimms Zehnerl, kaaff a Mehl und a Schmålz!
Na back i draus Kiachl in der lustinga Pfalz.

» Micherl, mi(t)n Sicherl schneidt 'n Hehnadreeg å(b).
Fidelt ållweil, fidelt ållweil, bringt denast koan å(b).

Micherl, nimms Sicherl, geh außi um Gråas.
Geh fei net z'weit ausse, sonst beißt di der Hås.

Der Hås håt di bissn, håst 's Sicherl weggschmissn.
Als hättst di vobrennt, bist der Muader zuagrennt.

---

69 Schöll = Schale
70 Tanerl = Toni

» Sepperl, Schneckgeckerl, steig auffi aufs Dåch!
Steig hinum, steig herum, schneid d' Hehnaschwoaf åb.

Sepperl, Schneegeckerl, wo is denn dei Wei?
Aufn Ofa hockts obn, tuat Schwåbn åbajågn.

Sepperl mit'n Steckerl, tua Schwiegl pfeifa!
Geh hoam zu der Muader, tua 'n Gockl greifa!

» Reserl, nimms Beserl, kihr 's Ofaloch aus.
Machs fei schee sauber, sonst jåg i di aus.

» Schneiders Bärberl, Schneiders Bärberl, wou håst denn dei Gansala?
Drunt im Weiher, drunt im Weiher waschns ihre Schwaanzerla.

» Hehnerl bibi, Henhnerl bobo,
wennsd ma koi Oierl legst, stich i di å(b).

» Heit bin i wieder kreizüberdüber, gibt mir mei Vatter 's Scheißheisl über.
Raam mas recht sauber aus, håm ma a neies Haus.

» Je höher der Berg, je käiter der Wind,
je schwirzer der Loder[71], je scheener des Kind.

» Mei Våder und mei Muatter san kreizbrave Leit,
de flickn mir d' Hosn mit Erdäpfiheit[72].

» Mei Vatter håt Aantn, mei Muatter håt Gäns,
und jetz müassns mi gwaandn[73], sonst kriag i koa Mensch.

» Des is hålt an Vattern sei oanziger Trost,
dass eahm, solang i leb, koa Geld net verrost.

» I und mei Bruader und a Ochs und a Kuah,
nacha moan i, då san uns Verwandte gråd gnua.

---

71 Loder = Liebhaber
72 Erdäpfiheit = Kartoffelschalen
73 gwaandn = einkleiden

Entfremdung / Trennung

» Mir traamt oft vo de Ochsn, mir traamt oft vo de Küah,
mir traamt oft vo meiner Åltn, wås Gscheits traamt mir nia.

» Amen, Amen håm ma gsunga, håms uns unsere Weiber gnumma.
Amen, Amen sing ma nimmer, kaantns ses ja wieder bringa.

» Bist du net der Weibertsschinder? Bist du net der selbe Mo?
Geh nur einer, schind de mei aa, daß e oane heira(t)n ko.

» Wo bist denn du scho wieder gwest? Bleib endle daham im Nest!
Strein net allweil draussn rum, o, du lumperts Trumm!

» Und wenn mei Wei so zankn tuat, dann schaff i mir scho Ruah.
I nimm mein Rock und nimm mein Huat und geh aufs Wirtshaus zua.

Då bleib i sitzn bis auf d'Nåcht, vo Nåcht bis ei in d'Fruah.
Und håt sie des net stille gmacht, so trink i halt so zua.

Und wenn sie mit Spektakl kimmt, des rührt mi gar net o.
I lang nach meiner Hålbn gschwind und denk: „I bin der Mo!"

Und siehgt sie recht verdrißlich drei und sågt: „Ja, bist du gscheit!"
Dann laß i 's Wirtshaus Wirtshaus sei, geh hoam mit lauter Freid.

» Der Waldler steht früah auf und fuadert sein Schimml.
Nacha haut er sei Ålte, dass's gwieß kummt in Himml.

» Mei Bruader spielt Zither, mei Schwester Klarinett,
der Våder schlagt d'Muatter, des is a Quartett.

» Du brauchst mi net traatzn mit deiner Latern,
an Nachbarn de sei håt aa oane, de leicht ma s' recht gern.

» Und wenn mei Wei mi ärgern tuat, dann werd ich rabiat.
Då geh i glei in Gartn naus und scheiß in den Salat.

» Hoaßts immer, liabs Schatzerl, hoaßts immer, liabs Kind.
Wenn d'Houzat vorbei is, geht an anderer Wind.

» Und mei Oide wann i oschau und mein Oidn wann i siahg,
åber nacha woaß i, wias ausschaut in der Höll oder im Kriag.

» Und an alter Baam håt an altn Stock, und an alte Frau håt a recht alts Loch,
und an alte Büchsn håt an altn Lauf, und an alter Mo kimmt nimmer drauf.

» Des alte Haislwei beklagt si allerwei,
  weil der alte Heislmo nimmer recht ko.

» Alte Liab rost net, is allzeit de best.
  De nei, de tuat wankn und steht seltn fest.

» An Vettern sei Roß håt d'Bairin daschlågn.
  Jetz mächts aa der Nachbar zum Ausleiha håm.

» Waar i doch alloane bliebn, jetz håb i scho des Gfrett:
  Der Mo, der hockt im Wirtshaus drin und i håb nix im Bett.

» Seit i voheirat bin, bin i oarm dro.
  I kriag de Prügl, und 's Geld håt der Mo.

» Wenn oiner a stoinigs Ackerl håut und håut an hülzan Pflough[74]
  und håut a recht bäis Wei dazou, der is schou gschlågn gråd gnough.

  Der mou(ß) si selber Hulz eiträgn, der mou(ß) si selber Feier schlågn,
  der mou(ß) si selber heizn a(n), mou(ß) selber Köchin sa(n).

» Heit iss i nix, heit trink i nix, heit wart i auf de Nacht.
  Då kimmt der Mo mitm Raischerl hoam, sagt: Alte, guate Nacht.

» Dahoam bei meiner Res, bålsd as oschaugst, werds bös,
  bålsd as oglangst, na schreits, mit unserer Res is's a Kreiz.

» Dene Weiberleit, wo pfeifa, dene Hehna, de wo kraahn,
  dene soll ma halt beizeitn glei as Köpferl åbadraahn.

» I und mei Weib, mia spuin zum Zeitvertreib.
  schlågn d' Schüssln und Håfa zamm, ålls in Gotts Nam.

» Schneids d'Weihern å(b), schneids d'Weihern[75] å(b) und laßts a Stutzerl steh.
  I håb scho wieder an neia Schåtz, an altn låß i geh.

» Åber mia han die Åltn, håm 's Gsicht volla Fåltn,
  am Kopf de graun Håår, jetz hans då, de scheen Jåhr!

---

74 Pflough = Pflug
75 Weihern = Weiden

Alltag und Arbeit

I woaß net, i håb mit der Oarbat koa Freid.

Arbeit

» I woaß net, i håb mit der Oarbat koa Freid.
  Denn gråd mit der Oarbat vosaamt ma de Zeit.

» Wenn i z'Morgn fruah aufsteh, denk i an Gott,
  danåch an mei Deandl, danåch schneidn ma Gsod[1].

» Beim Kirtageh muaß ma sauffa, an Feiertåg muaß ma ehrn.
  Bål oaner vo der Arbat redt, muaß er schlecht hearn.

» Drum ess ma und trink ma und leidn koa Not.
  Denn kurz is das Leben und lang is der Tod.

» Im Winter gibts Kletzn[2], im Summer gibts Birn.
  De allerscheenst Arbat is 's Privatisiern.

» Im Herbst falln d' Äpfl, falln d' Äpfl vom Baam.
  In alten Tågnan is 's Lebn a Traam!

» Kimmst auffe zum Himml, steht der Teifl vor der Tür.
  Halt! Bist allweil so faul gwen, obsd hergehst zu mir!

» Oarm bin i, oarm bleib i, reich måg i net wern,
  denn d' Leit, wo vüll Geld håm, sterbn alle net gern.

» Auf der Åim is a Lebn, då teans kaasn und rüahrn.
  Dahoam müassns dengln, daß s' aa(r) a Schneid kriagn.

» Vom Wåld san ma aussa, im Wåld san ma dahoam,
  aus am winzing kloan Haiserl, wo ma Kohln brenna toan.

» Då hint bin i vüra, net weit vo Bruckmühl,
  ko hibuckln, ko herbuckln, ko hoambuckln, wann i wüll.

» Hinter der Hollerstau(d)n, då sitzt a Grill,
  håt a weng vüragschaut, åber net viel.

  Hint auf der Ofabank, då sitzt mei Wei,
  rüahrt in an Degl[3] um und kocht an Brei.

  Hint aufm Kanapee, då sitzt mei Mo,
  blåst in sein Bumbererton[4] so guat wia(r) er ko.

---

1 Gsood = Häcksel
2 Kletzn = Dörrbirnen
3 Degl = Tiegel
4 Bumbererton = Tuba

» As Korn konn nur wachsn, wann der Bodn is recht feicht.
  Und wann i a Bier håb, geht 's Oarbatn leicht.

» Kraut und Ruam ist unser Fressen, woaßt, wia des an Bauch aufblaaht!
  Muaßt de bucka bei der Oarbat, geht der hintre Wind schee staad.

» Åber heit håb i mei Wieserl gmaaht, 's Deanderl håts ausanander gstraaht,
  na ham ma uns a weng zammagsetzt, i håb denglt, und sie håt gwetzt.

» Druntn auf der Wiesn hockt a Frau und spinnt.
  Hupft ihr a Grill ins Arschloch nei und singt.

  Ei du, mei liabe Grilln, wås fällt dir denn ei,
  moanst gwieß, mei Oarschloch muaß a Grillnhaisl sei.

» Jetz bin i erscht lusti, jetz gehts ma erscht guat,
  jetz tråg i auf d'Werktåg an Feiertågshuat.

» A frische Maß Bier, an Beitl voll Geld
  und a Wocha siebn Feiertåg waar schee auf der Welt.

» Wann i zu mein Deandl geh, tuat mir koa Fuaß net weh.
  Wann i aufn Acker muaß, auweh, mei Fuaß!

» Då singt halt der Sepperl, der Sepperl, der kloa,
  måg d'Sunntag net hoamgeh und z'Werktåg nix toa.

Handwerker

» Mei Schatz is a Båder, a Båder muaß's sei.
  Der laßt ma brav d'Åder und gibt ma recht ei(n).

» Der Båder von der Mei(n), der geht so dumm ei,
  håt an Plattatn d'Håår gschert, des derf gar net sei.

» De Schneider, des san schwaare Leit, neun wiegn fast zehn Pfund.
  Und wenns net so viel håm, sans gwieß net richtig gsund.

» Drei Schuaster, drei Schneider, drei Leineweber,
  wia is denn des Gnackfack[5] då eina kemma?

---

5   Gnackfack = Lumpenpack

» Der Schneider vo Lauterbå(ch) schneidt der Goaß 's Autter[6] å(b).
   Laßt ihr oan Strich no steh, moant, des is schee.

» Der Schneider ißt d'Arwas[7] gern, d'Arwas san hoaß.
   Schmeißt er an Löffl weg und springt auf ara Goaß.

» Der Schneider håt d'Goaß valorn, woaß net, wos is.
   Suacht ålle Winkerl aus: Hedl, wo bist?

   Suacht er im Federbett, suacht er im Stroh.
   Schlågt seine Handerln zamm: Hedl, bist då?

» Der Brai braut mit Dampfkraft für uns a guats Bier.
   Die Kraft bhalt er selber, an Dampf, den kriang mia.

» Lusti han d'Maurergselln, wenns an Dreeg auffeschnelln.
   Wenn er drobn picker bleibt, nå håms a Freid.

» Wenn der Maurer am Bau geht, na schnupft er a Pris.
   Na wird glei auf d'Uhr gschaut, ob Brotzeit scho is.

   Und is no net Brotzeit, na nimmt er an Schluck,
   und laart sei Flaschl Bier, des geht dann ruckzuck.

   Und is er na bsuffa, na draahts 'n vom Grist.
   Då reißt er se d' Plattn auf, schreit: „So a Mist".
   Evi Strehl

» Blaue Fenster, greane Gaader[8], scheene Deandl liabn d' Jaager.
   Scheene Deandl müaßns sei, då kehrn d' Jaagerburschn öfters ei!

» Åber Deandl, sei gscheiter, heirat koan Schneider,
   heirat an Schmied, na konnst hoamgeh damit!

» Der Glåser mitm Diamant, mit der hölzern Kraxn,
   laaft d'Katz durch de sauer Milch mit de dreckinga Haxn.

» I håb scho oft gfragt und koa Mensch konn mas sågn,
   warum d'Rauchfangkehrer Zylinderhüat trågn.

» Trågt denn des Rauchlochkihrn gar so viel Geld?
   Jetz kauf i mir an Besn und kihr de ganz' Welt.

---

6   Autter = Euter
7   Arwas = Erbsen
8   Gaader = Zaun

» Då drobn auf der Höh gehngan drei Weg überzwer⁹.
  Då treibt der kloa Metzger sei Kaibl daher.

» Mei Våder is Schreiner, und Schreiner bin i,
  mei Våder macht Bettn, wås eikummt, mach i.

  Mei Våder is a Tischler, und Tischler bin i.
  Mei Våder hoblt Brettl und d'Weiber hobl i.

  Mei Våder is a Zimmerer, und Zimmerer bin i.
  Mei Våder någelt's Holz und d'Weiber någl i.

  Mei Våder is a Bäcker, und Bäcker bin i.
  Mei Våder backt Semmln, und d'Weiber pack i.

  Mei Våder is a Bauer, Ochsn håt er oan.
  Und wenn i net dahoam bin, na håt er gar koan.

  Mei Våder is a Spengler, und Spengler bin i.
  Mei Våder deckt Haiser, und de Weiber deck i.

  Mei Våder is a Goaslschnalzer, und Goaslschnalzer bin i.
  Mei Våder schnalzt Goasln, und d'Weiber schnalz i.

  Mei Våder is a Baggerführer, und Baggerführer bin i.
  Mei Våder baggert d'Haiser, und d'Weiber bagger i.

  Mei Våder is a Doktor, sei Bua, der bin i.
  Patienten, de sticht er, und d'Madln stich i.

  Mei Våter is a Postler, und a Postler bin i.
  Mei Våder foahrt d'Packl, und d'Weiber foahr i.

  Mei Våder is a Metzger, und Metzger bin i.
  Mei Våder schlacht' d'Viecher, und d'Weiber schlacht i.

  Mei Våder is Maler, und Maler bin i.
  Mei Våder streicht d'Türstöck, und d'Weiber streich i.

  Mei Våter is a Maurer, und i bin sei Bua.
  Er redt nix und macht nix, und i schau eahm zua.

  Mei Våder is a Jaager, und a Jaager bin i.
  Mei Våder jagt d'Viecher, und d'Weiber jåg i.

  Mei Våder is a Parapluimacher und a Musemacher is er aa.
  Wenn eahm 's Parapluimacha nimmer gfreit, macht er Muse für d'Leit.
  Uli Piehler (weitere Kirwagstanzl s. Piehler Uli, S. 250)

» De Flößer kemma, de Flößer san då.
  Geh, Deanerl mach 's Fenster auf, de Flößer bleibn heit då.

---

9 überzwer = über Kreuz

» Unser Schmiedin mitn Hammer und der Schmied mitn Stiel:
   Wia will der Schmied hammern, wenn d'Schmiedin net will!

» Mei Muader håt gsagt zu mir: Heirat koan Schmied!
   D'Schmied, de han 's Dengln gwohnt, denglns aa di!

» Mei Schatz is a Schneider, a saubers Bürscherl.
   Er håt a Poar Waadl wia Kreuzawürschtl.

» Mei Schatz is a Schreiber, a Schreiber solls sei.
   Bald spitzt er eahm d'Federn, bald tunkt er eahms ei.

» Mei Schatz is a Schreiner, a sauberer Bua.
   Der baut ma(r) a Haisl und a Bettstått dazua.

» Mei Schatz ist a Gärtner, a Gärtner muaß's sei.
   Er setzt mir de scheenstn Vergißmeinnicht ei.

» Mei Schatz is a Metzger, i siehg'n vo fern.
   I trau mi net zuawe, kaannt åbgstocha wern.

» Mei Schatz is a Fleischhåcker und a Kaibltreiber.
   Der is ma vui liaber als a Råthausschreiber.

» Mei Schatz is a Schmied und a Eisnklopfer,
   a himmllangs Gstäng und a Madlhocker.

» Mei Schatz is a Sennerin, sie kocht mir a Muas,
   sie hockt aufm Pfannastiel und rührt mitm Fuaß.

» Und i håbs eich ja allaweil gsagt, habts mas net glaubt.
   Wenn d'Müllersbuam tanzn, dass 's Mehl ummastaubt.

   Dass 's Mehl ummastaubt und der Griaß davofliagt,
   es gibt ja koan Müller, der d'Leit net beträgt.

   Drum Mühlradl, drah zua, Geld ham ma gråd gnua.
   Geld ham ma, dass's überbleibt, Geld ham ma, dass 's Mühlradl treibt.

» Jetz geh i zum Seiler und kaaf ma an Strieck,
   bind 's Deandl am Buckl, trågs überall mit.

» As Liadl is aus, as Taanzl is aus,
   der Schneider is gschloffa zum Hehnerloch naus.

   Zum Hehnerloch naus, in Tau(b)nkobl nei,
   des muaß a miserabliger Schneider gwen sei.

Bauer

» D'Bairin hockt vorm Uafatürl. Heint gibts Kraut mit Schwammerkniadl[10].
Und wer döi niat fressen mågh, ja, der kröigts am andern Tågh.

» Då hint is a Bauernhaus, schaugt der Bauer vom Fenster raus.
D'Baierin schaugt aa heraus. Wås is des für an alts Haus?

» Auf der Wies sitzt a Heischreck, auf oamal is er staad.
Derweil håt eahm der Bauer an Kopf weggagmaaht.

» Wenn der Bauer im Summer a Landpartie macht,
nacha fahrt er en d'Stadt nei und bleibt über Nacht.

» Jetz håt halt der Bauer seine Ochsn verkauft.
Zweng der Nout is net gwen, åber 's Geld håt er braucht.

» Der Bauer håt d'Bairin zwickt hinter der Bo(d)nstiagn hint.
Höllsakra, håt d'Bairin gsagt, zwick mi auf d'Nacht!

Der Bauer håt d'Barin zwickt hinter der Bodnstiagn hint.
Sagt der Knecht: Saxndi! De Dirn, de zwick i!

» Und der Bauer, der Hund, håt ma sei Moidl niat vogunnt.
Ja, und d'Baiere, de Maatz, de håt me nu besser traatzt.

» A Stådtdeandl und a Bauerndeandl, des is net ålls oans:
A Stådtdeandl håt a langs Kleidl, a Bauerndeandl håt koans.

» Der Bauer is übern Hof übeganga, is eahm der Biest[11] vorn aussegstana.
D' Bairin geht hinterher drei, nimmt an Biest und schiabtn ihr ei.

» Beim Bimmerlwirt, beim Bammerlwirt, då håms a faule Dirn.
De Kuah liegt im Stådl, und 's Kaibl liegt im Ådl.

» An Liachtmess, då ärgern si d'Bauern vor alln:
Wenns aa(r) a weng Geld håm, åber d'Ehåltn miassns zåhln.

» Zwoarazwanzg Bauern håm vieravierzg Füaß,
håm zwoahundertzwanzg Zechan, wenn mas åbschleckt, sans süaß.

---

10 Schwammakniadl = Pilzknödel
11 Biest = Penis

Pfarrer

» A Pfarrer håt d' Köchin gern, sie halt eahm in Ehrn.
  Dominus vobiscum, tanzt a drauf herum.

» A Pfarrer liabt d' Köchin, der Mesner de Dirn.
  Und d'Ministrantn, de Spitzbuam, wollns aa scho probiern.

» Vo der Pfarrer-Liesl ihran Hemadzipfl konn ma Zuckerzeltln ausserziagn.
  Bei der Pfarrerköchin ihrer Holzschupfer ko ma(r) 'n Schubkarrn eineschiabn.

» Auf d'Frei bin e ganga zu der Pfarrerliesl.
  Derweil kummt hålt der Pfoarrer mitn Ochsnfiesl.

» Der Pfarrer vo Cham, der halt d'Predi so lang,
  und der Schullehrer singt, dass eahm 's Rotz åbarinnt.

» Am scheenstn håts a Pfarrer in sein geistlinga Stand:
  Dem stirbt denna koa Wei und wern koa Kinder net krank.

» Und neili håb i beicht, dass i a schwangers Deandl håb.
  Då håt der Beichtvater gsagt, eahm gehts selber aso.

» A Pfarrer håts guat, weil er seine Sündn seiber vabett[12].
  Åber i muaß 's eahm någn, und des is a Gfrett.

» Am Pfarrer vo Amstettn, dem hamsn wegtrettn.
  Jetz macht ers mit seim Reserl mit am Protheserl.

» Der Pfarrer vo Kemptn, der stärkt seine Hemdn
  mit eigenem Samen in Ewigkeit. Amen.

» Guadn Moring, Herr Pfarrer, wås macht der Kaplan?
  Er liegt auf der Köchin und kraaht wia(r) a Hahn.

---

12 vabett = wegbetet

Lehrer

» D'Schul geht o, d'Schul geht o, spannt der Lehrer d'Ochsn o.
D'Schul is aus, d'Schul is aus, laßt der Lehrer d'Ochsn aus.

» Drunt im Böhmerwald, då geht der Wind so kalt,
då könna d' Vögl nimmer pfeiffa.

Und der Schullehrer, der håt se d' Finger gfreart,
jetz konn er d' Hehner nimmer greifa.

» Wenn gschlacht wird, nou mou(ß) ma glei Spießrecken[13] göih,
sunst hult d' Würscht der Lehrer und saafft de ganz Bröih.

» 's gibt ja nix Scheeners wia d'Schullehrerei:
Amål wird a kloans Kind tauft, amål stirbt an ålts Wei.

» Der Hochburger Lehrer is dick und is fett:
Der frißt hålt'n Kindern ihra Pausnbrot weg.

Andere Berufe

Hirtenrufe (topografisch, nord- und mittelbairisch):

» Ja, in Fianröid   Ja, in Fürnriad
håm ma schöi ghöit[14]   ham ma schee ghüat
aaf Wüllaschduaf zou   auf Wöllersdorf zua
mid oiner Kouh.   mit oaner Kuah.
Fürnried / Birgland (Lkr. AS)

» Gäih, gäih, Goude, gäih,   Geh, geh, Guate, geh,
bleib mer dou niad stöih!   bleib ma då net steh!
Drubn aaf der Hallerwies,   Drobn auf der Hallerwies,
dou läißd dein Schieß.   då laßt dein Schieß!
Engeltal (Lkr. NL)

» Kinner und Leit vo Ouernsous,   Kinder und Leit von Ottensoos,
lou(ß)ts doch enker Vöicher lous.   laßts doch eire Viecher los.
Fir a Måuß und fir an Schnied   Für a Maß und für an Schnitt
nehm es eich miid!   nimm is eich mit.
Ottensoos (Lkr. NL)

---

13 Spießrecken = Wurstsuppn betteln
14 schöi ghöit = schön gehütet

» Schöi gäihts aaf d'Stofflmühl,　　Schee gehts auf d'Stofflmühl,
　dou gi(b)ts as Gras recht vüll.　　da gibts as Gras recht vül.
　Dou gi(b)ts as Gras recht schöi,　Da gibts as Gras recht schee,
　mou niad weid göih.　　　　　　muaß net weit geh.
　Hirschbach (Lkr. AS)

» Zant, Zant, schöine Zant!　　　　Zant, Zant, scheene Zant!
　Köih, gäihts a weng umanand,　　Küah, geht's a wenig umanand,
　laafts ma fei niad davo,　　　　　laafts ma fei net davo,
　hollara dri o.　　　　　　　　　hollara dri o.
　Gaisheim / Neukirchen bei Sulzbach-Rosenberg (Lkr. AS)

» Der Vatter is a Jaager und håt 's Schiaßn net kinnt.
　Er håt se bei dera Glegnheit sein Schnauzboart vabrinnt.

» Wås braucht denn a Jaager? A Jaager braucht nix
　åis a schwarzaugats Dianderl und an Hund und a Bix.

» Dass's bei uns gmiatlich åbergeht, des is koa Witz.
　De oa Hälfte san Beamte, ålle andern taan nix.

» Moidl, heirat an Grenzjaager, dou kröigst a schöins Lebn.
　U an Kaffee u an Zucker möi(ß)n Pascher[15] hergebn.

» Der Wirtin vo Oberammergau, dera wachst d'Woll am Bauch,
　der Wirt zupft ihrs aus und macht Wurschtbaandln draus.

» I bin hålt a Fuhrmo, a Goaßlhauer.
　Mir derf aa koa oanzigs scheens Deandl traua.

» I bin hålt a Fuhrmo, i fahr auf der Straß.
　Wenn a Wirtshaisl kimmt, kehr i ei auf a Maß.

» An der böhmischn Grenz håts an Fuhrmo verwaaht.
　Gråd recht is eahm gschehgn, warum fahrt er so staad.

» I bin a Stoahauer, i muaß mi hart plågn.
　I muaß meine Nickl vom Stoa åberschlågn.

» I håb net reich gheirat, i wer(d) aa nix irbn[16].
　I muaß meiner Lebtåg Stoa ausanand kliabn[17].

---

15 Pascher = Schmuggler
16 irbn = erben
17 kliabn = spalten

» D' Schleifer und Polierer ham all rote Fiaß.
  De san scho in Himml gwest, håm wieder åba gmüaßt.

» Wenn i amal a Binder wir(d), nou bind i a grouß' Fåss.
  Dou spirr i de åltn Weiber nei, dou wird der Teifl los!

» Wenn i amål heirat, na heirat i nei(n).
  Drei gib i an Schinder und sechs gråb i ei(n).

  Und wenns der Schinder net måg, na tua(r) is in mei Kirm[18]
  und trågs im ganzn Landl å(b) und såg, i hätt guat' Birn.

» I bin halt a Kramer, hå(b) Stieflwichs und an Samer[19].
  Mei Madl håt an Karmelitergeist und a schwoarz Fleisch.

» Wenn ma koa Geld nimmer håm, gehn ma zur Eisenbahn.
  Taan ma(r) a wengerl Rollwågn fahrn, dass ma oans håm.

---

18   Kirm = Tragekorb
19   Samer = Samen

Wirtshaus

Wås is denn då drinnat, was schaut denn da raus?

Wirtshaus

» 's Wirtshaus is eckig und d'Wirtin is rund.
  Und der Wirt is a rechter zaundürrer Hund.

» Der Wirt is a Kerl, a ganz a gsunder:
  Der verkaafft d'Mass um drei Markln und schütt a Wasser drunter.

  De Wirt, de mitm Wasser den Wein pantschn zamm,
  de solln alle mitanander de Wassersucht ham.

  Der Wirt is a Schlauer, håt zwoaraloa Bier.
  Des guat trinkt er selber, des schlecht kriagn ma mia.

  Der Wirt, der tuat Koartn spüln, de Wirtin schenkt ei.
  Dem Wirt spielns as Geld å(b), de Wirtin schlåft ei.

  Der Wirt is im Keller unt, tuat Wasser pumpn.
  Schreit d'Wirtin: Schenk ei! Es taugt scho für d'Lumpn.

» Der Wirtin im Tål, dera wachst am Bauch d'Woll.
  Der Wirt reißts ihra aus und macht Fuaßsöckl draus.

» Wann 's Wirtshaus a Kircha waar, 's Mensch an Altår,
  då mächt i Pfarrer sei siebn an acht Jåhr!

» Ja und d'Kellnerin is schwanger und d'Wirtin is dick.
  Und der Wirt is in der Hoffnung, ja, de Leit håm a Glück!

» Wer a Kellnerin liabt, der is scho betrogn.
  Wås s' zwanzgmal verspricht, des is vierzgmal dalogn.

» Wallfahrtn san ma ganga durchs ganze Tirol.
  Koa Kircha ham ma gfunna, åber d'Wirtshaiser åll.

» Beim Bimmerlwirt, beim Bammerlwirt, då is a Voglnest.
  Und wenn der Alte außefliagt, na macht der Jung ins Nest.

  Heit san ma beim Bamberlwirt, wo ma koa Bier net kriagt.
  Morgn geh ma zum Bimberlwirt, wo ma oans kriagt.

» De Spielleit san lustig, de Wirtsleut san brav.
  Då waars ja koa Wunder, wenn ma ålles vertaat.

» Und im Wåld drauß steht a Wirtshaus, und vor dem Hütterl steht a Baam.
  Und so oft i då vorbeigeh, find i ållamål nimmer haam.

  Im Wåld drauß steht a Wirtshaus, und 's Kellnermadl schenkt aus.
  Kimmt der Zwätschgn Sepp und ziagt sein Seppl raus zwega oana Filzlaus.

In der Au draußd is a Wirtshaus, hoaßt d'Kellnerin Michl,
håt a lange Nåsn, ko Trompettn blåsn, håt a Maul wia(r)a Sichl.

Im Holz drauß is a Wirtshaus, 's Kellnermadl schenkt ei.
Der Maßkurag gheart der Wirtin und 's Kellnermadl gheart mei.

Im Wald drauß is a Wirtshaus, a Wirtin wia(r)a Spitzmaus,
a Kellnerin wia(r) a Budlkuah[1], im Holz drauß gehts zua.

» De Kircha und 's Wirtshaus ghearn allaweil zamm.
Då kemma de Fromma und de Lustinga zamm.

» I bin so a Dorfwirt, des is eich net nei.
Und wennts auf Brennberg kemmts, na kehrts bei mir ei.

» A richtiger Dorfwirt is a lustiger Mo,
der bet't, wås er muaß, und sauft, wås er ko.

» Im Wirtshaus kreizlusti, in der Kircha koa Freid.
Wås wird denn aus mir no wern, sågn alle Leit.

Essen

» D' Leit essn gern Weißwürscht, des få(ll)t ma gråd ei,
statt'n Bier trinkas a Kracherl, de Würscht wer(d)n beleidigt sei.

» Madl, mågst an Radi? Na, na, na, der blaaht mi.
Oder mågst a Wurscht? Na, då kriagt ma Durscht.

» A schweinane Wurscht und a frische Maß Bier
und a schwarzaugats Maderl, de schådn mir nia.

» Alle Sunnta iß e sechs Knedl, und fallt a Festtågh mål drei,
na iß e gråd fünfe, åber gräßer müassns sei.

» Am Lauterbåch håm sie an Bumml gschlacht. Bummlfleisch is ja mei Lebn.
Då geh i hålt wieder auf Lauterbåch[2] und laß ma(r) a Bummlfleisch gebn.

» Zan Fröihstück a Suppm u Fisch aaf Mittågh,
um hålwa draa Krebsn u Rebhennla aaf d'Nåcht.

» Åber am Sunnta gibts Reiberknedl und a Schissl voll Sålåt.
Und a Fleisch ko ma dazua essn, wenn ma oans håt.

---
1 Budlkuah = Kiefer-, Tannenzapfen
2 Lauterbåch = Ort im Egerland

» An Dåtsch und an Knedl, an zünftign Stern,
   an Maßkruag am Schädl, so ham mas hålt gern.

» A sellane Köchin ham mir no net ghabt,
   de hülzerne Pantoffl und a Brilln tragt.

» Koa Runkln[3], de måg i net, des woaßd doch genau.
   Am liabern iß i Erdäpfl, åber zerscht gibst as der Sau.

» A bißl bäihmisch, a bißl deitsch, a Bröckerl Knedl, a Bröcklerl Fleisch,
   a Baatzerl Kraut und a gschwollne Wurscht gehn für Hunger und net fürn Durscht.

» I bin a Waldler, oaner vom ganz åltn Stamm.
   I måg d'Erdäpfl erscht, wenn ma nix anders mehr ham.

» Reiberknödl mit Schweinsbrå(t)n Jahr ei und Jahr aus,
   des essn mia Waldler, drum schaun ma gsund aus.

» Då hint san ma vüra vom schwoarzn Revier.
   Wenn ander Leit essn, na kocha erst mia.

» Dou hint bin i vüra von der bäihmischn Kultur,
   Dou fressn d'Leit Erdäpfl mitsamt der Montur.

» Hm, hm und aha! Der Nachbar machts fein.
   Wås er net fressn ko, des schiabt er ei.

» Rechts und links a Krampetsstauan[4], mittndrin a Pflöckl.
   Wenn unser Köchin 's Fleisch austeilt, kriagt jeder gråd a Bröckl.

» Fürn Durst ja, då sauf ma an kirrsauern Most.
   Und a boarfuaßats Kraut håm ma zu der Erdäpflkost.

Trinken

» A frische Maß Bier ausn stoanern Kriagl!
   Schauts gråd, wia(r) er saufft, der Holzergirgl.

» I wollt, i waar im Himml drobn und hätt a Fassl Bier.
   I hockert mi auf d' Ofabänk und sauffert wia(r) a Stier.

---

3 Runkeln = Rüben
4 Krampetstauan = Wacholderstaude

» Wenn i hoamkimm, na geh i ums Haus rum und beim Kammerfenster klopf i o.
  Wenn mei Weiberl fragt, wer då draußn is, såg i: Lumperdurl, jetz kimmt dei Mo.

» Aufm Berg und im Tål singa tean ma überåll.
  Aufm Berg und im Tål sauffa tean ma überåll.

» Schenkts uns a Glaaserl ei, es kinna aa zwoa, dreie sei.
  Mia sauffa frei und frisch d'Mannsbilder untern Tisch.

» Bier her, Bier her, oder i fall um. Habts ihr koane Glaasl mehr,
  bringts ma glei an Nachttopf her! Bier her, Bier her, oder i fall um.

» 's Gelderl votrinka is 's Allerscheena.
  In d' Ewigkeit könna ma uns ja koans mitnehma.

» Böjerl, Böjerl[5], rinn! Hå(b) nix mäiher[6] drin!
  Wås helfen mir die Kreuzerlein, wenn ich gestorben bin?

» Wenn i recht bsuffa bi, leg i mi aufs Sofa hi,
  deck mi mitn Maßkruag zua, na håb i mei Ruah.

» Auf der Mauer hockt a Spåtz, singt als wia(r) a Wachterl.
  Und mein Branntwein muaß i håm, alle Tåg an Achterl.

» Jetz trink ma oamål rum, na kimmts zu mir aa.
  Mei Hals is so trucka, und Durscht håb i aa.

» Jungs Bier, i kenn di scho, du bist mei Tod, mei Tod.
  Bal(d) reißts me wista her, bal(d) reißts me hott.

» Prost, Prost, Prost, dass d'Gurgl net varrost.
  Prost, Prost, Prost, dass d'Gurgl net varrost.

  Drum san ma lustig, weil ma no koa Weiber håm.
  Drum san ma lustig, weil ma no koa håm.

  Weiber kriagn ma ohne Zweifl, Kinder wia de junga Teifl.
  Drum san ma lustig, weil ma no koa håm.

  Der Pfoarrer, der håt gsagt, mia solln amål a Buße toa.
  Jetzt ham ma Buße toa, mia sauffa bloß no zwoa.

  A so a Haaferl Bier, des is de beste Gurglschmier.
  A so a Haaferl Bier, des is de beste Schmier.

---

5 Böjerl = Bierlein
6 mäiher = mehr

Drum schenkts uns no wås Boarisch ei, boarisch wolln ma lustig sei!
Drum schenkts uns no wås Boarisch ei, boarisch wolln ma sei!

» Wås is denn då drinna, wås schaut denn då raus?
   Des Tröpferl Bier und des sauft ma jetzt aus.

» Ja, wenn der Kirchturm a Maßkruag waar,
   sauffat ma'n alle Tåg drei-, viermal laar.

» Drah de hi und drah de her, es liegt nix dro,
   weil ma 's Geld auf dera Welt net fressn ko.

» Schiafe Absätz und in jedem Strumpf a Loch,
   åber sauffa, sauffa, sauffa tean ma doch.

» Hi und då a kloanes Spitzl derfst scho håm.
   Is koa Unglück, so a Raischerl, laß da sågn.

» Alle Tåg an Fetznrausch hoamtrågn,
   geht schnell d'Hüttn drauf, und gar nix mehr werst håm.
   Oberndorfer Sänger

» Gigl, Geigl, trink ma(r) a Seidl, trink ma(r) a Hoibe und a Maß,
   trink ma(r) an Emer[7], nacha geh ma, werd uns Gurgl no net naß!

» Verlorn und verto, wås gehts ander Leit o?
   Frau Wirtin, schenk ei, dass e austrinka ko!

» Wenn i near a Dipfl[8] häitt, wou Böja drinna waar,
   i hängat an dean Dipfl dra(n) und sauffat wia(r) a Naarr.

» Wenns a Bier regna taat und Zigarettn schneit,
   dann bitt ma unsan Herrgott, dass 's Weeder so bleibt.

» Mei Muatter trinkt gern und mei Våter sauft vül.
   Åber des is halt der Brauch, ja in unsrer Famül.

» Es gibt hålt nix Bessers wia Buttermilch von der Goaß.
   Håst 's ganz Joahr koa Bauchweh, då druckt di koa Schoaß.

» Vom Lumpn und vom Pumpn wird allweil vui gredt.
   Ja und aa no vom Sauffa, vom Durscht redt man net.

---

7   Emer = Eimer
8   Dipfl = Topf, Töpfchen

- » Bier is mei Himml, und Schnaps is mei Gott.
  Bald reißt er mi wista, bald reißt er mi hott[9].

- » 's Böierl is gout, i kaaf ma koin Hout,
  setz an åltn wieder aaf u lou(ß) zourenga draaf.

- » Mei ållerliabster Schåtz is in Keller druntn.
  Håt a oachas Kload, is mit Roafn bundn.

- » I wollt, i saaß am Rachl, der Berg waar voll Brasil[10],
  unt rann vom Bier a Bachl, då sauffat i fei viel!

- » Wenn der Kirchturm a Maßkruag waar und er waar voller Bier,
  na trinkat i gråd a Maß und net drei, vier.

- » Oide, Oide, Oide, geh ziag ma mei Schuah aus,
  Oide, Oide, Oide, heit håb i an Saurausch.

  Oide, Oide, Oide, geh ziag ma mei Schuah aus,
  Oide, Oide, Oide, heit håb i an Rausch.

  Oide, Oide, Oide, geh ziag ma mei Hosn aus,
  Oide, Oide, Oide, heit håb i an Saurausch.

  Oide, Oide, Oide, geh ziag ma mei Hosn aus,
  Oide, Oide, Oide, heit håb i an Rausch.

  Oide, Oide, Oide, geh ziag ma mei Hemadl aus,
  Oide, Oide, Oide, heit håb i an Saurausch.

  Oide, Oide, Oide, geh ziag ma mei Hemadl aus,
  Oide, Oide, Oide, heit håb i an Rausch.

- » Åber a so is's aa net zwider, des Ding, des moan i,
  wenn er aso weitermacht, is d'Leber bald hi.

- » Der Kruagdeckl geht auf und der Kruagdeckl geht zua.
  Und so kriag i meiner Lebtåg vom Kruagdeckl koa Ruah.

- » O du guater Gerstensaft stärkst mir meine Glieder.
  Wo der Lettn[11] am tiaffan is, wirfst mi ållweil nieder.

- » Heit gehn ma wieder goar net hoam, hockt a schwoarz Ding dahoam,
  schaut wia der Teifl aus, trau mi net z'Haus.

---

9   wista und hott = Links- und Rechtsbefehl für Tiere
10 Brasil = Schnupftabak
11 Lettn = Schlamm

» Heit bin i wieder an elender Krüppl, is der Beitl länger wia der Zipfl,
heit geh i wieder går net hoam, weil i net måg.

» Wenn mer ner an Hopfn häi(tt)n, a Wasser und a Gerschtn,
tät mer uns a Bierla braua, brauchert mer net därschtn.

» Wenn oaner an Rausch håt und ko nimmer steh,
nacha kimmt eahm d'Welt gråd so vor, viermal so schee.

» Gegrüßt seist du, Nachbar, der Herr ist mit dir.
Du derfst heit frohlockn, geh, zåhl ma(r) a Maß Bier!

» Wenn d'Zeitn besser wern, kaaf i zwoa Küah:
De oa wo an Schnaps gibt, de ander a Bier.

» Heit is der letzte Tåg, heit sauf i, wås i måg,
morgn mach i's Testament, 's Geld håt an End.

» A frische Maß Bier, an Schaum, an weißn:
Heit geh ma net hoam, bis s' uns aussischmeißn.

» In unsern groußn Krough, då gehnga fuchzeah Seidla nei.
Då kinn ma saaffn gnou(gh) aus unsern groußn Krough.

» Ja 's Bier låßt se trinka und der Branntwei is süaß.
Wenn ma d'Stiefl vosaufan, bleibn uns ållweil no d'Füaß.

» A Braunbier macht Rosn, i kaaf ma koa Hosn.
I ziag d' ålt wieder o, dass i recht sauffa ko.

» A Bier muaß ma trinka, an Rausch muaß ma håm,
sunst kemma net eine in Passauer Gråbn.

» Rätätä, di rätätä, morgen håm ma Schädlweh.
Rätätä, di rätätä, Schädlweh is schee.

» Heffakniadl und Bråutwurscht hülft fürn Hunger, niat fürn Durscht.
Für den Durscht, da hülft bei mir a Stamperl Schnaps und a Maß Bier.

» Das Trinken lernt der Mensch zuerst und hernach erst das Essen.
Drum soll der Mensch aus Dankbarkeit das Trinken nicht vergessen.

» O söißes Böjerl[12], söiß! Und wenn i Strimpf und Schouh valöis[13],
nou håm ma(r)aa nu d'Föiß. O söißes Böjerl, söiß!

---

12 Böjerl = Bierchen
13 valöis = verliere

» I wollt, i wär im Himml drobn und hätt a Glaaserl Wein,
  i setzat mi vor d' Himmelstür und lassat neamand nei.

» O, du edler Gerstensaft, stärkst du meine Glieder.
  Gestern håst mi in Gråbn eigschmissn, heint probierst as wieder.

» Mia håm an groußn Durscht, mia schie(tt)n öitz zeah, zwanzg Sei(d)la ei.
  Wer 's zåhlt, des is uns wurscht. Mia håm an groußn Durscht.

Unterhaltung / Spiel

» An Nachbarn sei Birnbaam trågt gwieß koane Nuss.
  Wenn ma zåhln solln und koa Geld ham, Bruader, des is a Verdruss.

» Åber i und der Rausch, ham ma öfter an Tausch.
  Oamål håt der Rausch mi, und oamål håb an Rausch i.

» Jetz mächt i oans singa vom Herzerlsechser,
  a datschader Bua ko koa Maderl wecka.

  Nachn Herzerlsechser kimmt der Herzerlsiebner.
  Åber mei liabs Deandl, ja, di kenn i nimmer.

  Nachn Herzerlsiebner kimmt der Herzerlachter.
  Åber mei liabs Deandl, bist du a Laster.

  Nachn Herzerlachter kimmt der Herzerlneiner.
  Åber mei liaber Bua, sagt s', warum kimmst net einer?

  Nachn Herzerlneiner kimmt der Herzerlzehner.
  Åber mei liabs Deandl, du bist nimmer z'kenna.

  Nachn Herzerlzehner kimmt der Herzerlunter.
  A datscherder Bua macht koa Deanderl munter.

  Nachn Herzerlunter kimmt der Herzerlober.
  Åber mei liaber Bua, sagts, du bist a Grober.

  Nach Herzerlober kimmt der Herzkine.
  Åber mei liabs Deandl, sagt er, wennsd aafmachst, nå kimm e.

  Nachn Herzerlkine kimmt 's Herzerlasskreiz.
  Åber mei liabs Deandl, ja mit dir is's a Kreiz.

Verabschiedung / Heimgang

» Guate Nacht und scheen Dank, åber d'Zeit wird ma lang,
   mei Herz tuat ma weh, wenn i von dir weggeh.

» Wenn ma 's Lebn no ham, kumm ma(r) amal wieder zamm.
   Han ma scho gstorbn, nacha bleibn ma dahoam.

» Jetz ham ma a weng gsunga, jetz håm ma a weng gschrian.
   Åber jetz solln se hålt ander Leit aa(r) a weng rüahrn.

» I hätt gern auf d'Deandl a Verserl no gmacht.
   Im Kopf hätt i's drin ghabt, åber außa net bråcht.

» 's Liadl is gsunga, håt se singa låssn.
   Wer a Bier in sein Kruag håt, konn mi trinka lassn.

  's Liadl is gsunga, 's Taanzl is aus.
  Der Kreuzer is gsprunga beim Hehnaloch naus.

  Und 's Liadl is gsunga, i woaß nix mehr davo.
  Wers länger will håm, der hängt a Trumm dro.

» Pföid God, löibe Leitln, sagts dahoam schöine Gröiß[14]!
   I mou(ß) åbe in d'Vüls[15], mou(ß) ma å(b)waschn mei Föiß[16].

» Jetz håm ma(r) a lustigs Liadl gsunga, a traurigs kimmt jetz drauf.
   Und wer der Kellnarin a Bussl gibt, der kimmt in Himml nauf.

» I konn an Gsang, der geht net lang.
   Hupf auf d'Maus und jetz is's aus.

» Åber meinze[17] liabn Leitln, jetz laß mas wieder geh.
   Wenns a weng z'lang dauert, dann is's aa nimmer schee.

» Is scho wieder a Liadl gsunga, is scho wieder a Taanzl aus,
   is scho wieder a Maderl gsprunga, is scho wieder koa Geld im Haus.

» Und jetz wirds halt båld aus sei mitn Schnåderhüpflsinga.
   Mia Åltn sterbn weg, und de Junga lernas nimmer.

» Und jetz hear i wieder auf, und jetz såg i pfüat God.
   Und jetz bedank i mi no sakrisch, dass a jeder aufpaßt håt.

---

14 Gröiß = Grüße
15 Vüls = Vils, Fluß in der Obepfalz
16 Föiß = Füße
17 meinze = alte Anrede für meine

» Åber jetz håb i lang gnua gsunga, und es[18] schauts scho recht warsch[19].
   Jetz pfüat eich God mitanand und jetz leckts mi am A ...

» Åber jetz håb i aa gsunga, jetz måg i nimmer.
   Jetz solln hålt de singa, wo's besser kinna.

» Åber i håb eich jetz Gsangln gråd gnua gsunga her.
   Und wenns eich net langa, i woaß schon no mehr.

» Der Rehbock håt Gwichtln, der Rehbock håt Hoar.
   Jetz han meine Gsangln aus, jetz is's aus und is goar.

» Jetz hear ma wieder auf, sonst wern ma enk faad.
   Jetz setz ma uns nieder und håltn uns schee staad.

» Vo hint bin i vüra, vom Wald då drin her.
   Jetz geh i då wegga, laß de andern wieder her.

» I såg eich Pfüat God, bleibts recht kuglrund
   und bleibts aa(r) aufs Joahr wieder genau a so gsund.

» I dank enk für d'Musi, i dank enk fürs Bier.
   Und i dank aa de Mentscha[20], de tanzt håm mit mir.

» Jetz håm alle gsunga, håms Maul aufgrissn,
   Wer jetz nomal singt, der wird aussegschmissn.

» D'Muse is aus, 's Taanzl is aus! 's Deandl is zum Rauchloch naus.
   Und der Bua schaut ihr zua: Lacht si gråd gnua!

» Auf d'Nacht håt's gschneit, und der Schnee macht an Harsch,
   und wer nimmer zuhearn will, der legt si ins Bett, guate Nacht.

» Wenns schneibt, na schneibts weiß, und wenns gfreahrt, gfreahrts a Eis,
   wenn ma älter wird, verluist ma d'Hoar, und wenn d'Gstanzl aus wern, na hans går.

» Und der Simsam und der Damdam und der Zwieflinger und der Samsam
   und der Polizeideaner und sei Hund und jetz pfüat Enk Gott und bleibts gsund.

» Bua, jetzt geh hoam mit deiner sammat Hosn.
   Håt hint und vorn a Loch, ko ma außi blåsn.

---

18 es = ihr
19 warsch = wirr, Klangwort
20 Mentscha = Mädchen, aber auch negativ leichte Mädchen

» Guate Nacht, ihr Musikantn, guate Nacht, ihr scheen Leit.
  Gute Nacht, ihr scheen Madln, bei eich håts mi gfreit.

» Hoam geh ma net, bis der Gockl kraaht, hoam geh ma net bis Tåg.
  Wenn mir mei Alte a Oarbat schafft, na såg i: Wenn i måg!

» Mia legn uns lang niat nieder, stehngan lang, lang niat aaf,
  toun lang, lang niat essn, trei(b) i d'Köih lang niat aas.

» Åber des sollt ma aa nimmer kinna, hoam sollt ma aa nimmer finna.
  Des sollt ma aa net toa: hoamgeh alloa.

» Wenn i hoam kimm vom Bier, schimpft mei Alte mit mir.
  Alter Rumplkastn, hättst mi rumpln lassn, waa(r) i dahoam bliebn bei dir!

» Håt der Hahnagockl gschrian auf der Hollerstauan.
  Åber hoam geh ma net zu unsern Lumpnbauern.

» Jetz laß ma(r) uns an Schnurrbart steh, hoam tean ma no lang net geh.
  Wachst uns na der Schnurrbart schee, dann tean ma geh.

» Åber lindlerisch is landlerisch, hoam geh ma, wanns finster is.
  Hoam geh ma scho, åber jetz bleibn ma då.

» Vor der Mitternacht geh i net hoam. Wås macht des brau(n) Bier für an Foam!
  Vor der Mitternacht geh i net weg, weil mir des brau(n) Bier aso schmeckt.

» Und is a Liad aus und is a Tanz aus, wenn ma(r)a Göld håm, geh ma ins Wirtshaus.
  Und wenn ma koans håm, na geh ma langsam nach Haus.

» Hoam geh ma net, då bleibn ma net, meiner Muader reibn ma d'Erdäpfl net.
  Hoam geh ma net, då bleibn ma net, meiner Muader reibn mas net.

  De wo vom Hoamgeh sågn, de müaßn koa Geld mehr håm.
  De wo vom Dåbleibn sågn, de müaßn oans håm.

» Åber jetz waars Hoamgehzeit, åber 's Hoamgeh håt mi no nia gfreit.
  Hoam geh ma scho, åber jetza net no.

» Wenn i wieder amal furtgeh, nacha woaß i, wås i tua:
  I nimm d'Haustür am Bugl und såg: Muatter, sperr zua!

» Sauzitzei, Sauzitzei, gehst so lang net hoam. Tuast åiwei(l) im Wirtshaus sitzn
  und des ganze Gejd verblitzn. Sauzitzei, Sauzitzei, gehst so lang net hoam.

Musik

Musikantn, es Schwaanz, machts ma(r)auf meine Taanz.

Singen

» Wenn i sing, sing i hell, wenn i geh, geh i schnell.
  Mi gfreits, wenns schee hallt, weil mas Leben aso gfallt.

» A Gsangl auf d'Nacht is mei Lebn und mei Freid.
  Mit an damischn Juchezer hellerts auf unser Wejt.

» Ja, weils schwoarzaugat is und aa schee sauber is,
  drum geh i går so weit, weil mi des Deanderl gfreit.

  Wann ålle Vögerl singa und ålle Glöckerl klinga,
  drum geh i går so weit wohl über d'Schneid.

» Mia Leitl san oftmals wia d'Vogerl im Wåld.
  Wenn mia nimmer singa, dann sterbn ma oft båld.

  Drum woll ma jetzt singa, dass alles gråd hallt,
  wolln zoagn unser Freid, dann wern ma stoaålt.

» Ja, wenn i wieder so sing, na wer(d) i aa no berühmt,
  na kriag i aa so a Denkmal, wo 's Freibier rausrinnt.

» Wenn i auf d'Berg geh, na freit si mei Gmüat,
  na jodl i und juchaz und wer(d) gar net müad.

» Ham ma gestern scho gsunga und heit sing ma(r) aa,
  und morgn sing ma wieder und übermorgen aa.

» Houch auffe, houch auffe, houch auffe sing i.
  Singt koaner so houch auffe, houch auffe wia(r) i.

» Des Pfeifa und Singa, des is bei uns Brauch.
  Tean tanzn und springa, na kriagn ma koan Bauch.

» Des oa, des is gwieß, wer schee singt, håt 's Grieß[1].
  Wer d'Zither guat schlågt, håt 's Grieß aa, håm d'Leit gsagt.

» Zum Singa koa Stimm und zum Pfeifa koa Stimm.
  Und zum Betbruader-Wern håb i d'Madln scho z'gern.

» Und d'Vögerl håm Kröpferl, drum singas um d'Wett.
  Mei Ålte håt an Kropf, åber singa konns net.

» Jetz håb i gnua gsunga, håt alles an End.
  Drum häng i mei Geigerl a Zeit lang an d'Wänd.

---

1 Grieß = Geriss, Ansehen, Achtung

Musizieren

» Spielts nur auf, ihr Musikanten, spielts nur auf, ihr Dudlsäck!
  Wenn de Taler nimmer langa, zahl ma enk mit Hosnknöpf.

» Der mit seiner großn Nåsn, der tuat de Trompätn blåsn.
  Die Trompätn geht net los, weil sei Nåsn is zu groß.

» Musikantn, pfeifts eine und lassts es klinga!
  I mächt dene Leit då a poar Gsangl singa.

» Musikantn, steigts auffe auf enkern Altoar
  und spielts ma(r) a Stückl, mit mir is scho goar.

» Musikantn san Schliffl, san ådraahte Füchs,
  und wenn mas net zåhln, nacha geigns uns aa nix.

» Musikantn, blåsts eine, gehts krumm oder gråd.
  Blåsts ausse den Dreeg, dass a neier Plåtz håt!

» Musikantn wenn sterbn, teans as Himmlreich erbn,
  denn an Teifl sans z'leicht und zum Brenna sans z'feicht.

» Musikantn, es Schwaanz, jetz spielts ma an Tanz!
  Spielts auf zu mein Witz, wenns es 's Vürpfeifa kinnts.

» Spielts ma(r) an Landler auf, an scheen Rundumadum,
  dass i oan tanzn ko auf dera Stubn.

» O du meinze Musikantn, geh, tuats uns den Willn
  und tuats uns an Schneidign in Saal einespieln.

» Musikantn spielts auf, es werds scho wås kriagn,
  nacha laß i enk a Haaferl voll Erdäpfl siadn.

» Öitza häiats båld aaf mit dean ålbern Singa.
  Musikantn spülts aaf, daß ma tanzn kinna.

» Musikantn, spielts oans aaf, Musikantn, na seids brav.
  A Geign und a Klarinett, wås Scheeners gibts net.

» Geiger, du geigst ma(r) oans, Pfeifer, du pfeifst ma(r) oans.
  Dudlsåckerer, du schwoarzer Mo, di jåg i davo.

» Hintern Pfluag sing i mir ålle meine Liadln vür
  und druck mein Dudlsåck ålle Feiertågh.

» Musikantn, es Schwaanz und es kinnts ja koa Taanz,
  es kinnts ja koa Liadl fürs Annamiadl!

» Und 's Dudlsackerl und 's Geigerl is aa net ålls oans.
  Denn 's Dudlsackerl håt a Schwaanzerl, und 's Geigerl håt koans.

» Jawohl, ihr Musikantn, etz habts me wohl verstandn.
  Geh, spielts ma an Landler auf, i pass auf's Zåhln net auf.

» I håb's a Geld im Såck, i ko zåhln, wås i måg.
  I ko mi lusti macha für mein Schåtz.

» Musikantn, es Schwaanz, öitz miaßts besser pfeifa,
  sunst wer(d) i ganz seicht in mei Tascherl greifa.

» I bin der Geiger, du bist der Tanzer.
  I bin a halber Narr, du bist a ganzer.

» Musikantn, de Teifesleit, de wo koa Arbat gfreit.
  Und dass s' a Gelderl kriagn, toans musiziern.

» Musikantn, es Schwaanz, machts ma(r) auf meine Taanz.
  Schaugts ma net so lang zua, wenn i 's Geld aassatua.

» D'Musikantn san Lumpn, håm vorn ausse Stumpn,
  håm hint ausse a Lo(ch), dass der Dampf ausse ko.

» An ålter Gaul is an ålts Roß, und an ålte Tür håt an ålts Gschloß.
  Åber d'Musikantn spüln an åltn Tanz, und mei Brouder is a dummer Schwanz.

» Die Musik hat Schlaf, die Musik hat Schlaf.
  Und weil die Musik Schlaf hat, drum hat die Musik Schlaf.

» A Såck voll Musikantn, Herr, vazeih ma de Sünd,
  und zuabundn und ozundn und zuaschaua, wia's brinnt.

Tanzen

» Ja, i håb scho oft danglt, i håb scho oft gmaaht.
  I håb scho oft d'Diandl beim Tanz ummadraaht.

» Buama, spuits auf und Ramsauer, gehts weg!
  Jetz kemman d' Berchtesgådner, då schludern de Krepf.

» Neamad ko den Polka scheener als wia d'Kathl und de Lena.
  Schau, wia eahna 's Röckerl schwaanzt und der Schwietz im Gsichtl glanzt.

» Ei, wenn i mei Deandl zum Tanzn net hå(b),
  na gfreit mi des Tanzn bloß hålbat a so.

» Und tanzt wird heint so lang, bis d'Muse nimmer ko.
  Der Pfarrer hupft aa, dassd moanst, d'Kuttn fliagt davo.

» Schneidts d'Weian[2] å(b), schneidts d'Weian å(b), und lou(ß)ts de Stutzala[3] stöih.
  Heit tanz i mit mein neia Schåtz, den åltn lou(ß) i göih.

» Åber aaf des Kirwal frei i mi, då tanz i mit der Baieri,
  döi håut a zrissns Hemad o, då häng i mi hint dro.

» Sollt i allerweil tanzn, ko 's Madl net lenkn.
  Buama, schauts her, håt der Arsch an Zentn!

» Spielts ma an Schnackldamerl auf, des is der mei!
  Wo i an Schnackldamerl hear, då kehr i ei.

» A Landler macht Schneid und a Landler macht Freid.
  Macht åber aa d'Augn nåß, wennsd håst Herzeleid.

» Mia håm ja nix anders zu unserm Pläsir
  als an Stoapfälzer Landler und a lange Maß Bier.

» Wennsd des net willst und des net mågst und aa net mit mir tanzn mågst,
  dann tråg i aa dei Bünderl net, dann leckst mi halt am Årsch!

» Nu an settn[4], nu an settn, nu an settn scheena,
  wenn de Marie nemmer måg, tanz i mit der Lena.

» Spielts an scheen Walzer auf und an scheen Tusch,
  dass i amål tanzn ko mit meiner Musch.

---
2 Weian = Weiden
3 Stutzala = Strünke
4 settn = solchen

- » Schottisch-Polka tanz i gern, åber nur mit feine Herrn.
  Håm de Herrn koa Handschuah an, tanz i mit mein Christian.

- » Wenn du net willst und du net mågst, und du mit mir net tanzn mågst,
  na pfeif i auf dei Busserl drauf und geh mit dir net hoam.

- » Täträtä is aa(r)a Tanz, net nur bloß a Taanzl.
  Unser Katz håt aa(r)an Schwanz, net nur bloß a Schwaanzl.

- » Wenn alle Weiber tanzn, de mei, de kimmt net nåch
  mit ihram großn Ranzn. O mei, is des a Plåg!

- » Ja, zwengs dem Schubkarrn fahrn, då is mei Ålte bucklig worn.
  Ja, zwengs dem Schubkarrn fahrn, då is sie bucklig worn.

- » Drei Poar håm schöi tanzt: der Vetter Michl und der Vetter Franz,
  d'Geiger Kathl und d'Schwåbn Ursch, der Fegn Seff und der Hanswurscht.

  Drei Paar Leitl ham mitanander tanzt: d' Gründl Resl und der Zankl Franz,
  der Balsepp und d'Hanserl Ursch und Kramer Zenz und der Hanswurscht.

- » Wann i mei Deandl beim Tanzn betracht,
  na gfreit mi der Mo, der de Arbat håt gmacht.

- » A scheene Wirtin, a scheene Kellnerin, a scheens Deandl, a scheene Magd,
  då derf 's Bier a bißl schlecht sei, so geht a Gschäft bei der Nacht.

- » Ei Deanderl, siah, siah, dei Rockerl gäiht viar.
  Lang åbe, ziags aaffe, na tanz i mit dir.

- » Druntn auf der Wiesnspitz då tanzns auf der Zehaspitz.
  Då hams der Jungfrau Kellnerin a Loch in Rock neigschlitzt.

- » Siegst, wia der Schneider springt und der ålt' Schuaster singt:
  Macht scho a Maul, a Maul wia unser Gaul.

- » Schauts ma nur de Sauwurz o, wia de Sauwurz tanzn ko!
  Sauwurz hi und Sauwurz her, d'Sauwurz is koa Jungfrau mehr.

- » Schee singa konn i net, grob pfeifa måg i net.
  's Tanzn steht mir net o, weil is net ko.

- » Tanzn taats gern mit mir, des waar ihr Freid.
  Hoam gaangs mit an andern Buam, schau, schau, wia gscheit!

- » O wäiha, mei Fouß, wenn e oarbatn mouß.
  Wenn e zum Tanzn gäih, tout mir koi Fouß niat wäih.

» Då drobn aufm Berg, då steht a neis Haus.
Då schaua drei Buama zum Fenster heraus.

Der oa, der hoaßt Michl, der ander hoaßt Franz,
der dritt is mei Braitigam, der führt mi zum Tanz.

» Wenn d'Sternderl net glanzn, is der Himml ganz trüab.
Måg 's Lieserl net tanzn, is's aus mit der Liab.

» Wenn d'Müllersbuam tanzn, wern d'Fenster staabi.
Wenn d'Madl d'Flöh beißn, na kratzn sa se, glaab i.

» Bergauf bin i ganga, tålåb bin i grennt,
na håt mi mei Deanderl am Juhschrei dakennt.

Am Juhschrei dakennt und am Lauberrauschn.
Åber geh her, du liabs Deanderl, tean ma Herzerl tauschn.

Bin a Lindler, bin a Landler, bin a lustiger Bua.
Wann d' Spielleit auflandln, dann hear i gern zua.

Kirchweih

» Wou bist gwest, wou bist gwest? Z'Palatz aaf der Kirwa[5].
Wås håust kröigt, wås håust kröigt? Stinkats Fleisch und Knia(d)la[6].

Heint is Kirwa, morgn is Kirwa, schlacht ma Våder an Buack.
Tanzt der Våder mit der Mouder, schwenkt si 's Våders Ruack.

Heint is Kirwa, morgn is Kirwa, ibermorgn schou wieder.
Moidl, wennst koin Tanzer håust, gäih hoim und legh di nieder.

» As Kirwal is kumma, as Kirwal is dou.
Döi Altn, döi brumma, döi Junga san frouh.

» Heint is Kirwa, morgn is Kirwa und de ganze Wochn,
kocht mei Muatter a Sauerkraut in am altn Sockn.

» Beim Melwer, dou is Kirwa, mei Liaber, mei Liaber.
Beim Melwer, dou is Kirwa, is Kirwa vierzeah Tåg.

» In Pechtnersreith is Kirwa, mei Liaber, mei Liaber.
Dou tanzns alle Schiaber und haua alles zamm.

---

5 Kirwa = Kirchweih
6 Knia(d)la = Knödel

» Soll denn des a Kirwa sa? Niat amal an Kouchn.
Gäih, gäbts uns doch a Bröckl, läitsn[7] uns doch vasouchn!

Vierzeah Tågh davor und vierzeah Tågh danou,
Himml aas der Bettstått! O Kirwa, lou(ß) niat nou!

O Kirwa, lou(ß) niat nou! I hå(b) ja nu a Fünferl dou.
O Kirwa, lou(ß) niat nou, bleib nu a bisserl dou!

Soll denn des a Musi sa? Tout so langsam träidln.
Gäih, taats doch no oin aassa, läits enk niat so bedln!
Vierzeah Tågh ...

Is denn des a Kirwabou? Niat amål an Wendder[8].
Gäih, saads do niat so noude, saads do koi so Henker[9].
Vierzeah Tågh ...

» Dou druntn aaf der Bruck, dou zählt der Bou sei Kirwagöld,
mit der Achsl håt er (zuckt), mit der Achsl håt er zuckt.

Sa Taschn draaht er um, dou fallt koi router Kreizer raus,
dou håut er gschaut wöi dumm. Sei Taschn draaht er um.

Döi Kirwa, döi is schöi. Und håt er aa koin Kreizer Göld,
er tout niat hoima göih. Döi Kirwa, döi ist schöi.

» Und wenn amal a Kirwa is, und wenn ma dou niat luste is,
nou pfeif i in döi Kirwa ei, soll löiber koine sei.

» An Sunnta is Kirwa, i gfrei mi scho draaf.
Då kumma d'Musikantn und spüln uns gscheit aaf.

» Am Sunnta is Kirwa, dou mach e me schöi.
Dou derf i mi(t)n Vådan aaf d' Tanzmuse göih.

» Am Sunnta is Kirwa, då schlåg e am Tisch.
Da fråg e mei Muadan, wou 's Kirwageld is.

» Schmålz in der Buttn, Loahm in der Groubn, luste sans d'Etzelwanger Boum.
Drobn am Berg, drunt im Tål, hearn tout mas überåll.

» A Zither zum Schlågn, a Diandl zum Tanz,
a Messer zum Stupfn, dann is der Kirta ganz.

» De Kärwa is es Joahr amål zu unbestimmter Zeit.
Dou mausn si die Vögali und aa die junga Leit.

---

7 läitsn = lasst ihn
8 Wendder = Rausch
9 Henker = Geizkragen

» Ich kumm nit übers Gräbala, ich ko net drübersteign.
   Öitz wart i, bis die Kärwa kummt, dann laß i mi nübergeign.

» Am Sunnta is Kirta, des woaß e ganz gwieß,
   då fråg e mein Vådan, wo 's Geldbeiterl is.

» Schöi Weiberla, schöi Kin(d)erla, öitz gäht's near wieder ham.
   Aaf's Joahr, wenn wieder Kirwa is, nou kumma wieder z'samm.

» Heint tanz ma um an Kirwabaam mit seiner gröina Spitz.
   Der Bou und 's Moidl hupfn um und näiders[10] kummt in d Hitz.

   Heint tanz ma(r) aa an Bätzn[11] aas mit seiner weissn Woll.
   Des Moidl, wou niat tanzn ka, des soll der Teifl holn.

   Heint tanz ma(r) um an Kirwabaam, heint tanz ma(r) um an Plåtz.
   Döi altn Weiber schaua zou und näiderne woiß wås.

   Wenn alles rennt und alles laafft und alles lacht und schreit,
   nou håut a ächter Kirwabou sei allergräißte Freid.

   Mei Vatter is im Himml drobn und i bin aaf der Welt.
   Der mou(ß) mi wohl vergessn ham, der schickt ma ja koi Geld.
   Hanns Binder

» A richtiger Kirta dauert Sunntå, Montå und Irta.
   Es kånn se aa schicka bis zum Migga.

» Und d'Kirwa is kumma, wås håst ma mitbråcht?
   A Ringerl ans Fingerl, a Töicherl in Sååck.

» Heint is Kirwa, morgn is Kirwa und de ganze Wocha.
   Und wenn der heilig Sunntåg kummt, nou ham ma nix zum Kocha.

» Heint is Kirwa, morgn is Kirwa, übermorgn is Bedltågh,
   tanzt der Hanne mit der Nanne drobn am obern Daabnschlågh.

» Ringlstrümpf, Bandlschuah trågt der kloa Kirwabua.
   Trågt der Groß aa scho oa, net bloß der Kloa.

---

10 näiders = ein jedes
11 Bätzn = Schafhammel

Kritik

Und 's Bier is so teier, und 's Brot is so kloa.

Leben

» Mei Vatter håt zwoa böse Buam, an grossn und an kloan.
  Der kloa, der füahrt de Weiber o, der gross, der geht net hoam.

» Dass d'Stiefl schee glanzn, deswegn gibts a Wichs.
  A Pulver für d'Wanzn, fürs Podagra[1] gibts nix.

» Draußn im Wald då schreit der Kucku.
  A Schüssl voll Erdäpfl is ma liaber wia du!

» Wennsd draußn vorbeigehst, kimmsd rei auf an Gspoass.
  Nåchat zoaga da mein Kuahståll, mei Kuah und mei Goaß.

» Überall bei de Volksfest gibts Ochsn gråd gnua.
  De oan, de wern brå(t)n, de andern schaugn zua.

» Wer koa Weiberleit måg, koa Gsangl, koa Bier,
  is umasunst auf der Welt und passt går net zu mir.

» Und 's kimmt net drauf zamm, dass jeder 's Gleich håt.
  Wenn jeder nur Friedn håt und koaner a Not.

» Mit Åbhörn und Überwachn is's bei uns net weit her.
  Willst wås über oan wissn, na gehst zum Friseur.

  Der schneidt da na d' Håår und vazullt da gråd gnua.
  Drum håm bei uns de neigierign Leit ålle a Kurzhaarfrisur.

» Mia braucha koa Atom, mia braucha koa Energie.
  Wenns an Sepp zreißt, han ma so alle hi.

» Ålle Leit, wo mi verachtn, könna mi vo hint betrachtn.
  Gscheite Leit verachtn mi net, und auf dumme merk i net.

» Wenns deine Leit net leidn wolln und meine wollns net håm,
  na machst dei Bett in Weiher nei, då konn di koaner håm.

» Und wenn mei Nachbar nomål sagt, i hätts mit seiner Magd,
  dann steig i übern Gartnzaun und scheiß auf sein Salat.

» Und 's Bier is so teier, und 's Brot is so kloa.
  Åber jetz håb i ma(r) a Fleisch kauft, is aa lauter Boa[2].

---

1   Podagra = Gicht
2   Boa = Bein, Knochen

» Mei Muatterl wenn Kne(d)ln kocht, brunzts a weng dro.
  Sie sagt, då werns lockerer und brenna net o.

» Mei Muatter kocht a Kraut und tuat a Stückl Rindfleisch nei.
  Und wia sie nacheschaut, is nix drin åls a Haut.

» Vom Wåld bin i außa, vom Land der Kultur.
  Mia essn de Erdäpfl mitsamt der Montur.

» Åber der Bauer, der håt seine Ochsn verkauft.
  Ja, net zweng der Not, åber 's Geld håt er braucht.

» Ja, gell, des waar recht, wann ålls kaam, wia ma mächt.
  Åber des is hålt gwiß, daß's net a so is.

» Kreizdunnerkiesl, Wetzstoa, de Maßkrüag san all z'kloa,
  Kreizdunnerkiesl, Wetzstoa, de Maßkrüag san z'kloa.

» Und allawaal de Groußn, de wolln de Kloan dastoußn.
  Und allawaal de Kloan, de Kloan, de gehnga nimmer hoam.

» Und aaf N. N. bin i gfoahrn nach Woaz und Korn.
  Nei, zeah Strich[3] sollt i holn, håbs Geld verlorn.

  Ja, die Mentscher ham mi halt schnell derlurt.
  Bringa mi um alles Geld und Hab und Guat.

» Wer nix daheirat und nix dairbt, der bleibt an oarmer Teifl, bis er stirbt.
  As Scheenste is und bleibt auf dera Welt: a reiches Wei und a Sååck voll Geld.

» Åber jung san mas gwen, ålt san mas worn, ham ma unsre junga Jåhr valorn.
  Åber wann mas wieder umkehrn kaannt, daß mas wieder faand!

» Åber auslassn tean ma net, weit liaber sterbn,
  åber auf an Stoahäuferl hausn und kloaweis verderbn.

  Wann ma mia amoi sterbn, wer(d) ma eigråbn in d' Erd.
  Åber då wern de Leit sågn, de waarn 's Ausgråbn no wert.

» Zwoa dorate[4] Weiber, de gackern recht gscheit,
  heart koane de an(d)er, doch håms a Mords Freid.

» Oa Schwål(b)n macht koan Summer, oa Tropfn koan Regn,
  doch oa Narr macht ra zehn glei, des is scho oft gschehgn.

---

3 Strich = altes Getreidemaß
4 dorate = taube

» A Deandl, des 's Singa und d'Muse net gfreit,
   des gheart bestimmt zu de ganz faadn Leit.

» Der Geiz is a Laster, der Neid is net schee.
   Wennsd a Faule net otreibst, bleibts allaweil steh.

» Der Vatter sauft im Wirtshaus und d'Muatter raucht im Bett.
   De Kinder hocka in der Kohlnkistn und fressn Brikett.

» Und unser ålte Afara, döi håt so dreckat Föiß.
   Döi woar scho amål in Himml drobn, håt s' wieder åber g'möißt.

» 's Brennberger Dörferl is schee kuglrund.
   Då ko ma außn umigeh, und beißt oan koa Hund.

» Und wenn ma mei Våder koa Geld nimmer geit[5],
   na zwick i'n in Hintern, dass er jammert und schreit.

» Brå(t)ne Haadaxn[6] und a Blindschleichl, a Trumm von am åltn Wei,
   von an Schandarm a hinters Viertl, Bruader, des waar a Fresserei.

» Mei Haus håt zeah Spreizn[7] und brauchat no drei.
   I trau ma net schneizn, sonst fållts auf mi ei.

» Håb i mei Letta[8] koa Gout niat tou und håbs aa niat im Sinn.
   Des woiß mei ganze Freindschaft schou, wås i für a Vögherl bin.

» Wenn mei Vatter a Kini waar und der Kaiser mei Död[9],
   nacha waar i der Fretter[10] net, der i jetz bin und net so blöd.

» Bald raucht ma Zigarrn, bald schnupf ma Tabak.
   San d'Röck allsamm z'rissn, dann nehm ma(r) an Frack.

» Es ist scho sei Lebtåg so dumm auf der Welt,
   de selbn, de stoareich san, de håm 's mehra Geld.

» Ans Kranksein net denka, lass der Zeit ihrn Lauf,
   und wenn alle Strick reißn, nacha hängst di erst auf.

» A jeder Bauernbua, der håt sei Bauernmadl, a jeder Eisnbahner håt sei Schicks,
   a jede Kellnerin håt ihre Geldtaschn, åber unseroaner, der håt nix.

---

5 geit = gibt
6 Hadaxn = Eidechsen
7 Spreizn = Holzstützen
8 Letta = Lebtag
9 Död = Pate
10 Fretter = armer Teufel, Notleidender, Bedürftiger

» Schimpfa d'Leit über de schlechtn Zeitn, dass alles geht z'grund.
  I såg: Bauern, rauchts Hehnadreeg, nacha bleibts gsund!

» Der Bäck, der bacht Semmln, der Müller tuat måhln.
  Und d'Gmoa, de macht Schuldn, und mia müaßns zåhln.

» Jetz woaß i niat, wohers kimmt, dass mir 's Geld so zerrinnt.
  Håt der Geldbeitl a Loch oder zrinnts mir aso?

» Wenn mei Muatter a Stieglitz waar und mei Vatter a Zeiserl,
  möcht i nur de Wirtschaft sehgn in an Voglhaiserl.

» Für wås d'Erdäpfl guat san, des woaß i scho:
  Dass der oarm Teifl aa wen håt, dem er d'Haut åbziagn ko.

» All mei Geld is mir verschimmlt vo dem bläidn Wassergsaaf.
  Leit, i sågs eich immer wieder, hebts no bloß koa Geld mehr auf.

» Ja, bei uns, då gibts no heit wirkli tolerante Leit.
  Macht då oaner wås vakehrt, wird er aa no hoch geehrt.

» Der Politief, der Politaaf, ob i geh oder ob i laaf,
  zwoa Schandarm san dabei, leckts mi am Årsch ålle drei!

» In d'Arbat früah aussi, auf d'Nacht wieder z'Haus.
  So geht halt mei Lebn furt, bis's Liachtl löscht aus.

» Åber gestern håts a Schnee(b)erl gschneibt, heit håts an Reif.
  Åber mei Geld muaß ma durchgfalln sei, weil i koans greif.

» Und der Geldbeitl is zrissn, und mei Schliaßn is verrost.
  Ja, waars denn a Wunder, weils Bier so vui kost.

» Und heier håm ma wieder goar nix baut wia(r)a kloans Schöpperl Kraut
  und a poar Runklruam und an kloan Buam.

» Ja 's Fegfeier is ausbrennt und drin is's eiskålt,
  und der Teifl is aa gstorbn, der war scho stoaålt.

» Wenn i wieder auf d'Welt kaam, werad i a Schlagersänger.
  Då brauchad i koan Verstand und müaßat net singa könna.

» Ja, draußn am Brunn sitzt an Aff in der Sunn,
  der is braun und trinkt Wein, ja so an Aff mächt i sein.

» Für d'Fläih gibts Pulver, für d'Schuah gibts a Wichs,
  fürn Durscht gibts a Wasser, für d'Dummheit gibts nix.

» Warum lassn se d'Weiber net gern fotografiern?
  Weils 's Mail[11] håltn müassn und derfas net rüahrn.

» Net aso, net aso, wias de Madln macha,
  wenns de Bråtwürscht gessn håm, gehngas hoam und lacha.

» N. N.'s Industriegebiet wird mächtig, jetz is's aa scho gschehng.
  Unterm Beton drin wirds hoaßn, is Unterschwaig gwen.

» D'Haiser san baut nach der neiesten Mod'.
  Wennsd im erstn Stock niast, sågns im Keller Helf Gott!

» Erdäpfl in der Früah, z'Mittåg in der Brüah,
  auf d'Nacht zammt de Hait, Erdäpfl in Ewigkeit.

» Glernt håt er Schreiner, Maurer is er worn,
  hoaßn tuat er cool, geht bis zur Rentn in d'Schul.

» Heit håb i wieder ålls bei mir, Stieflwix und Goaslschmier
  und an Karmelitergeist und a gselchts Fleisch.

» Ist d'Lasagne ganz schnell weg, so ist das nicht so schlimm.
  Da war bestimmt ein Rennpferd gar in ihrer Füllung drin.

» Mia Waldler, es is so, mir müaßn uns rüahrn,
  sunst taan uns de andern in Sååck eineschiabn.

» I brauch koa Antibiotika, i brauch koa Penicillin.
  Ich kauf mir ein Pfund Schweinernes, da ist schon alles drin.

» Stattn Fernseh hans früaher ins Bett ganga, des woaß i ganz gwieß,
  wia der Empfang und 's Programm no viel besser gwen is.

» Und de Leit vo der Städt, de håm gstunka wia mia.
  Då håm d'Leit no a Goaß ghabt, und de war zaundürr.

» Früaher warn Pferdln no Roß und der Krampus Nikolo,
  der Sex war koa Wissnschaft, d'Leit håms hålt to.

  Früaher hams vui garbat und warn net am Hund.
  D'Leit warn no lusti, ham oan wås vagunnt.

» In der Früah håts a Brüah gebn, z'Mittåg an totn Hund.
  Auf d' Nacht a saure Suppn, åber d'Leit, de warn gsund.

---

11 Mail = Mund

» Åber dreizeah Polizistn und vierzeah Schandarm,
des san siebnazwanzg Lumpn, wenns zammbandlt waarn.

» Sauerkraut und Budermülch håt mi vo dir triebn.
Hättst ma öfter Wuchtln¹² bacha, waar i bei dir bliebn.

» Wo san d'Musikantn, dass mas net heart?
Spieln in der Kuchl und tanzn am Herd.

» De heitign Bauern håmmad d'Fotzn voller Hoar.
Meine Gsangl sand aus, etz is's aus und is goar.

Kirwa-Gstanzl, gesungen von Kirwamoidln

» I håb amål a Freinderl ghat, der woa(r) va Rousnberg.
Der is ma ganga bis zum Håls, håut aasgschaut wöi a Zwerg.

I håb amål a Freinderl ghat, der woa(r) ja va Hemau.
Der is allweil so gnasche gwen, drum findt er aa koi Frau.

I håb amål a Freinderl ghat, der woa(r) va Edlsföld.
Der håt ja blouß drei Zäh(n) mehr ghat, die an(d)an håm nan gföhlt.

I håb amål a Freinderl ghat, der woa(r) va Etzlwang.
Mit dem håust niat gscheit schmusn kinnt, dem woa(r) sei Nåsn zlang.

I håb amål a Freinderl ghat, der woa(r) a Polizist.
Des woa(r) a Lumpas grouß a klaa, nix Gscheits håt der niat gwißt.

I håb amål a Freinderl ghat, der woa(r) va Obersdorf.
Der håut ja haaffats¹³ Moila ghat und woa(r) aaf jede schoarf.

I håb amål a Freinderl ghat, der woa(r) aas Röckenricht.
Der håut se allwaal aassegredt, er möissat öitz in d'Schicht.

I håb amål a Freinderl ghat, der woa(r) va Groußapfalz.
Der håut ja blouß des Löi(d)l kinnt vom Hopfn und vom Malz.

Va Schwend dou woa(r) amål a Bou, der waar ma gwen schou recht.
Blouß håut der schou drei Weiber ghat, des woa(r) nou wieder schlecht.

Va Kinstaa håb e zwoa Bouma ghat, in Päiter und an Paal.
Der Päiter, der håut gsuffn, der Paal håut niat dawaal.

In Hahnbach dou gi(b)ts schöine Boum, döi lachn zuckersöiß.
Und wennsd nou hintn noucheschaust, nou håms reat krumme Föiß.

---

12 Wuchtln = böhmiche Mehlspeise
13 Haaffats = einen Haufen, sehr viele

In Sulzbach gi(b)ts koi gscheite Boum, des wiß ma ja ganz gwieß.
Döi gehnga halt aafs Ganze glei, mit dene håust dei Gschieß.

In Woppenthal gi(b)ts lange Boum, döi schaun reat deppat aas.
Wenns d'Schouch aaszöing, o mei, o Graus, nou schmeckst an Schweizer Kaas.

Enk Moila, hurchts aaf unsern Rout und töits döi Boum studiern.
Bevors enk fanga mit an Ring, töits ses zerscht aasprobiern.
Evi Strehl, Kirwagstanzl aus dem westlichen Landkreis Amberg-Sulzbach

Des håt ma heint

» Beim Zungenpiercing sollt ma aufpassn, dass mas net übertreibt.
Mei Freind håt zwanzg Kilo valorn, weil eahm der Schweinsbrå(t)n hänga bleibt.

Meiner Schwester håms nach Mode an Indianer auf d'Brust tätowiert.
I gfrei mi eitz scho, wås der amål für a langs Gsicht måcha wird.

Mei Opa verzweifelt am Navi scho goar, wås eahm des alles eisågn taat.
Zletzt håts gsagt: bitte wenden, derweil håt er no net amål gmaaht.

De rundn Haiser, wia mas heint håt, find i scho a wengerl dreist.
Åber mei Nachbar moant, des is guat, weil der Hund net ins Eck eine scheißt.

Håt oaner gestern zvüll gsuffa und heint håt er gspiebn.
Dann wird des glei alles ins Facebook nei gschriebn.
Benedikt Weber

Aktuelles aus dem Jahr 2010

» Aaf der Donau, håt's ghoißn, håt's an Sarg dahertriebn.
Jetz moanas, weil er net aufgeht, es is a Zuhälter drin.

» Neber meim Haus wohnt a Penner, der scho grawelt und hinkt.
Jetz sågns, dass der koan Arsch håt, weil er ausm Maul aso stinkt.

» Dass der Westerwelle vom andern Ufer is, sehgn de Deitschn net gern.
Doch neba der Angela Merkel taat wahrscheinlich jeder a so wern.

» Jetz hams am Gletscher an Ötzi gfunna, den wollns jetz gründlich saniern.
Wäi er auftaut is, håt er sich gwundert,
dass d'Maria und Margot Hellwig allerwei no musiziern.

» Wäi i vo dem Missbrauchskandal von der Kircha gheart håb, håb i gsagt:
Über des Zölibat sollt ma redn.
Drauf sågt unser Pfarrer: Dass des åbgschafft wird, wern net amål seine Kinder dalebn.

» In der Kircha spritzt der Pfarrer d'Leit mit Weichwasser ei.
Wenn er bei uns vobeigeht, tunkt er extra stark ei.
Benedikt Weber

Gesellschaft und Leute

» A Schandarm und a Jaager, des sand meine Schwaager,
Finanzer[14] mei Göd[15], drum mögn mi d'Leit net.

» Wen d'Musi und 's Singa und 's Schiaßn net gfreit,
der gheart in de Klaß vo de abgschmecktn Leit.

» Bei uns san d'Leit knickad, aa wenns gstorbn san no immer.
Drum lassan da se bloß bis zum Bauch eigråbn, dass s' as Gråb selber richtn kinna.

» Åber d'Leit håts halt gfreit, weils bei uns so weit feih(l)t.
Åber d'Leit wissn an Dreeg! So weit feih(l)ts bei uns net.

» Då drobn aufm Bergl, då geht der Weg links.
Då hocka drei Bauern, pfui Teifl, då stinkts.

» Vetter Hansl, Vetter Girgl, Vetter Bosl. Ja, wås sagts'n jetz über de Zeit?
Ja, wås sagt ma jetz über den Luxus, den heitzutåg d'junga Leit treibn?

De Altn håm graucht Pfeifn und de Junga, de rauchn Zigarrn.
Und an Stehkrågn, den trågns an ganz steifn, als wenns scho die größtn Herrn waarn.

De Altn, de san in Stall eineganga, håm am Viech an Schiebl Hei einegebn.
Und de Junga, de genga(r) ins Wirtshaus, des macht freili a ganz anders Lebn.

Mia Altn, wenn früaher amal graafft håm, na håm ma mit de Faist hålt zuagschlågn.
De Junga wenn heintzatåg raaffa, muaß jedrer sei Schnapperl[16] mithåm.

Mia Altn håm ghabt a Poar Stiefl, de warn uns net z'groß und net z'kloa.
Wenn d'Mutter is kumma von der Früahmeß, ziagts der Vatter ins Hochamt glei o.

Mia Altn håm früaher zammgschlaffa, vo de Junga håt jedrer sei Bett.
Zum Strohsåck, då sågns jetz Matratzn, der Fuaßbodn hoaßt jetza Parkett.

---

14 Finanzer = Zollbeamte
15 Göd = Pate
16 Schnapperl = Schnappmesser

Mia Altn håm ghabt bloß a Bettstått. Mit de Junga is's heitztåg a Gfrett.
An Waschtisch håms mit an Trumm Spiagl und då dazua sågns na Toilett.

Mia Altn, mir håm früaher gspunna, und so a weng Leinwand zammbracht.
De Junga, de spinna koan Fådn åb, de alt Ahnl wird hächstns ausglacht.

Mia Altn håm früaher a Haubn trågn, de Junga trågn houche Frisurn.
De Stieflettn håms vorna ganz spitze, am Spitzbaichl klimpert a Uhr.

Auf jedwedan Viechmarkt wird gloffn, då härt ma ja allweil wås Neis.
Då wird aa fest gfressn und gsoffn. Heint håt aa des Viech an scheen Preis.

Mia Altn san umgschobn mitn Schubkarrn, håm ghabt unser Lebn lang a Gfrett.
Am Misthauffa loahnt heit a Moped, und 's Scheißhaisl hoaßt jetza Toilett.

Mia Altn håm früaher tanzt Walzer, de Junga, de steha auf Beat.
Des is a Geplärr und koa Muse, då kummt ja koa Teifl mehr mit.

» D' Leit heart ma oft jammern: I håb gar koa Zähn.
  Åber schimpfa kennas dennerst über den und über den.

» Wenn mancher Mann wüßte, was mancher Mann wär,
  gäb mancher Mann manchem Mann manchmal mehr Ehr.

» Wennsd heit oan hundert Mark leihst bloß bis zum Sunnta
  und bringts der am Samsta scho, is des a Wunder.

» Denn der Staat kontrolliert und 's Finanzamt kassiert.
  Über kurz oder lang fressn uns de Raubritter zamm.

» Ja und gspoart håm ma früaher aa scho und des war scho ebbs:
  Då håt der Bauer a Bier kriagt und der Knecht gråd an Schebs[17].

» Dem heitinga Dorfwirt gehts aa nimmer guat,
  weil eahm jede Disco alls wegnehma tuat.

---

17 Schebs = abgestandenes Bier

Aktuelles über Politiker aus dem Jahr 2012

Lass e meine Blicke über d' Politik a so schweifen,
kräigh e an Tinnitus aaf de Aung, weil i siegh bloß lauter Pfeifen.

Der Mühlhiasl[18] håt prophezeit: Wenn der Bohlen[19] d' Tagesschau moderiert,
dann is's so weit, dass der Söder[20] Bayern regiert.

Mia san då in Rengschburg, holera-di-oria,
mia brauch ma koa Muatter Gottes, mia ham d' Fürstin Gloria[21].

Staub bist du, zu Staub kehrst du zurück. An dem håt se de CSU orientiert
und håt am Aschermittwoch an Stoiber[22] exhumiert.

Der Strauß[23] draaht se so oft im Gråb um, liabe Leit, des derfts glaubn,
den kaanntns in der Staatskanzlei als Ventilator eibaun.

Åber so guat steht aa d' SPD mi(t)m Ude[24] als Spitzenkandidat gar nia då,
weil im bayrischen Busch[25] steht u. d. für undefinierbar.

Eitz taans ja erzähln, dass s' bei der CSU a Frauenquote wölln,
d' Italiener hams erfunna, bei dene hoaßts „Bunga Bunga[26]".

Und d' Frau Renate Künast[27] und a Wurscht vo a toutn Sau,
wenn s' no länger a so weiterschaut, na bleibt ihr des Gschau.

Der Wulf[28] is endlich zrucktre(t)n, und des war net bläd.
Er håt gsagt: „Ich trete so lang nicht zurück, wäi der Westerwelle[29] hinter mir steht."

D' Angela Merkel[30] denkt se, wenn i amål zrucktritt, woaß i genau!
Wenns me als Topmodel net nehman, geh e hålt zu „Bauer sucht Frau"[31].
Sebastian Daller

---

18 Mühlhiasl = Seher aus dem Bayerischen Wald
19 Bohlen = Fernsehmoderator
20 Söder = Bayerischer Staatsminister
21 Fürstin Gloria = Fürstin Mariae Gloria von Thurn und Taxis
22 Edmund Stoiber = Bayerischer Ministerpräsident von 1993 bis 2007
23 Franz Joseph Strauß = Bayerischer Ministerpräsident von 1978 bis 1988
24 Ude = Oberbürgermeister von München, von 1993 bis 2014
25 bayrischer Busch = Urwald-Pampa
26 Bunga Bunga = Bezeichnung für Sexspiele von Silvio Berlusconi,
   zwischen 1994 und 2013 viermal italienischer Ministerpräsident
27 Renate Künast = Politikerin bei den Grünen
28 Christian Wulf = Bundespräsident von 2011 bis 2012
29 Westerwelle = Guido Westerwelle, Außenminister Deutschlands von 2009 bis 2013
30 Angela Merkel = Bundeskanzlerin seit 2005
31 Bauer sucht Frau = Fernsehserie

Spott

A sechtaner, wia du oaner bist, der wachst auf unserm Mist.

Ortsneckereien

» Der Ernst vo Houfö(l)s håt a lange Nåsn.
De taugat aufs Früahjoahr zum Distlgråsn.
Lkr. Neumarkt

» D'Lene vo Houfö(l)s håt a grouße Goschn.
Då håt hålt der Teifl seine Erbsn droschn.
Lkr. Neumarkt

» De Woundarer Moila håm d'Finger voll Ring
und dreggate[1] Boina bis aaffe zum Ding.
Wondreb, Lkr. Tirschenreuth

» Döi Alfelder Moila, döi håm ja koin Stolz,
döi loua[2] si mausn für drei Scheitla Holz.
Alfeld, Lkr. Nürnberger Land

» Und 's Niederaudorfer Dianderl, des håt an scheen Gang.
Mit der oan Hax maahts 's Kuahgrås, mit der andern richt se s zamm.
Niederaufdorf, Lkr. Rosenheim

» Und z' Kössn und z' Reit håms d' Kröpf auf der Seit.
Z' Miasnbach ent hams es no weider drent.
Kössen, Reit, Miesbach, Lkr.Rosenheim

» Z' Rechenau, då san d' Jaager, då håt a jeder an Hund.
Und wenns net auf d' Birsch müaßatn, waarns lusti und gsund.
Rechenau, Lkr.Rosenheim

» Und Illschwang is a Groußstadt worn, is überall bekannt.
A Ampel håms, döi is gråsgröi, då lacht as ganze Land.
Illschwang, Lkr.Amberg-Sulzbach

» A X und a Z, döi Houhaburgher san nett.
A Z und a X, åber oarba(t)n taans nix.
Hohenburg, Lkr. Amberg-Sulzbach

» Döi Raagaringer Moila håm Dittla wöi Loibla,
håm Stöcklschouch o, kröigt koine an Mo.
Raigering, Lkr. Amberg-Sulzbach

---

1 dreggade = schmutzige
2 loua = lassen

» Wenn d'Raagheringer kumma, dann mou(ß) de Welt brumma.
Und brummt de Welt niat, sans d'Raagheringer niat.
Raigering, Lkr. Amberg-Sulzbach

» Åber d'Pirkasäier Moila, de san ja so fei,
de draahn se eahrane Hoar mit der Mistgåbl ei.
Pirkensee, Lkr. Schwandorf

» Drei Rade, drei Roum, drei Pirkasäia Boum,
des san hålt so rass, dass s' koa Teifl niat fraass.
Lkr. Schwandorf

» Åber d'Pirkasäier Moila ham Spitznröck dro.
De brauchas niat waschn, de brunzns bloß o.

» 's Diandl is vo Dinglfing, håts in an Schaachterl drin,
håts nimmer außabråcht bis wieder auf d'Nåcht.
Dingolfing, Lkr. Dingolfing

» Und en Zuckermandl geht a Weiberhandl,
und en Lerchafeld, då ge(b)n sies her ums Geld.

Und am Schloßberg drobn, då wern de Madln gschobn,
Bua, derfst mirs sicher glaubn, is nix dalogn.
Zuckermanndl, Lerchenfeld, Schlossberg, Lkr. Freising

» De Tiroler Madl ham dicke Wadl, auf de Schuah drobn hams a Schnålln.
Für de Kammerfenster hams Winterfenster, wannsd as zammhaust, na muaßt as zåhln.
Tirol, Österreich

» D' Nittnauer san brave Leit, des muaß ma sågn.
De håmand auf Kirwa an Bedlmo brå(t)n.
Nittenau, Lkr. Schwandorf

» Ja und z'Schierling auf der Bruck, då liegn Buama am Ruck.
Und d' Deandl am Bauch, so is's in Schierling der Brauch.
Schierling, Lkr. Regensburg

» In Freidnberg wenns brennt, na blousns trara.
Und vierzeah Tågh draaf is d'Feierwehr scho da.

In Freidnberg drunt, då sans halt no gsund,
håm a Haacklnåsn, töin Trompättn blåsn und håm a Maal wöi(r) a Gaal.
Freudenberg, Lkr. Amberg-Sulzbach

» Aufn Penkhof bin i ganga, bin in d'Dreeglacka gfalln.
Aufn Penkhof geh i nimmer wegn der Dreeglacka hal(b)n.
Penkhof, Lkr. Amberg-Sulzbach

» In Böhmerwald geht der Wind so kalt, könna d'Vögl nimmer pfeifa.
Wern d'Madln ålt, wern eahr d'Finger kålt, könna d'Hehna nimmer greifa.
Böhmerwald, heute Tschechische Republik

» Lederdoarn, Lederdoarn liegt im Loch drin.
Ham nix als grouß' Schüssln und Erdäpfe drin.
Lederdorn, Lkr. Cham

» De Ro(tt)ndorfer Moila ham Spitznröck o,
de brauchas niat waschn, de soichas glei o.

De Ro(tt)ndorfer Moila sehng all so weiß aus.
De passn aaf d'Bouma wöi aaf ara Maus.
Rottendorf, Lkr. Schwandorf

» De Moila vo Gröi loua koin laar hamgöih,
loua jedn gern aafsteign aaf ihre Baßgeign.
Grün, Egerland, heute Tschechische Republik

» De Ålbareither Moila håm d'Finger voll Ring
und d'Waadl håms oaplädert bis aaffe zum Ding.

De Ålbareither Moila håm an Hintern kuglrund
und Scheappan[3] håms droa vo zirka zwanzg Pfund.

De Ålbareither Moila håm Herzfehler gwieß.
Wenn a Mannsbild vorbeikummt, gibts jedana an Riess.

An Ålbareither Moilan ihr Hem(d)stöck han rout nummeriert.
Oatausndreihundertmål håb i's probiert.

Döi Ålbareither Moila, döi sitzn am Stoa
und lauern aafs Någln wöi a Hund aaf ara Boa.
Albenreuth, Egerland, heute Tschechische Republik

» Z'Ampfing und z'Nuifin san d'Leit wia de Tuifin.
Z'Rattnkircha und z'Haun is eahna aa net zum Traun.
Ampfing, Neufing, Rattenkirchen, Haun, Lkr. Mühldorf/Inn

» Draußtahoi Pörsdorf is a Wassergumpn.
De Pörsdorfer Buam hand lauter Lumpn.
Pörsdorf, Lkr. Ebersberg

---

3   Scheappan = Kotklumpen

» Böhmfeld, o Böhmfeld, scheene Madln, weni Geld,
  dürre Roß, mågers Feld, pfüat di Gott, o Böhmfeld.
  Böhmfeld, Lkr. Eichstätt

» Zwischn Noderwiechs und Sonnawiechs is der Weg recht koute.
  Raare Deandln waarn scho drin, åber lauter route[4].
  Noderwiechs, Sonnawiechs, Lkr. Rosenheim

» Der Spåtz is koa Ammerling, der Ammerling koa Fink.
  Jetz geh ma auf Pframering, weils z'Egmating so stinkt.
  Pframerin, Egmating, Lkr. Ebersberg

» Z'Minga hån i a Sulzn gfressn, z'Sendling hån i's gspiebn,
  Z'Forstnriad hån i in d'Hosn gschissn, z'Unterdill bin i bliebn.
  München, Sendling, Forstenried, Unterdill, Lkr. München

» Teignerer Kleim, d'Lengfelder Scheibn,
  Abbacher Bettsååk, Rengschburg is a scheene Ståtd.
  Teugn, Lengfeld, Bad Abbach, Regensburg, Lkr. Kelheim und Stadt Regensburg

» Dünzlinger Böck ham ogschossne Röck,
  ham ogschissne Waadl, drum stinkas wia Böck.
  Dünzling, Lkr. Kelheim

» Der Oasiedl vo Bogn håt Sposcheitln klobn
  Und håt si an Schiefling[5] in d'Nåsn neizogn.
  Bogen, Lkr. Straubing-Bogen

» Draußerhålb Straubing, drinnerhålb Bogn,
  då håt der jung Teifl sei Ålte daschlagn.
  Straubing, Bogen, Stadt Straubing und Lkr. Straubing-Bogen

» Z'Deggndorf auf der Doanabruck liegt an alts Wei am Ruck,
  hamd eahm d'Kraah d'Augn ausghaut, des Wei håt gschaut.
  Deggendorf, Lkr. Deggendorf

» Wenn d'Kollersberger laitn, då schwingt si der Turm.
  De größtn Lackl san d'Kollersberger Buam.
  Kollersberg, Lkr. Passau

» D'Röhrndobler Weiber ham Kopftüachl auf.
  Aufm Zipf in der Seitn steht Schindluader drauf.
  Röhrndobel, Lkr. Passau

---

4   route = rothaarige
5   Schiefling = Schiefer

» De Thalhamer Buama han Nudldrucker.
Wenn andere kemma, müaßns wegga rucka.
Thalham, Lkr. Miesbach
(Die letzten 15 in Helmut A. Seidl: Sprichwörtliches über Altbayern. 444 Ortsportraits aus Oberbayern, Niederbayern und der Oberpfalz, Regensburg, 2013)

Dabläckn

» Mächt oaner oans singa und fallt eahm nix ei.
Geh, bringts ma(r) an Trachter, na giaß i eahm oans ei!

» Wenn i no singa soll und nix mehr woaß,
steig i aufs Loaterl nauf, bläck wia(r) a Goaß.

» Wås soll i denn singa, wenn i's doch net recht ko?
Håb a Stu(b)n voller Kinner und an rotzign Mo.

» Då hear i oan singa, der singt halt so leis.
Geh, kaaf dir an Kampl, sonst fressn di d'Lais!

» Då hear i oan singa mit der groußn Goschn.
Der håt hålt mitn Teifl scho Küahdreeg droschn.

I hear di scho singa, du konnst ja goar koans.
Geh her, du scheens Madl, i lern da glei oans.

I hear di scho singa, singst allweil des Alt,
du derfst as aufwärma, sunst werds da no kalt.

Då hear i oan singa, der singt mir so keck.
Håtn Dutzl im Mai(l) und d'Hosn voller Dreeg.

Då hear i oan singa, der singt mas aus Trotz.
Håt d'Augn voller Baatzln und d'Nåsn voll Rotz.

Då hear i oan singa, reißt 's Maul so grouß auf.
Es waar hålt koa Wunder, ma scheißat eahm drauf.

Då hear i oan singa, singt ohne an Boa(rr)n,
håt gstoußn mitn Ochsn, håt er brocha sei Horn.

Då hear i oan singa, der singt allaweil oans.
Geh hoam zu deiner Muaddan, na lernts da no oans.

Då hear i oan singa, konns net vürabringa,
håt a Kröpferl am Håls, drum verwicklt se alls.

Då hear i oane singa, de singt halt mit z'Fleiß.
Geh hoam zu deiner Muatter, sonst fressn di d'Lais.

Dir will i oans singa, des werd dir net taugn.
Du kannst mir meine Tröllala vom Årsch åbasaugn.

» Jetz håt oaner oans gsunga, håt 's Maul aufgrissn.
Wenn ers nomål so aufreißt, werd eahm einegschissn.

» Håt oaner oans gsunga mit am weißn Leibi.
Der daugat nåch Minga åis Duttnkaibi[6].

» Håt oaner oans gsunga ohne Weis, ohne Kunst,
und a Pappn håt er gmacht wia(r)a Stuatn, båis brunzt.

» Håt oaner oans gsunga, des håt si net greimt,
dem ghearat de Zunga an Arsch hintegleimt.

» Håt oaner oans gsunga, is steckn gebliebn.
Wenn i a Goaßl hätt ghåbt, hätt i nåchigetriebn.

» Håt oaner oans gsunga wia(r) a Turtltaibi,
dawei(l) håt er a Stimm ghabt wia(r) a Duttnkaibi.

» Jetz håt oaner gsunga so ganz ohne Reim.
Bål er no amål singt, geht eahm 's Gsicht ausm Leim.

» Då håt oaner gsunga, der singt halt verkehrt.
Åber an Schweizer sei Kaibl håt gråd aso plärrt.

» Etz håt oaner gsunga, då håb e koan Neid.
Dahoam håm ma(r) an Goaßbock, der gråd aso schreit.

» Etz håt oaner gsunga, des håt se net greimt.
Wenn der nomal singt, wird eahm d'Goschn zuagleimt.

» Håt oaner oans gsunga, ko d'Stimm net lenkn.
Håt sei Leber a Pfund und sei Footz[7] an Zentn.

» Då håt oaner gsunga, des is a Simpl.
Wenn der auf der Brust rot waar, nacha waars a Gimpl.

» Jetzt håt oaner gsunga, der möchte mi foppn.
Lass ma denna dein Kropf mit Gänsnudln schoppn.

---

6   Duttnkaibi = Milchkalb
7   Fooz = Mund, Maul

» Då håt oaner gsunga, der singt goar net schlecht.
  Den stell i ma(r) o als mein Schaißheisl-Knecht.

» Håt oiner oins gsunga, der ko mi net lei(d)n.
  Dem derfat ma d'Scheedern vom Årsch åbareibn.

» Då håt oaner gsunga, dem is 's Rotz åbagrunna.
  Wenn er wieder amål singt, nacha schneiz ma eahm gschwind.

» Då håt oaner gsunga, des is a ehrnbraver Mo,
  und klopft ma'n auf d'Hosn, na rinnt d'Wågnschmier davo.

» Etz håm ålle gsunga, håm 's Maul aufgrissn.
  Wer jetz nomal singt, der wird aussegschmissn.

» Jetz ham ma fest gsunga und san wieder quitt.
  Lang hi auf dein Maßkruag, ålts Rindviech: Prosit!

  Wås geht di mei Kropf o? Den laß no schee bleibn.
  Tua liaber dein Buckl mit Hundsschmälz eireibn!

» Hear auf mit deim Singa, sunst machst mi bald hoaß,
  na såg i, dassd ins Bett machst und ålles, wås i woaß!

» Hear aaf mit deim Singa, du Aff, du gröiner!
  I håb scho vül Gscheitere gheart und vül schöiner.

» Då muaß i oans drauf singa, geh, nimm mas net krumm.
  I trau mas fast net sågn, du schaust heit so dumm.

» Unsern Herrgottn müaß ma obe(t)n und de Heilign muaß ma ehrn.
  De gschertn Bauernlackln muaß ma auffischnackln, dass si d'Stieflstöckl ummakehrn.

» Gell, Bauer, gehst außi mit der Büchs, schiaßn konnst net, treffa tuast nix.
  D'Schuah reißts da zamm, d'Füaß håts da gfreart, du Bauernluader, du gscherts!

» Wås, du willst a Jaager sei, traust di in koan Wåld net nei.
  Schiaßn tuast du aa so schlecht, du waarst ma recht!

» Schneiderqueck, Schneiderqueck, håst d'Hosn voller Fleck.
  Håst d'Schissl voller Wanzn, kann's Schneiderl drauf tanzn.

» Då drobn aufm Bergei, da stehet ein Haus.
  Da schaua vier Weiber zum Fenster heraus.

  De erschte is kropfat, de zwoate håt Lais,
  de dritte håt Gelbsucht und werd nimmer weiß.

De viert håt a Kind kriagt und woaß net vo wem.
Beim Nachbarn håms an Goaßbock, jetz schiabt ses auf den.

» Diandl, geh her zum Zaun, laß da(r) a poar åbahaun!
Dass d' woaßt, warum, warum, eklhafts Trumm!

» Åber Diandl, i håb di gern, eidruckte Ståilatern,
rinnaugats Odlfass, mi leckst am Arsch!

» A bissal siebneckat, a bissl achteckat, es Schinderluaderbauern, es Dreegatn,
in d' Höll sollts kemma, dastoußn sollts wern, es Himmlsakramenta, es gscher(t)n.

» Tua net a so singa, du Ohrwaschlwåsn[8],
håst an Ochsnkopf auf und a Widdernåsn.

» 's Mausschwaanzl zammgriahrt mit Sellerie und Kree(n).
Des Diandl müaßts schluckn, aft nacha werds schee.

» Und der Napolium und sei Wei, und der Martin san drei,
und der Pinzgauer Stier, båis da 's zamzäihst, sans vier.

» Und de Sennerin vo der Åim håt sechs Küah und sechs Kåim,
do so vui Buttermilli håts nia åis wia Dreeg an de Knia.

» Ja, und mei alte Tante håt an großn Kropf.
De håt zwoa Ochsnaugn und an dickn Kopf.

De håt zwoa krumme Füaß und zwoa lange Händ.
Åber wenn s' a Mannsbild sieght, na kimmts scho grennt.

» Vom Christoffn geh i auffa, beim Wirt geh i für.
då schaugn de Diandl außa koischwarz und zaudürr.

» 's Deandl vom Wåld håt an Oarsch wia(r) a Kålm,
håt a Brust wia(r) a Kuah, um des Deandl gehts zua.

's Deandl im Dickat drin håt se vowicklt drin,
håt ihrn Oarsch sauber zkraillt, des håt mi gfreit.

's Deandl håt Juche gschrian: Is denn koa Bou zum Kriagn?
Is denn goar koaner då, der wo mi måg?

's Deandl håt Nuß im Sååck, i håbs scho griffa.
Håt aa(r) an kloan Buam im Bauch, der håt scho pfiffa.

's Deandl håt si links eidraaht. Heint, sågts, wird nix mehr gmaaht!
Laß mas für a Groamat steh, 's wachst scho recht schee.

---

8 Wåsn = Grasnarbe

» N. N., des siehgt ma kaam vor lauter Äpflbaam.
   Schåd, daß's koa Pflaster håt, sunst waars a Stååadt.

» Wenn i vo N. N. waar, sågert i fei går nix mehr,
   gaangert i am Heibo(d)n nauf, hängat mi auf.

   Wenn i vo N. N. waar, sågert i fei går nix mehr,
   gaangert i in Keller nå(b), stechert mi å(b).

» Deandl, wix, wix, mit deiner Schönheit is's nix,
   mit deiner Tugend alloa lasst se aa net vui toa.

» Wås is an de Madln (Buama) dro? Bei de Füaß fangas o,
   bei de Hoa(r), de Hoa(r) sans wieder goa(r).

» Mei Maderl is sauber vom Fuaß bis zum Kopf,
   doch am Håls håts a Pinkerl, des hoaßt ma(r) an Kropf.

» Döi Burschn va N. N., döi moina, sie san schöi,
   dabaa håms gschwollne Baich, gråd wöi traachtighe Köih.

» Mei Vatter tuat nix, und mei Muatter pflegt d'Ruah,
   und mei Bruader reißt 's Maul auf, und i schau eahm zua.

» Sechsafuchzg ålte Weiber, a Schuaster und a Schneider,
   a Goaß und a Bock is scho wieder a Schock[9].

» Schöi bist koi Hiaderl[10] niat, zaudirr bist aa, bist aa,
   deaferst an Håbern kröing und an Schrout[11] aa.

» Warum sitzt du dou hintn, du lätschader[12] Bou?
   Loußt d'Fotzn oinehenka wöi an alte Kouh!

» Åber Herrgott, bist denn du a Breckl, håst a Gsicht wia(r) a Håferdeckl,
   håst a Nåsn wia a Rechastui[13], konn ma de hiloahner[14], wo ma wui.

» Druntn aaf der Schrenka hockt a gfreckter Ammerling[15].
   D' Fliegl lou(ß)t er henka[16], is des a naascher[17] Ding!

---

9   Schook = Schock = 60 Stück, ein altes Maß
10 koi Hiaderl niat = kein bißchen
11 Schrout = Schrot, gequetschtes Getreide
12 lätscherter = langweiliger
13 Rechastui = Rechenstiel
14 hiloahner = hinlehnen
15 Ammerling = Ammer, Singdrossel
16 henka = hängen
17 naascher = närrisches

SPOTT

» Hans Dampf Nudldrucker um an Pfennig Kandlzucker,
um an Pfennig Schindersfleisch is an Hans sei liabste Speis.

» Geh hoam, du alts Luader und leg di ins Bett
und såg zu deiner Muader, di håt koaner gmächt.

» Oa Schwalbn macht koan Summer, oa Tropfn koan Regn,
åber oa Noarr macht mehra, des is scho oft gschehgn.

» Annamirl, Ruckadurl, du versuffnes Louder!
Håust ma all mei Hutzln[18] gstulln, woart, i sågs der Mouder!

» Der Fink, der sagt zum Emmerling, der Emmerling zum Fink:
Koa Bauernmadl måg i net, weil de so greislich stinkt!

» Zwölf Burgermaster und dreizeah Schandarm,
döi lou(ß) ma net kålt wern, döi freß ma glei warm.

» Mei Mutter kocht a Kraut und tout a Trumm vom Saisååck[19] nei.
Und bis sa se verschaut, is ålles lauter Kraut.

» Allawaal nea(r) a sauers Kraut, nöiamåls koa söiß's.
Koa Schmiedmoil måg i niat, döi håut so schwoa(r)ze Föiß.

» Drei Wochn nach Oustern, då geht der Schnee weg,
då heirat mei Madl, na håb i an Dreeg.

Ei, laß sie nur heira(t)n, wås håt sie davo(n)?
A Stubn voller Kinder, an bsuffana Mo.

» Häiast[20], ma Wei, d'Någlschmied Lena, häiast, ma Wei, döi håut koin Zah(n) im Maal!
Häiast, mei Wei, beißn mächts denna. Häiast mei Wei, d'Någlschmied Lena.

» Und a weng a Wichs und a weng a Wachs und auf koam Sand wachst koa Flachs.
Und a rotschopfats Madl måg i net zu mein Schatz.

» Ei, du mei liabe Lisabeth, wia bist du bei der Nacht so nett,
und wenn i di beim Tåg oschau, na bist an alte Frau.

» Wås nützt der schee Apfel, wenn er drin is faul?
Wås nützt a scheens Deandl, wenns håt a los's Maul.

---

18 Hutzln = Dörrbirnen
19 Saisååk = Schweinemagen
20 Häiast = hörst du

» So waschat[21] Deandl, dene schick i an scheen Gruaß,
  solln si selber zerscht waschn, san selber voll Ruaß.

» Rotkopfat, großaugat und d'Nåsn mittn im Gsicht.
  I kann dir net Feind sei, weilsd gar so dumm bist.

» Du derfst di net mucka, du lausigs Bürscherl,
  håst eh a Poar Wadl wia Kreuzerwürschtl.

» Wenn i bei meim Diandl lieg auf ihram Kropf,
  då brauch i koan Polster net unter meim Kopf.

» Wås muaß ma denn macha, dass d'Madln schee blei(b)n?
  Mit Buttermülch åbwaschn und mit Kuahdreeck eirei(b)n.

» Mei Maderl is a Köchin, a zaundiare Goaß.
  Tuat nix als wia fressn, wird denna net foast.

» D'Zeiserln håm Kröpferl und singa damit.
  Mei Mutter håt an Kropf, åber singa konns nit.

» Unser Dirn, de konn net schweign, dera kaaf i an ålte Geign
  und an åltn Dudlsååck, då konn sie brumma an ganzn Tåg.

» Wenn d'Houfeisn schlecht san, dou gehngan d'Pfaa[22] krumm.
  De reichn Moidla san ja z'moast ållezamm dumm.

» Du bist a Grenzwachter, du liegst aaf der Grenz.
  Du lauerst aaf koan Pascher, du lauerst aaf(r) a Mensch.

» Håst gmoant, du kannst mi tratzn, du schwoarzer Rackl?
  Du derfst di zerscht waschn, du Doanalackl!

» Alle scheena Madala de håmmand an scheen Gang,
  de hamman d'Schienboana hintn und d'Waadln vorne dran.

» Alle scheen Maderl han draußd auf an Roa[23].
  De wartatn auf an Buam wia(r)a Hund aaf a(r)a Boa.

» Ja, wenn i då hischau, ja wås i då siah:
  Åber de langhaxertn Deanderln håm recht spitzige Knia.

---

21 waschat = ausplaudernde
22 Pfaa = Pferde
23 Roa = Ackerrand

» Der Moartl singt me aus und håt a mords scheene Stimm.
  Åber fir an Spåtzara is er z'schwaar und fir a Hehna is er z'gring.

» An Franz seine Küah håm aufdraahte Horn.
  Drum is halt der Franz so krummhaxat wor(d)n.

» Mei Deanderl håt Zahnerl so weiß wia der Schnee.
  Sie san alle eigsetzt, drum taans ihr net weh.

» Und A und a Z und de Dirndln san nett.
  Und a Z und a X åber taugn tuans hålt nix.

» Du moanst, du bist schee, is åber niat wahr.
  Du tuast a weng schiagln und håst rote Hoar.

» Bist a scheens Deandl, bist a saubers Deandl, håst a fests Paar Pratzn,
  håst Filzläus wia d'Fledermais und Flöh wia d'Ratzn.

» Der Lipp und der Lenz håm an oaaugats Mensch,
  und koaner håts gwißt, dass 's Mensch oaaugat is.

» Wennsd a scheens boarisch Madl willst håm,
  na muaßt ihr zerst an Dreeg vo de Knia åbaschåbn.

  An Dreeg vo de Knia und na d'Schedern[24] vom Bauch,
  ja, so is's bei de bayrischn Madln der Brauch.

» Dreizeah Polizeidiener und vierzeah Schandarm,
  des waarn siebnazwanzg Engerl, wenns im Himml drin waarn.

» A sechtaner wias du oaner bist, der wachst auf unsern Mist.
  Und auf der Laabastraah, då wachsns aa.

» Gscherter Hirankl, gscherter Horankl, friß a Roßfleisch, wachsn d'Filzlais.
  Schmier da 'n Bauch ei mit an Lack, na kriagst a Hirn und a bißl a Gnaack.

» D'Schwarzbairi(n) is grante, an wås måg des liegn?
  De is heit beim Aufsteh in Kuahdreeg eigstiegn.

» Mei Muatter, de Raatschn, håt Knedl vabrennt.
  Mei Vatter, der Spitzbua, is 'n Deandln nåchgrennt.

» Im Wald drauß is a Wirtshaus, hoaßt de Kellnerin Michl.
  Håt an Schnacklfuaß und a Saukreiz und a Nåsn wia(r) a Sichl.

---

24 Schedern = Kotklumpen

» Du Lausfratz, du Rotzfratz, du elendiger Drack,
di håt halt dei Muader vom Mist außakratzt!

» Servus, drei Quartl, mei Schwester hoaßt Kathl,
mei Bruader heißt Sepp, und du bist a Depp.

» An alter Mo is an alter Lump.
An alts Wei is an alts Glump.

» Und 's Deandl is a saubers Breckl, håt a Nåsn wia(r)a Kreizerweckl,
a Maul wia(r)a Bachofalo(ch) und ållwei måchts es aso. (Grimasse)

» Bist du des sell Bürscherl, des si überåll prahlt?
Bist überåll schuidi, håst nirgads nix zåhlt.

» De selln Leit, de uns net mögn, kinnand uns hint ummehebn,
hopsassa, trallala am Oarsch lecka aa.

» De Goaß, de Goaß håt hint ausse a Ding.
Då håt halt der Schneider sein Schnupftabak drin.

» Ja, der Essig is sauer und der Zucker is süaß.
Åber de Schierlinger Weiber håmman Kochlöfflfüaß.

» Mei Deanderl is sauber vom Fuaß bis zum Håls.
und dann kimmt der Schädl, der voschaandlt na ålls.

» Wås braucht ma(r) a Sunna, wås braucht ma(r) an Stern?
Am Våder sei Plattn leicht wia(r) a Latern.

» De Farbn vom Bayernland, jeder Mensch kennts:
Weißblau is boarisch, und grea(n) scheißn d'Gäns.

» Ja und an Ochs is an Ochs und a Kuah is a Kuah,
und wennsd net gscheit rechan konnst, passt zu de Rindviecha dazua.

» Bal de amal stia(r)bt, des trau i ma scho sågn:
Bei der müassns 's Maul scho amål extra daschlågn.

» Dass du a weng naarisch bist, des sågn d'Leit allawei(l).
Du håst ja an Vogl samtn Haisl dabei.

» Der moant, i bin däppert, i bin a weng bled.
Åber so bled wia der is, is der Mei no lang net.

» Ja, und durt sitzt der Fritz, ja, und då sitzt der Sepp.
  Åber du bist bei eich dahoam der gräißte Dorfdepp.

» Du moinst, du konnst me tratzn, du Schoufhammlhaxn,
  du henggalouerde[25] Goaß, du läck me am Oarsch!

» Håst gmoant, du wüllst mi traatzn, du Noarr, du schwoarzer,
  du muaßt di net waschn mit Soafnwasser.

» Der Fink sågt zum Ammerling, der Ammerling zum Fink:
  Aaf Wölling oi fluign ma niat, weils dou drunt a so stinkt.

» Der Marie ihr Haisl is mit Lebzeltn deckt.
  Jetz bringt ma an Alis glei goar nimmer weg.

» Ein Vivat dem Bräutigam, ein Vivat der Braut!
  Ein Vivat dem Kraanzlmoil, weils goar so dumm schaut!

» Er håt gschobn, und sie håt gschobn, dass si håt der Steftn[26] bogn.
  Er håt glacht und sie håt glacht und håm mitnand a Büaberl gmacht.

» Und d'Schaller Berta is sauber, de soll aa so bleibn,
  na stelln mas aufs Krautfeld zum Håsnvotreibn.

» 's Schmiedhaus is a Eckhaus, schaut a Madl raus wia(r) a Spitzmaus,
  schaut a Madl raus wia(r) a Butzlkuah. Um des Madl gehts zua!

» A gscheckerts Poar Ochsn mit aufdraahte Horn,
  de Holzhauser Buam han im Küahdreeg dafroarn!

» Der ganz Schee vom Müller is auf d' Hochzat kumma,
  håt Uhrke(tt)n und d'Hosn z'leicha gnumma.

» Der Steffltoni moant wunder, moant wunder, wås er is!
  Håt an oanzige Hosn, de is voller Z'rieß.

» Du alte Runkunkl, du bschissne Latern,
  wås gehst denn net hoam zu deim åltn Saubärn?

---

25 henggalouerde = unwillige
26 Steftn = Stift

» Du moanst, du willst mi tratzn, du zaundürre Kraxn,
  du rinnaugats Odlfåß, mi leckst am Årsch!

» Schee bist koa Bröserl net und zaundürr bist aa!
  Derfast an Håbern kriagn und a Hei aa!

  Åber seit dass d' an Håbern kriagst und a Hei aa,
  bist scho a bissl scheener worn und stinkat aa.

» Du håst a Poar Haxn, sonst goar nix wia Flaxn,
  wia d'Hoblschoatn draaht, bi dennerst du staad!

» Ja, då hintn im Eck hockt a Musikant und freckt.
  Ja, geh Musikant, freck doch zua, solche Laackl gibts gnua!

» Des Rotzåberinna, des geht di nix o.
  Du håst selber a Nåsn wia(r)a Gockl hohoh.

» Du gscherter Muhackl, du gscherter Mahackl,
  sauf an Salmiakgeist, dann kriagst koan Baamhackl.

  Friß a Roßfleisch mit an Senf draaf,
  dassd mehra Hirn kröigst und wenger Gnaack.

» De schee Enzbauern Marie is brav und is reich,
  aa wenns no so schiach is, sie heirat se leicht.

» D'Maare håt a laare, a raue Pistoln.
  Då ko ma nimmer schiaßn, der Teifl solls holn.

» Auf de Baam drobn wachst 's Obst und auf de Felder wachsn d'Ruam,
  ja, schee hans halt goar net, de N.N.Buam.

» Dou siah(r) i oan mit aran Boart, der håt 's Gsicht ganz vadeckt,
  Jetz woaß ma niat, ob er lacht oder d'Zunga aassableckt.

» Und er hat mich ja nur auf die Schulter geküßt,
  weil eahm mei Goschn halt z'dreggig gwen is.

» Warum gibts so vül Manner aaf der Wölt weit und breit?
  Ja, waal hålt as Unkraut durt überall gedeiht.

  Warum gibts so weng Weiber auf der Wölt weit und breit?
  Ja, waal hålt an Edlpflanzn so seltn gedeiht.

» Und d'Schwiegermuatter und a Bandwurm san a Plåg spaat und fruah.
  So lang wås der Kopf drobn is, gebn de zwoa no koa Ruah.

» Mei Schwieghermuader is a Schinderluader, kocht d'Dampfnudln nimmer guat!
Wann sie sterbn tät, dass i erbn tät, wur(d)n d'Dampfnudln wieder guat.

Mei Schwieghermuader is a Schinderluader, sitzt am Fenstabrettl, lest Kalenderzettl,
schreit an jedn o: Du håst mas aa scho to, um an Kalenderzettl kriagst as no!

Mei Schwieghermuader is a Schinderluader, de wird aa nimmer lang lebn.
Dera ham ma a Busserl mit der Mistdatschn gebn.

Mei ålte Schwiegermuatter, des Schinderluader, måg an Branntwein so gern.
I pfeif auf ihr Deandl, 's kaannt aa(r) aso wern.

Mei Schwiegermuader is a Schinderluader, håt a Warzn am Knia,
ham mas weggabissn, ham mas weggagrissn, håt gstunka bis in der Früah.

Handwerkerschelte
Trommelverse

» In an Schneider seiner Werkstatt brennt 's elektrische Licht
zum Beweis, dass a Schneider ohne Gas aa wås siecht.

» De Schuaster macha heitzutåg de Schuah ganz nach der Mode.
Doch wennsd as acht Tåg trågn håst, gehst scho auf deutschem Boden.

» De Maurer putzn d'Haiser rå(b) und machas aa recht bunt.
Doch wennsd as morgn oschaun willst, liegt alles wieder drunt.

» De Schmied, de müaßn Roß und Ochs zum Fahren richtig bschlågn.
Wenns glei den Såack voll Taler håm, tuans no allweil klågn.

» De Glåser, des san nette Leit, so nobel und so fei.
Kaum dass s' a Glaasl trunka håm, so schenkns wieder ei.

» De Zimmerleit, de essn gern a guate gselchte Wurscht.
Drum derf ma sich verwundern net, wenns allweil håm an Durscht.

» Kaminkehrer san gspassige Leit, håm eignen Sinn und Geist.
De kratzen allaweil herum, dort wo sies gar net beißt.

» De Brauer, des san schlaue Leit, bei dene gehts guat um.
De siadn ihra Gerstnstroh, mit der Hopfastang rüahrns um.

» Der Wirt, des is der Allergscheitst, der schenkt recht wenig ei
und denkt sich, wås då übrig bleibt, no ja, des gheart halt mei.

» Wennsd über d'Wirtin schimpfa tuast, na denkts, i kriag di scho.
  Wennsd wieder eppas z'essn willst, wird recht kloa d'Portio(n).

» Der Båder vo X, der geht so dumm ei,
  håt an Plattertn d'Hoar gschert, ja, derf denn des sei?

» Blau-weiß, des is bayrisch und grea scheißn d'Gäns.
  Des Madl, wo an Schandarm måg, des is a grouß' Mensch.
  Johann Lenz

Trommelverse

» Droben auf der rauhen Alm, jupp heidi, jupp heida,
  wie machas denn die Förster all? Jupp heidi, heida?
  Morgens gehn sie in den Wald,
  abends wird die Alt geknallt.

Refrain:
Jupp heidi, jupp heida, Schnaps ist gut für Cholera.
Jupp heidi, jupp heida, jupp heidi, heida.

Droben auf der rauhen Alm, jupp heidi, jupp heida,
wie machas da die Schreiner all? Jupp heidi heida.
Die fressn Späne, scheißn Bretter,
ach, das geht wie Donnerwetter.
Refrain

Droben auf der rauhen Alm, jupp heidi, jupp heida,
wie machas da die Sattler all? Jupp heidi heida.
Will der Sattler 's Leder weichen,
muß die Frau in Kübel seichen.
Refrain

Droben auf der rauhen Alm, jupp heidi, jupp heida,
wie machas da die Schneider all? Jupp heidi heida.
Då a Fleckl, durt a Fleckl,
wird scho wieder a Kinderröckl.
Refrain

Droben auf der rauhen Alm, jupp heidi, jupp heida,
Wie machas da die Spengler all? Jupp heidi heida.
Då a Blechl, durt a Blechl,
wird scho wieder a Scheißhausdeckl.
Refrain

Droben auf der rauhen Alm, jupp heidi, jupp heida,
wie machas da die Maler all? Jupp heidi heida.

Der Maler nimmt an Pinsl in d'Hand
und malt a nackerts Mensch an d'Wand.
Refrain

Droben auf der rauhen Alm, jupp heidi, jupp heida, ...
wie machas da die Schmiede all? Jupp heidi heida.
Der Schmied, der scheißt am Amboß nauf,
der Lehrbua haut mi(t)m Hammer drauf.
Refrain

Droben auf der rauhen Alm, jupp heidi, jupp heida, ...
wie machas da die Bäcker all? Jupp heidi heida.
Sie versprach mir Senf und Semml,
wenn i ihr ihn einetremml.
Refrain

Jakob Weinmann

Ironie / Groteske

» Åber då drunt in der Türkei, då håms de Vielweiberei.
   Åber bei uns derfs net sei zwengs dem Tierschutzverei(n).

» As Fegfeier is glöscht, in der Höll is's saukålt,
   der Teifl muaß Schubkoarrn foahrn, is scho stoaålt.

» Daß de Bauern naarrisch san, des woaß i ganz gwieß.
   Neili håb i oan Gsod[27] schnei(d)n gsehng mit am Trumm Bries[28].

» Håb Erdepfe droschn håb d' Håslnuß gmaaht,
   håb d' Rührmilli gspunna, håbs sauber vadraaht.

» Neili bin i's übern Inn ummegschwumma, d' Fisch håm vo de Baam åbergsunga.
   D' Spofackn håm Nester baut, då håm d' Leit gschaut.

» Dreizehn Madln muaß ma håm, lauter scheene, kloane.
   Wenn der Teifl a Dutzend holt, bleibt oam doch no oane.

» Heier kriagn ma(r) an strenga Winter. Unser Gockl måg net legn.
   Ja, der håt an kaltn Hintern, und des will se halt net gebn.

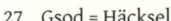

27 Gsod = Häcksel
28 Bries = Brett

» Leit, mia san so schee beinander. So jung kemma nimmer zsamm.
  Bleibts recht gsund und halts eich schee, na müaßn d' Doktern stempln geh.

» Då obn auf dem Bergerl, då steht a Kapelln.
  Sitzt a Bua mit seim Madl, bet't für d' arma Seeln.

» Vo hint bin i vüra, vo der Hollerleitn,
  des Madl, des koan Buam kriagt, muaß zwölfe laitn.

» Geh, leih ma dei Gsicht fürs jüngste Gericht,
  dass i an Teifl daschreck, sonst bring i 'n net weg.

» Daß i a lustigs Bürscherl bin, des kennt ma an mein Haus:
  Der vürdre Giebl wacklt scho, der hinter fallt bald naus.

» Waarst net auffegstiegn, waarst net åbegfalln,
  waarst net hängabliebn an der Hosnschnalln.

  Hättsd a Weiberl ghabt, hätts dir aa nix gschadt,
  hättsd bei ihr schlaffa kinna bei der Nacht.

» Åber des håb i aa net denkt, dass mas auf der Ofabänk,
  wenns oane Boa åbahängt, aa macha könnt.

» Früah um hålba viere weckt der Bauer d' Bairin auf:
  Er spielt a weng Klaviere und haut sie nomal drauf.

» Mei Deandl is a saubers Breckl. A Nåsn håts wia(r)a Kreuzerweckl,
  a Mai(l) håts wia(r)a Bachofa-Loch, åber gern håb is doch.

» Jetz bin i durchn Håslweiher gschwumma, håm de Frösch vom Baam åbagsunga.
  De Frösch, de ham Nester baut, då håb i gschaut.

» Neile bin i übern Weiher gschwumma, då håm d'Fisch vom Baam åbagsunga.
  Fliagt ma a Gansviertl ins Gsicht, fürchtet euch nicht!

» Aio, Popaio, schlåg 's Gickerle tout!
  Legt ma koa Oa net und frißt ma bloß Brout.

» Håb Buttermilli gspunna, håb Holzäpfl klobn,
  håb Rührscheitl ghachlt im Taubnkobl drobn.

» Wenns Taler taat regna und Fuchzgerl taat schneibn,
  nacha taat i Gott bittn, 's mächt 's Weeder so bleibn.

» Wo i dahoam bin, håt ma an hülzern Kamin,
  an buxbaamern Herd, so wås habts no net gheart.

Wo i dahoam bin, hams an hoizern Kamin,
hams a eig'frorne Gred[29], weil der Lump net hoamgeht.

» Mia san då in Rengschburg, holaradioria,
mia brauch ma koa Muatter Gottes, mia ham d' Fürstin Gloria.

» Wenn's Moidl sauber is und håt koa Laus im Gsicht
und koane Flöh am Baa(n)[30], de werd mei Fraa.

» Wenns regnt und wenns schneibt und wenns dunnert und blitzt,
håt a Madl ins Bett brunzt und sagt, sie håt gschwitzt.

» Und a Kohlnschaufl und a Feierhackl und a Besn mit an langa Stui,
ja und a Deandl mit ara Hacklnåsn, des waar wås fiars Gfui!

» Des is halt a Baierin, de macht alles verkehrt:
An Schåfhamml håts grupft und an Ganserer gschert.

» De Bäuerin lauft umi um an Herd. Is denn de mei goar nimmer wert,
dass's amal denglt werd, wia sa se gheart?

» Åber wia(r) i amal dengln will, wackelt mein Hammerstiel.
Scheiß in des Dengln ei, soll dengln, wer will.

» Letzthin håb e a Bettelwei buddlt, is 's Brout übern Ranger oigrudlt.
Bettelwei, hol da dei Brout, dei Brout, sonst buddl e de z'tout.

» An ålts Råd håt an åltn Roaf, an ålter Gaul håt an åltn Schwoaf,
an ålts Wei håt an ålts Loch, åber drei Mark verlangts doch.

» Heint Nåut[31] bin i vom Gockl[32] glegn, vom Gockl aaf der Straah.
Dou håut der Gockl mi a(n)gschissn und i 'n Gockl aa.

Heint Nåut håut mir vom Teifl traamt, dou bin i ganz daschrockn.
Dou hå(b) i gmoint, i hå(b) nan schou am Bugl drumant hockn.

» Zwirnspinner Liesl, Heischober Gretl, mir håm an Kåter, der håt an Schädl!
Håmma den Kåtl an d' Wänd oneghaut. Då håt der Kåtl gschaut!

» Åber Deanderl, wo håst as denn, deine braun Strümpf, de scheen?
Du dalkerter Bua, in der Stubn hängas drin!

---

29 Gred = überdachter Gang
30 Baa(n) = Bein, Fuß
31 Nåut = Nacht
32 vom Gockl = beim Gockl

» 's Dianderl vo Axlsriad håt si in Zwirn vazwia(r)t,
  håts nimmer aus aaranander bråcht bis gega der Nåcht.

» 's Moiderl vo Töiffabå(ch) schneidt am Boum 's Zipferl å(b),
  lou(ß)t a kloins Stemperl stöih, sågt: Des is schöi!

» Bin i a Lump, bist du a Lump, san uns der Lumpn zwee.
  Håst du koa Geld, håb i koa Geld, o Lump, wia wird's uns geh?

» Wås håstn gfressn, weil di går aso durscht?
  A Ruckstückl von an Schneckn und a Fledermauswurscht.

» Woaß i no oans, woaß i no oans, des muaß aa no vüra.
  Beim Deandl im Bett liegt a Rauchfangkiehrer!

» Wenn i des Ding hätt gwisst, dassd mi net mächst, net mächst,
  hätt i da koan Kaas net kaaft, du schwarze Hex.

» Du bist mei Freid, du bist mei Lebn, dir håb i a Pfund Pressack gebn.
  Und wenn du net mei Bua willst sei, na gheart der Pressack wieder mei.

» Schouster, Schouster, wenn er scheißt, dann houst er.
  Wenn er scheißt und houst er niat, is er a gscheiter Schouster niat.

» Und der Vatter, der håt's Haus vosuffa und an Hof aa.
  Jetza gehts übern Goaßbock her, Alleluja!

» Åber mei Wei håt d'Sai austriebn, han d'Sai und 's Wei ausbliebn.
  Mir waars net ums Wei, ums Wei, åber um d'Sai.

» Und a Automobül, des is a Automobül.
  Då ko ma sågn, wås ma wüll, des is a Automobül.

» A preißischer Bua und a boarisch Madl dazua.
  Åber des gaab a Rass, de wo koa Teifl net fraaß.

» Mei Vatter is a Bauer, der spannt sechs Ochsn ei,
  und der gräißte davo is eahm in d'Hundshüttn nei.

» Åber schee sans, åber schee sans, de Stådtleit-Mentscher[33].
  Bloß a bißl z'weit drobn håms es – ihra Kammerfenster.

» A kitzrote Maus is in Bachofa krochn,
  håt si d'Achsl ausgschlågn und 's Schwaanzl åbbrocha.

---

33 Mentscher = Mädchen, auch leichtes Mädchen

SPOTT

» 's is neks asua trauri u neks sua betröibt,
  als wenn si a Krautkuapf in d' Rousn volöibt.

» Z'Siadafüa u z'Sommabargh dou gehnga d'Köih in Poutschn[34] her,
  u Ziegn, döi håm Pantoffl oa(n), des trifft ma seltn oa(n).

» Ja, de Münchner Madln hamma dicke Wadln, auf de Schuah då drunt då hams a Sohln.
  Untern Fiatabandl[35] hams a Winterfenster, wennsd as zammahaust, na muaßd as zåhln.

» Bin i bei de Preißn obn gwesn, d'Filzleis håm ma d'Früahmeß glesn,
  d'Flöh håm minstriert, minstriert, d'Schwaanzln håm se griahrt.

» Und d' Donau is ins Wasser gfalln, der Rheinstrom is vobrennt.
  Daweil is der Weaner Stephansturm mitm Stroh zum Löschn grennt.

» Und wenn ma d'Katz im Pfluag ospannt, na spannt ma d'Maus voraus.
  Na geht des Ding im Hobrewo[36] den ganzn Acker raus.

» Wenn ma koa Geld mehr ham, geh ma auf d'Eisnbahn.
  Då kemmas allzam zamm, de wo koans ham.

» Bei uns, då gehts fromm zua, des muaß i scho sågn.
  Es håt der Sepperl sei Marie mitm Gebetbuach daschlågn.

» Im Wåld wackelt a Pudel mit sein Schwanz hin und her.
  Der Schwanz konn des net, denn der Pudel waar z'schwer.

» Heit Nacht håt mir traimt, i håb Amerika entdeckt.
  Derweil bin i mitm Kopf im Potschamperl drin gsteckt.

» A Knedl håt koa Boa und a Frosch håt koa Hoa(r).
  Und a Ochs ko net lacha. Ja, des is gwieß woahr.

» Der Sepp håt sein Kopf in d'Puffer neibracht.
  De Puffer håts umbogn, und der Sepperl håt glacht.

» Der Pfarrer macht d'Predigt, der Metzger macht d'Wurscht,
  der Glauben macht selig, und der Haaring macht Durscht.

» Wenn i amål heiratn tou, heirat i glei zwou.
  Wenn i amål ackern tou, brauch i koa Kouh.

---

34 Poutschn = Hausschuhe
35 Fiatabandl = Schürzenband
36 Hobrewo = Galopp

» Jetz lass i mei Hosntürl mit Eisnblech bschlågn,
na kinna de scheen Madln koa Werkzeig vertrågn.

» An oachas Hosntürl, büachane[37] Knöpf dro, wann i's oschau, hå(b) i a Freid dro.
Und wann i sunst koa Freid mehr hå(b), na schau i's Hosntürl wieder o.

» De Holzbauernbuama, de håm dicke Köpf
und oachane Hosntürl mit boanane Knöpf.

» Alle Weiber bacha Küachl und de mei bacht Nudala,
und de scheenstn Bauernmadl ham de gräißtn – Holzschuah a(n).

» Wannsd in Himml wuisd[38] kemma, muaßt a Såcktüachl mitnehma,
denn im Himml is's a Schand, wennsd de schneizt mit der Hand.

Wannsd in Himml wuisd kemma, muaßt a Zipflhaubn mitnehma.
Denn im Himml is's kålt, weil der Schnee åbafållt.

Wannsd in Himml wuisd kemma, muaßt da a Hålbe-Glaasl mitnehma.
Weil im Himml waars modern, wenn ma sauffa kaant mit de Herrn.

Wannsd in Himml wuisd kemma, sagt er, muaßt da d'Zeitung mitnehma.
Weil im Himml hams a Freid, wenns hearn vo der neia Zeit.

Und wannsd in Himml wuisd kemma, muaßt an Revolver mitnehma.
Denn im Himml, sans goar dumm, då bringt oaner an andern um.

» As Moiderl sitzt am Fensterbrett und schaut sei Trutscherl o.
Ei, Trutscherl, wenn i di net hätt, na brauchat i aa koan Mo.

» D' Bairin sitzt am Fensterbrett und kamplt ihre Hoar.
Der Bauer rennt in der Stubn herum und tuat als wia(r)a Noarr.

» Ja, zwengs dem Schubkarrnfahrn is mei Ålte bucklig worn.
Ja, zwengs dem Schubkoarrn foahrn, is sie bucklig worn.

» Mei Våder håt g'sagt, i soll besser hausn, soll Katzn verkaaffa und selber mausn.
I håb d'Katzn verkaafft und håbs Mausn probiert.
Jetz håt mi der Teifl ins Mausloch neigführt.

» An alte Frau, de Nudl schneidt, ihr Nåsn tropft, dass 's a Mühlrad treibt.
A Madl håts, is aa net schee, mit dera soll i geh.

» Am Roa bei der Stauan, då sitzn zwoa Håsn,
der oane tuat Zithern schlågn, der ander tuat blåsn.

---

37 büachane = aus Buchenholz
38 wuist = willst du

SPOTT

» Beim Bimmerlwirt, beim Bammerlwirt, då kehrn de Schwalberl ein,
då trinken sie a Glaaserl Wein und schiabn no d'Glaasln ein.

» Der Bauer is in Brunna gfalln, håb i'n häian³⁹ plumpsn.
Waar der Noarr niat einegfalln, waar er niat datrunkn.

» A paar Lungawürscht und a Niernbraatl und a Stückl von am åltn Wei
und a hintas Viertl von am Bauernmadl, Bua, des waar a Fressarei!

» An Landrichter für an Bråtepfl und an Polizeideaner für a Wurscht.
An Schandarm ham ma greana gfressn, Bruader, då kriagst ma an Durscht!

» Sågt der Semmlknedl zum Reiberknedl: Schau den Toagknedl o!
Håt der Ratschulati⁴⁰ am Ledertaschl koa Uhrkettn dro!

» Der Leberknedl und der Reiberknedl ham mitananda tanzt.
Då håt der Reiberknedl an Leberknedl übern Tisch åbepflanzt.

» Dirndl, dei Heiratsguat wannsd amal kriagst,
zahl i da an scheena Rausch, dassd nimmer siahgst.

» Und a Zipflkappn voller Wurschtsuppn und a Bedlweibl mit der Ofakruckn⁴¹
und a Hehnabritschn wia(r)a Odlfåss, Bruaderherz, des waar wås!

» Wo i dahoam bin, hams an hölzern Kamin
und a eigfallne Gred, weil der Lump net hoamgeht.

» Glei hinterm Stådl, ja, då is wås gschehngn.
Ma woaß zwar net wås, åber d'Leit, de håms gsehng.

Ja, d' Leit, de håms gsehng und sie wissns ganz gwieß,
sie håms haargenau gsehng, dass stockfinster gwen is.

» Hätt i des gestern gwißt, dass der Spåtz Haaring frißt,
hätt i de ganze Nacht Haaring eigmacht.

» Mit der Spitzkirm håm ma g'aggert, mitn Stieflziager håm ma g'eggt,
mit der Dåchrinna håm ma 's Kraut gschni(tt)n. Bruaderherz, des håt uns gschmeckt!

» Der ålt Hansgirgl wenn stirbt, wern d'Engl lacha.
Då kriagns a mords Plattn zum Kiachlbacha.

» Der Andredl mi(t)n Katznschedl und d'Annamirl mit der Geign.
Der Andredl muaß bedln, daßn d'Annamirl låßtn rei(t)n.

---

39 häian = hören
40 Ratschulati = Phantasiename
41 Ofakruckn = Schürhaken

» Und a Ochsnplattn für a Dachkappn und a Stoarl[42]guggn[43] für an Strumpf,
und an Holzschlegl für an Hosnknopf: Des waar ja wås Dumms!

» Alle Bauernschwaanz ham Rosenkraanz, gråd der Schaller håt no koan.
Wenn i wissn taat, dass an å(b)bettn taat, na kaaffat i eahm glei oan.

» An der Schreinergretl ihram Haisl hängt a Rotzglockn dro.
Wenn der Wiesnersepp kimmt, dass er laitn ko.

» Då hint bin i vüra, wo 's Wasser so rauscht,
då håt mi mei Våder mitn Holzschlegl tauft.

» A Nudlbrett und a Weidling[44], a Bettstaadl dazua,
an Strohsåck voll dürre Hutzl[45], des is ma Sach gnua.

» Åber Birnstengl håm ma g'aggert und Budamülch håm ma klobn
und Hoizepfe håm ma droschn am Taubnkobl drobn.

» 's Deanderl is winzikloa, håt an Bauch wia(r)a Stoa,
håt an Rawuzi drinn, der is ganz linn[46].

» I wollt, i waar im Himml drobn und hätt an alte Goaß,
i hebat ihr an Stutzn auf und hauat ihr in Oarsch.

I wollt, i waar im Himml drobn und hätt a Sackl Geld,
i reitat auf de Wolkn rum und scheißert auf die Welt.

» Der Bauer håt d'Schååf ogschaut. De Schååf hammat eahm ogschaut.
Na håt er wieder d'Schååf ogschaut. Bua, de Schååf ham gschaut.

» Der Bauer is oaner, a lustiger Mo.
Wia(r) er d' Sau håt stecha wolln, waars eahm bald davo.

De Sau war a scheenes Viech, ihr wißts es allzamm.
Jetzt håms' es schee brå(t)n, na fress mas aa zamm.

A lebendige Sau ko greißlich stinka.
Åber wenns nacha brå(t)n is, schmeckts allermal wieder.

I wünsch euch allzamma a recht guate Nacht.
Sunst gehts ma wia dera Sau, und i wer(d) aa no umbracht.

De Sau håt an Stutzn, de Sau håt aa Hoar.
Jetzt san meine Gsangl aus, 's is aus und is goar.

Heiner Weigl

---

42 Stoarl = Star
43 Guggn = Papiertüte
44 Weidling = Milchschüssel
45 Hutzl = Dörrbirnen
46 linn = weich

» Und wenn i amal heirat, na heirat i glei drei.
   Zwoa sperr i in Saistall, de oane gheart mei.

   Ja, wann i amål heirat, na heirat i glei nei(n),
   sechs gib i an Schinder, und drei gråb i ei.

Trommelverse

» A Deandl liegt im Straßgråbn drin, då hockt se a Frosch aaf d' Muschi hin.
   Gehst von meiner Muschi rå, oder i schlåg dir d' Haxn å(b)!

» Zwoa Deandln san zum Beichtn ganga, Sie duttn um die Wett einander.
   De oane nahm den Zeigefinger, bei der andern glangt de Faust scho nimmer.

» Znachst håb i an alte Frau geschliffn, dera håts glei 's ganz Ding zerrissn.
   I draah mein Schleifstock hin und her, seitdem håts ihr Ding glei nach der Zwer.

» Und der dicke Brai vo Moosham, der håt oan dro, wia'n sonst bloß d'Roß ham.
   A Köchin håt er wia(r) a Braipfann, mein Gott, håm de a Zeigh zamm.

» In Rengschburg auf der Stoanern Bruck, då liegt a junges Weib am Ruck.
   Und vor ihr steht an alter Greis, der sich nicht zu helfen weiß.

» In Rengschburg auf der Stoanern Bruck, då håts an altes Wei dadruckt.
   Gråd is dera Lusch[47] geschehn, wär sie weg gega-angen.

» Droben auf der Kirchturmspitz, da dutten ja zwei Stiegelitz.
   Da kam ganz schnell ein alter Rabe, der tut sich dann auch einen abe.

» Droben auf der Kirchturmspitz, vögelten zwei Stiegelitz.
   Der Pfarrer schaut zum Fenster raus und rumpelt auf die Köchin drauf.

» Unser Dirn und d'Nachbarsdirn, is oane glei der andern neide.
   Weil unser Dirn a enge håt und d'Nachbarsdirn a weide.

» Zwoa Deandl san zum Gråsn ganga, de ham net gwußt, wo 's Mähn ofanga.
   Då reißt de oane an Gråshalm å(b) und meßt der andern d'Dusn[48] o.

» Der Kutscher auf dem Kutschenbock, der scheißt in seinen bunten Rock.
   Und die Herrn im hintern Wagen müaßn 's ganze Gstänk ertragen.

---

47 Lusch = Mutterschwein
48 Dusn = Vulva

» Der Hias, der macht den Bauchaufschwung und bringt sein groußn Oarsch net rum.
  Aaf oamal bricht der Querbaam å(b), då liegt der ganze Lackl då.

» Der Burgamoaster vo Roahausn, der fahrt in d' Städt hinein zum Mausn.
  Und der Burgamoaster vo Dechbe(tt)n is gestern Nacht erst drinna gwen.

» Der Burgamoaster vo Beratzhausn, fahrt hinein in d' Städt zum Mausn.
  Der Burgamoaster, der vo Lam, der maust am liabstn glei daham.

» Und der Graf von Morgenstein, der schlief auf seinem Nachttopf ein.
  Da kam sei Alte, d' Anneliesl und sagt: Laß mi aa(r)amal biesln!

» Und der Ritter Alexander, der rutschte übers Stiagnglander.
  Herunten stand ein Nagel vor, seitdem singt er im Mädchenchor.

» Und der Ritter vo Palermo, der håt an Schoaß in dem Gedärmo.
  Und der Ritter vo Panello, der ließ den Schoaß auf den Flanello.

» Und der Ritter vo Sizilien, ja, der maust ganze Familien.
  Und da fragt er oamal nå(ch): Is vielleicht d' Vawandtschaft då?

Streiten/Raufen

» Zwengs dem Raaffa, zwengs dem Schlågn, zwengs dem langa Messer-Trågn,
  zwengs dem lustign, scheena Lebn håms uns vierzeah Tåg glei gebn.

» Das Schreibn muaß ma lerna und 's Lesn aa dazua.
  Doch raaffa konn a jeder, sogar der kloanste Bua.

» Durt omat am Bergerl, då raaffa zwoa Taubn.
  Då kimmt der kloa Sepperl zum Federn zammklaubn.

» Zwee Bauern håmmad graafft zweng an Haipl Kraut.
  Na san d'Baierinnen kumma und håm aa drunter ghaut.

» Büaberl, geh her zum Zaun, laß dir a poar åberhaun,
  dassd woaßt, warum, warum, ekelhafts Trumm.

» Då hint bin i vüra, wer wird mi kenna?
  Und wer will mir går mei Madl nehma?

  Wer wird mirs nehma? Den mächt i kenna!
  Den taat i an Taschveitl[49] ins Herz eirenna.

---

49 Taschveitl = Taschenmesser

» Und wenn ums Joahr döi Kirwa is und werd niat graafft und gschlågn,
dann scheiß i in döi Kirwa nei, i mächt mei Prügl håm!

» Jetz steck i mei Federl verkehrt auf mein Huat.
Åber den mächt i kenna, der mirs åbatuat!

» Buama, wenns raaffa wollts, derfts es gråd sågn:
D'Messer san gschliffa, d'Revolver san glådn.

» Und wenn de Leit nix z'touan håm, nou redns halt vo mir.
Gehts ham[50], flickts eire Lumpn zamm und kiehrts vor eirer Tür!

» Ausn Wåld bin i vüra, vo der Paattlmåcherei[51].
Koa Raaffer bin i net, åber zuaschlågn tua(r)i glei.

» 's Steflinger Dörferl håt enge Gassn.
Då derf se koa fremder Bua blicka lassn.

» Zipflt net aso, zapflt net aso, reiß ma mein Nåbl net aso!
Wennsd ma mein Nåbl außareißt, schau, wias di nacha schmeißt!

» Oan und zwoa fürcht i net, drei und vier aa no net,
fünf und sechs håb i ghaut, na, de ham da gschaut!

» Wennst moanst, du wuist mi tratzn, weilsd a Bauernbua bist:
In Oa(r)sch konnst mi lecka, na woaßt, wia ma is!

» Buama, seids lusti, seids net verdrossn!
Wenn oaner wås sågt, hauts 'n ei in d'Fotzn!

» Moanst, dass a me fürcht? Geh auße vors Haus,
nacha mach i aus dir heit no Kuttlfleck draus!

Naa, so hoaß werd net gessn, und des kunnt aa net sei.
Wennsd gråd a Watschn willst, hau da selm[52] oane nei!

» In der Gmoa Flügldorf druntn am Antnbåch,
då steht a Bauernhaus mit an Schindldåch.

Då, wo de Fenster san recht verschmiert mit Loahm[53],
då wennsd as wissn willst, san mas dahoam.

Drobn, wo de Kuah und Kålm, Ochs und Schåf gråst,
då, wosd koa Muse hearst, außer der Hirt blåst,

---
50 ham = heim
51 Paattl = Rosenkranzanfertigung
52 selm = selbst
53 Loahm = Lehm

då, wo ma raaffa muaß, wann ma aa glei net wolln,
då is de Hoamat vo uns Raammln und Bolln.

» Beim Sepp hams gestohln, beim Sepp hams geklaut,
am Tisch hams naufgschissen, mit der Faust hams dreighaut.

» Auf de Münchner Weißwürscht und aufn Salzburger Kaas
wern d'Leit rund vornher und wachsn eah d'Aarsch.

Unsinn

Åber Leitln, seids lustig, der Teifl is gstorbn!

Blödsinn / Humor

» Åber 's Deandl im Dickicht drin håt se vowicklt drin,
  håt ihran Oarsch derkreilt[1], des håt mi gfreit.

» Hinter der Kellertür hängt an ålts Kaiblgschirr,
  hängt ers aan Rindviech o, håt sas davo.

» An alte Frau mit Dreeg ogschmiert, mit Federn überzogn,
  an Federbusch in Oarsch neigsteckt, då is des Luader gflogn.

» Hahnawackl derf ma aa nimmer sågn, sonst wird ma aufs Maul auffegschlågn.
  Wer no amål Hahnawackl sågt, der wird verklågt.

» Aaf der Oma ihra Pumperl sitzt a Floh.
  Holn runter, holn runter, holn ro.

» Draah de um, du ålte Schachtl, loahn de o,
  daß e deine Faltn außabügln ko.

» Auf der Bäihmstraß is a Wirtshaus, sitzt a Deandl drin mit a Filzlaus,
  kimmt der Schergenknecht, führts ins Zuchthaus wegn oaner Filzlaus.

» Schneid i Biribaam, schneid i Buxbaam, schneid i Biribux und Baamalan,
  kriagn ma an scheen Tanzbodn, an biribuxbaamern, an raarn.

» A bissl bäihmisch und a bissl deitsch, a Stückl Suppn und a Lackerl Fleisch,
  a Stümpferl Wein und a Glaasl Wurscht und an Elln Bier hilft fürn Durscht.

» An Nachbarn sei Hund, der is nimmer recht gsund.
  Es waar besser fürn Hund, er waar wieder gsund.

  An Nachbarn sei Jackl, des is a lustiger Bua,
  der håt in Taubnkobl eigschissn und håt pfiffa dazua.

  An Nachbarn sei Knecht hockt am Epflbaam drobn.
  Jetz is eahm a Heischreck ins Maul eine gflogn.

  Danächst håm ma Spåtzn ogrupft, nackad sans in der Stubn ummaghupft,
  auffe am Tisch, åbe auf Bänk, de han da grennt!

» Danächst håm ma an Teifl gfangt, håm ma 'n an Wågn ogspannt,
  håm ma 'n ins Schwaanzerl brennt, då is er grennt!

» Gestern woar Fasching und heint is Kathrein,
  übermorgn is der Palmesl-Tåg, gråd fallts ma(r) ei.

---

[1] derkreilt = zerkratzt

» Wenn oaner koa Gnick håt, na håt er a Gnack.
   Wenn oaner koan Rock håt, na håt er an Frack.

» I håb an alte Tante ghabt, des is a scheene Frau.
   Vo hinten und vo vorne, da ist sie ganz genau.

   I kaaf ihr a Krawattn aus Seide und Batist,
   damit man unterscheiden kann, was hint und vorne ist.

» 's Oachkatzl is an Kamin auffegstiegn, håt eahm a Breckl Gselchts åbergschnie(tt)n,
   d' Goaß håt vo der Schupfa aussa gschrian: Laß mas probiern!

» Wenn d'Sunn scheint, scheint d'Sunn, wenn der Mond scheint, scheint der Mond.
   Wenn der Wind geht, geht der Wind, und wenn er net geht, geht er net.

» Auf der Hammermühl, auf der Hammermühl, då geht ma durchn Tenna.
   Då håt der Gockl d'Mülch ausgschütt, wia lacha då de Hehna.

» Gestern auf d'Nacht då håb i so glacht.
   So håb i no net glacht wia gestern auf d'Nacht.

» A bissl bäihmisch und a bissl deitsch und a bissl schwoarz und a bissl weiß,
   a bissl kurz und a bissl lang, a bissl schlixl daxl bixl bang.

» O du lieber Augustin, d'Katz hockt in der Räihan[2] drin,
   håut si d'vöia Föiß[3] vobrennt, schau near, wöi s' rennt!

» Und am Baam obn sitzt an Aff, håt a Wampn wia(r) a Pfaff.
   Ißt de Epfe, sauft an Wei(n), a so a Dattl mächt i sei(n).

» Und jeder Fuchs håt sei Füchsin, jeder Dachs håt sein Bau.
   jedaner Bock håt sei Goaß und jedaner Saubär sei Sau.

» Znachst håb i amal g'ackert im Krautacker drin,
   san ma de Ochsn auskemma und am Baam auffegstiegn.

» Mei Schwester håt gsagt, i soll Ståll ausmistn.
   Hån i unrecht vostanna, håb in d'Hosn gschissn.

   Mei Våder håt gsagt, i soll a Holz åbatrågn.
   Hån i unrecht vostanna, håb d'Fenster eigschlågn.

   Mei Våder håt gsagt, i soll d'Ochsn putzn.
   Jetz håb i vostandn, i soll d'Madl fuchsn!

---

2 Räihan = Bratröhre
3 vöia Föiß = vier Füße

Mei Våder håt gsagt, i soll Wågnradl schmiern,
åber i håb verstandn, i soll Deandln bussiern.

Mei Våder håt gsagt, i soll Weiern[4] åbschneidn,
und i håb verstandn, i soll d'Weiber hoamgeign.

» Hinter der Himmelstür hängt an ålts Ochsng'schirr.
Spann ma zwoa Jungfern ei, gfuhrwerkt muaß sei.

» Über einen grünen Anger ging das Fräulein Böhm.
Sie war im siebten Monat schwanger und wußte nicht, von wöm.

» Jetz såg i aso, i såg liaber aso,
dassds hint nåch net sågn könnts, i hå(b) aso gsagt oder so.

» Neili san ma über d'Bruck ummegschwumma, d' Fisch håm vo de Baim åbagsunga,
d'Spofackn håm drobn Nester baut, då håm d'Leit gschaut.

» A Brülln gheart auf d'Nåsn, a Strohsåck ins Bett.
Wer de zwoa verwechslt, der kriagt a groß' Gfrett.

» Neili bin i aaf Micharaath[5] ganga, is ma der Pfoarrer Nußbaam begegnt.
Håt ma(r) a Leber- und Bloutwurscht gebn, håb i d'Haut unter d'Bänk oigschmissn.

» Mit de Hehna håm ma g'ackert, mit de Spofackl håm ma baut,
mit de Katzn håm ma Mist gfoahrn, Bua, då håm d'Leit gschaut!

» A gläsas Bandöffl und dreckige Strümpf,
pfui Teifl, pfui Teifl, der Wirtshans, der stinkt!

» An Schåtz håb i ghabt, an himmllanga.
Jetz håb i'n glei gnumma für a Hopfastanga.

An Schåtz håb i ghabt, an recht an großn.
Jetz håt ma'n auf d'Nacht der Hacht dastoußn.

» Der Hansgirgl vo der Alm is ins Scheißhaisl gfalln.
Is wieder aussagstiegn, håt si Weichslbraun gschriebn.

» Znachst håb i an Schorsch ausgschmiert, håb i sein Hund eigspirrt.
Sei Wei håb i aa vosteckt, då håt er bleckt[6].

---

4 Weiern = Weidenzweige
5 Micharaath = Münchenreuth (Lkr. TIR)
6 bleckt = geweint

» A oachbaamas Bettstaadl, wias Bauernleit ham,
  und a zahnluckerts Haislwei, des passt net recht zamm.

» Gestern drei Wocha håm ma(r)an Teifl åbgstocha.
  Wer a Teiflfleisch måg, der soll kemma de Tåg.

» Ja, unser Katz håt Junge ghabt, a siebne, achte, neine.
  As letzte håt koa Schwaanzl ghabt, des schiabn ma wieder eine.

  Ja, unser Katz und d'Nachbarskatz, des san zwoa ålte Trutschn.
  Unser Katz håt an langa Schwanz und d'Nachbarskatz an Stutzn.

» Der Bauer håt g'ackert im Wurzgarten drin.
  Na is eahm der Handochs aufn Baam auffegstiegn.

» An eiserne Jungfrau auf der Burg is aus Eisn durch und durch.
  Wenns aus Eisn net wär, waars koa Jungfrau net mehr.

» Und wennst du moanst, i måg di net und treibst mit mir bloß Scherz,
  dann steckst ma(r) a Spektiv in Oarsch und schaust ma nauf ins Herz.

» Und a Jungfernkraanzl und a Sauschwaanzl und a Engerl auf an goldan Wågn
  und a Lodnkotzn und a Braipratzn und a Preißnfotzn zum Daschlågn.

» In der Wiesn drauß håm ma droschn, im Tenna drin håm ma g'maaht,
  Auf der Dåchrinna håm ma Fuader g'schnie(tt)n, des Gsood håts da draaht!

» An Elend håm ma d'Ohrwaschl g'schnie(tt)n, 's Geld håm ma im Strohsååck drin,
  d'Schuldn håm ma in Kamin auffe ghängt, d'Not is scho glenkt.

» Gestern wia ma hoam san kumma, d'Ratzn ham vom Baam åbergsunga,
  d'Spofackl ham Voglnester baut, då ham ma gschaut!

» Mit der Spitzkirm håm ma g'ackert, mit der Heikirm håm ma g'eggt,
  mit an Stieflziager håm ma 's Kraut eigschnie(tt)n, des håt uns gschmeckt.

» Der Bock und de Goaß, de lassn an Schoaß.
  Wenns ausgschoaßlt ham, zwickas 's Loch wieder zamm.

» Hintern Baam, vedern[7] Baam hockan vier Håsn.
  Oaner tuat Zithan schlågn, oaner tuat blåsn.

  Oaner tuat d'Leit vatreibn, oaner tuat Kegl scheibn.
  So machas d'Håsn, so machas d'Håsn.

» Der Bauer geht hinters Haus, schaugt eahm vorn 's Hemad raus.
  De Bairin schreit hinterdrei: Schiab 's Hemad fei nei!

» Der Bauer vo Neisüaß und seine Knecht,
  de håm der Goaß 's Loch zuagnaaht. Is n des recht?

» Diandl, bei dir im Bett, bei dir is 's schee warm,
  und wennsd di net staadhebn tuast, na hol i an Schandarm.

» Aufs Fensterln bin i ganga, håbs nu net gscheit kennt,
  bin in Saiståll neikemma, håb an Saubärn obrennt.

» San denn des meim Mo sei Huasn, die er gestern a(n)ghabt håut?
  San denn döi scho wieder zrissn? Öitz wer(d)ns gflickt mit Schousterdrouht.

» Håb i mal in oaner Wocha hundertdreizeah Haaferl brocha
  und an altn Essigkruag. Waar denn des net gnuag?

» Ja, unner alte Kouh, döi håut schou fuchzeah Kaibl ghabt,
  döi lou(ß) ma nimmer zou. Ja, unner alte Kouh.

» Ja, wenn der Kirchturm a Masskruag waar, sauffert ma den aa no laar.
  Allerweil über ecks, über ecks, allerweil fünf, sechs.

» Wann i wissat, dass i woaß, dass i's gwieß wissn taat,
  na wissat i gwieß, daß i woaß, wås i taat.

» Åber Leitln, seids lustig, der Teifl is gstoar(b)n.
  Åber der Luzifer is kumma, håtn furt mi(t)n Schubkoarrn.

---

7   vedern = vor dem

Oachkatzllied

» As Oachkatzl is am Baam auffegstiegn, håt a Schöpperl Hei unter der Iaxn[8].
Åber Deandl, wennsd mi går nimmer mågst, tuast mein Kirtakuacha wieder her.

Und 's Deandl is am Baam auffegstiegn, ist ihr ein Kommodkastn begegnt.
Des håt an Trumm Rumplerer tua, åber sie fürchtet sich nicht.

As Oachkatzl is am Baam auffegstiegn, håt a kloans Dreckerl falln lassn.
Der Papst wird nimmer Vater wern, halleluijah.

As Oachkatzl is am Baam auffegstiegn, håt a Klavier unterm Arm.
Gestern håm ma Dampfnudln ghabt, fürchtet euch nicht.

Und 's Oachkatzl håt a Nest auffebaut, san lauter Krouha drin gwest.
Håt gmoant, des kaanntn Antn sei, åber dasuffa sans doch.

Und 's Oachkatzl is vom Baam åbigfalln, håt an gfrecktn Igl überholt.
Druntn war koa Wasser mehr, håt da des an Knitscherer to!

Neile bin i um an Weiher ummeganga, d' Oachkatzln san im Weiher ummagschwumma,
d' Fischerl håm vom Baam åbagschaut, då håb i åber gstaunt.

Und a Knödl håt koa Boa, und der Frosch håt koa Hoar,
und der Ochs konn net lacha, ja, des is gwiess woahr.

Und de oaner wern sauer und de andern san süaß.
Und scheißt ma in d' Stiefl nei, dann stinka de Füaß.
Cornelius Kerscher

Wortspiel / Lautmalerei

» 's Kraitlwei vo Luxemburg håt Hungeraugn im Gsicht.
D'Pfalzhaubn håt Potakn[9] gstohln, drum wirds am Sunnta gricht.

» 's Kraitlwei vo Neistadt, de handelt mit Spinat.
Der Stefflsturm vo Wien wird auf sechs Jahr Soldat.

» Der Schein, der is ins Wasser gfalln, de Doana is vabrennt.
Då is der Wiener Stefflsturm zum Löschn auffagrennt.

» Ålte Weiber Hoblschoatn bindt ma in an Buschn.
Steck ma an Batzn Pulver drei und lasst ma(r) an Teifl hutschn.

» Wann der Hahnawackl mitn Guzigackl, pimperlarimarie waar i då.
Åber Stolz vo der Au, pimperlarimari waar i då!

---

8 Iaxn = unterm Arm
9 Potakn = Kartoffeln

» Åber heint san ma wieder rout sawi schnawi, Gens schnawi Bradl Würscht,
  aaf de rout sawi schnawi Gens schnawi Bradl Würscht håt uns recht dürscht.

» Geckerlbeck, Geckerlbeck, is da dei Wei varreckt,
  hättst ihr mehr Geckerl gebn, taat sie gwieß heit no le(b)n.

» A håslnussbaamers Laaberblaadl und a dreijährigs gschopferts Lerchamaandl
  und a Zwieferingerl, Stingl Gree miaßn d'Madl essn, na bleibns schee.

» Rewinzala[10], Rewanzala san Winter und Summer gröi(n),
  und wenn döi Moidla vaheirat san, dann san sie nimmer schöin.

» D'Wirtspinner Liesl, Vogelbauers Christl, packs beim Krågn, schiedl[11] mas a bissl,
  Breedl am Oarsch auffegnåglt, hålts oder hålts net.

  Wenn åber 's Breedl net håltn will, nehm ma an Besnstiel,
  hau mas gscheit drauf aufs Loch, håltn muaß 's doch.

» Kirmzainer[12] Liesl, Heischneider Gretl, packs beim Kopf, packs beim Schädl,
  någlts ihr a Breedl auffi aufs Hirn, hålts oder hålts nia.

» Alter Hirankl, alter Horankl, wou håust denn dei Wei?
  Aaf der Uafaplattn touts umatappn, håut 'n Spülhådern im Maal.

» Alter Hirankl, alter Horankl, wou håust denn dein Moa?
  Aafn Dåchbua(d)n sitzt er z'häichst druabn, rennt van Maisan[13] davoa.

» Meina Ziwala, meine Wiwala, kemmts her, seids so nett!
  Tuats nur fressn fest, tuats nur pickn fest, seids zum Brå(t)n na bald fett.

» Meina Sughala[14], meina Faackala, gäihts eina, kummts glei!
  Bleibts im Regn draaß, werds patschnåß, schauts aas wöi alt' Sai.

» In Wickerlo, in Wackerlo, då is des so der Brauch.
  Då legn se Buam auf d'Madln drauf, dann kriagns an gschwollna Bauch.

» Heint bin i wieder mane, mane, mane, wås i faand, des naahm i, naahm i, naahm i.
  Faand i an Hehnadreeg, den naahm i net.

» Der Zidara-Wågn, der Zidara-Wågn, der rutscht halt so dahi.
  Der Kellnerin ihra Unterrock is aa scho wieder hi.

---

10 Rewinzala = Rapunzel = Feldsalat
11 schiedl = schüttel
12 Kirmzainer = Korbflechter
13 Meisan = vor den Mäusen
14 Sughala = Schweinchen

» Zitziwitzi, Buzi Hawidlhe, hewidl geh ma furt.
  Kehr ma ei bei der Drahdiwichs Durl. Wenns uns einelaßt, na bleibn ma durt.

» Aaf der Gigaritschn[15], aaf der Gagaratschn sitzt der Hansådl[16] und d'Äiva[17].
  Aaf der Gigaritschn, aaf der Gagaratschn dou schmatzen[18] döi zwoa.

  Und der Hansådl schmatzt d'Äiva, und d'Äiva macht an Bäigher[19],
  und der Hansådl an Schroa und schmatzt nuch amål doa.

  Aaf der Gigaritschn, aaf der Gageritschn, ba de Schläia[20] is's gwen,
  håut der Farsterbarthl der Hiafer Retl mit der Hullerspritzn[21] oine gebn.

  Aaf der Gigaritschn, aaf der Gageritschn, ba der Odlgroubn is's gwen.
  Håut de grouß Moad an Höitboum[22] mit der Mistpleschn[23] oine gebn.

  Aaf der Gigaritschn, aaf der Gageritschn, aafn Zinbergh is's gwen,
  håut der Stöier Ferdl an Baam Ferdl mitn Wåghschenkl[24] oine gebn.

  Aaf der Gigaritschn, aaf der Gageritschn, in Wåld draaß is's gwen,
  san an Jaghermichl und der Kellnerkaathl ihrer Schouch ummananda glegn.

  Aaf der Gigaritschn, aaf der Gageritschn, in der Kirchn is's gwen,
  håut der Pfoarrer gsagt: Wer aa(n)schlouft, mou(ß) an Rousnkroanz be(t)n.

  Vo der Gigaritschn, vo der Gagaratschn, vo der hülzern Latern,
  und wennsd as niat glaabst, kannst mas hint eineplärrn.

  Alte Gigalitschn, alte Gagalatschn, alte Zipflbritschn, alte Geign.
  Håb i s' auffegschnaacklt, dass der Bauch håt gwackelt, åber heira(t)n tua i s' net, då waar i bleed.

» A Bitschabohnafackl, schwaarer Wusadackl, in der Hollerstauan sans glegn.
  Håt der Bitschabohnafackl an schwaarn Wusadackl mit der Hollapritschn oane gebn.

» Astro alla halla gaa, latschn dawi bidi gase musn mamalla, schiagl gesti widi
  gosi musi wobdile eskantaschecka wobide i eiei de pragesta newuk deide buski.

» Zwidiwischperl, zwidiwaschperl, ja heira(t)n taat i gern.
  Mi beißt mei Hanskaschperl, dass i naarisch kaannt wern.

---

15 Gigaritschn = Phantasieort
16 Hansadl = Hans-Adolf
17 Äiva = Eva
18 schmatzen = küssen
19 Bäigher = Schrei
20 Schläiha = Schlehen
21 Hullerspritzn = Hollerbüchs
22 Höitboum = Hüterbub, Hirt
23 Mistpleschn = Mistplätter
24 Wåghschenkel = Wagenscheit, Zugscheit für Pferdewagen

» Und der Giggl-Goggl håt a Hehna ghabt und der Goggl-Giggl håt's aa.
  Sagt der Giggl-Goggl zum Goggl-Giggl: Giggl, goggl du de mei aa.

» Zigerde, Zagerde, 's Deandl håt a nackerte
  zigerde, zagerde Zipflhau(b)n auf.

» Gorunkl, Gorunkl, du ålte Låtern!
  Dir tröpflt dei Nåsn, du muaßt scho bald sterbn!

» Zitzini Michl, Zitzine Michl, Zitzinemichl nabor,
  wenn ma's zammazählt, zwoa Dutzad Kapuziner Michl maschor.

» Zwoa Biberla, zwoa Baberla, a gscheckats und a weiß:
  Wenn d'Lies amål der Teifl holt, wer fangt na meine Mais?

» Wudl de wuppei is aa(r)a Tanz. A kloaner Vogl håt aa(r)an Schwanz.
  Und wann er aa koan großn håt, a Schwaanzl håt er do(ch).

» Auf unserm Baambirn, då is a Nestvogl drobn,
  då bin i auffegschaut, håb i einegstiegn, fünf Schwanzlrot san drin.

» Und d' Ghetschn Kathl und der Stutzn Hans, de håm da mitananda tanzt
  und d'Blåsn Zenzl und der Kasper Sepp und de kropfat Maare und der Fuchsn Sepp.

» Drei Paar Leitln, de führn an Tanz, der Güppi Girgl und der lusti Hans,
  der Vetter Naze und der Süffi Sepp, der Huaber Muckl und der Düppi Depp.

» Gagl-huire, gagl-huire, jetz kimmt der Franzos.
  Gagl-huire, gagl-huire, auf di geht er los.

» A Zipflkappn voller Wurschtsuppn und a Bettlwei wia(r) a Ofakruckn
  und a Hehnapritschn[25] wia(r) a Odlfåss, Bruaderherz, des waar wås!

» Beim Gickl-Gockl håb i Goaß ghüat, bin åber net lang bliebn.
  Is a bockstarrer, schwoarzer Schwåbnkäfer über d'Millisuppn umme gstiegn.

» Und der Littl-Lattl håt a Bettstattl, und der Lattl-Littl håts gmacht.
  Und der Littl-Lattl håt se neiglegt, und der Lattl-Littl håt glacht.

» A bissl sikerisch, a bissl sakerisch, a bissl protzig muaß ma toa.
  Silberne Taler muaß ma sehgn lassn, åber hergebn muaß ma koa.

» Der Hollerbartl is mit der Hollerkathl in der Hollerstauan drin glegn.
  Derweil håt der Hollerbartl dera Hollerkathl mit der Hollerbüchsn oane gebn.

---

25 Hehnapritschn = Hühnerkloake

» Der Simsam und der Samsam, zwoa Finger und zwoa Daam zamm.
  Der Polizeideaner und sei Hund: Pfüat enk God und bleibts gsund.

» Sepp, Sepp, sågs 'n Sepp, dass der Sepp 'n Seppn sågt,
  dass der Sepp 'n Seppn glei d'Suppn nåchetrågt.

Zote

Moiderl, legh de nieder aaf a Schieberl Håberstrouh!

Derb-Sinnliches

» I håb eich jetz Gsangln gråd gnua gsunga her,
und wenns eich net langa, i woaß schon no mehr.

» Siehgste wohl, då kimmt er, lange Schritte nimmt er.
Siehgste wohl, då kimmt er schon, der versoffne Schwiegersohn.

Laß ma'n ebba eina, 'n Schwiegersohn, den feina.
Stinka tuat er, so a Graus, ziagts da glei as Hemad aus.

Siehgstas då, då steht er, seinen Schnurrbart dreht er.
Ja, oh ja, er muaß ihn drehn, denn er muaß zur Hochzeit gehn.

Siehgste wohl, då hockt er, schwoa(r)ze Brombeern brockt er.
Hinterm Haisl hockt er schon, der versoffne Schwiegersohn.

Auf der Kuah, då reit er, hockt obn wia am Heiter.
Auf der Kuah, då reit' der Depp, liegt glei drin im Hehnerdreck.

Steig net so hoch auffe, wås tuast so hoch drobn?
D' Dirn liegt in der Kammer drin und net aufn Bodn!

Reiß der Katz an Schwanz aus, reiß'n ihr net ganz aus!
Laß ihr no a Stutzerl dro, dass s' a bisserl schwanzln ko!

Hinterm Ofa sitzt er, seine Stiefl wichst er.
Schau no gråd, då kimmt er schon, der versuffne Schwiegersohn.

Hinterm Ofa sitzt er, seine Stiefl wichst er.
Kimmt de schwarze Katz dazua, frißt de Wichs mitsamt de Schuah.

» Zan Frühstück a Gansl, an Fisch auf Mittag.
Um halber drei Krebsn und Vögln auf d'Nacht.

» Bumperl, Bumperl, du håsts schee, brauchst ja net in d'Arbat geh,
brauchst net arba(t)n, brauchst net schwitzn, brauchst bloß neban Arschloch sitzn.

» Der Mesner vo Grasslfing håt an Schoaß im Tascherl drin.
Jetz woaß er net gwieß, ob er eahm auskemma is.

» Der Elefant vom Kaukasus hat hinten einen Reißverschluss.
Und wenn er dann mal scheißen muß, dann scheißt er durch den Reißverschluss.

» Mei Nachbari, mei Nachbari, des is a grouße Sulln[1].
Döi gäiht in unsan Keller nå und brunzt aaf unsri Kuhln[2]!

---

1 Sulln = Mutterschwein
2 Kuhln = Kohlen

» Mei Onkel und mei Tant', de leben halt so fei.
    Er halt ihr 's Potschamperl hi und sie, sie bieslt nei.

» Adl, Adl håt g'ackert, Edl, Edl håt g'eggt,
    Adl, Adl håt an Schoaß lou(ß)n, Edl, Edl håts gschmeckt.

» Wås ko no Bessers sei, als wenn ma bei der Nacht in Löffl sch...aut
    und nimmts früah nüachtern ei? Wås ko no Bessers sei?

» De Nachbarsbuam, de Nachbarsbuam, de gehnga in de weißn Ruam
    und höhln sie aus und scheissn ei und steckns wieder in Acker nei.

» Då hockt an ålts Weiberl am Zwetschgnbaam drobn.
    Då is ihr a Heischreck ins Loch einegflogn.

    Åber wart nur, du Heischreck, i werd di scho kriagn.
    Då zwick i mei Loch zamm, na muaßt halt krepiern.

» Wås muaß i da denn gebn dafür, bis daß i siegh, wiasd brunzt?
    Am Arsch leckst mi, sagt 's Deandl drauf, na sieghst as umasunst.

» Und un(s)er Moad, döi unsere, döi håt a grouße Brunzere,
    dou gehnga fuchzeah Sei(d)la nei, des mou(ß) halt oine sei.

» Åber i håb gsagt zu meiner Åltn, sie soll 'n Oarsch zum Fenster naushaltn,
    weil heit Nacht håts an Reif, då gfreahrts'n ihr bocksteif.

» Då drenterhal(b) der Doana hocka d'Anterl im Gras.
    Scheene Deandln, geht's umma, leckts d'Anterl am Oarsch.

» Tausendmål denk i dro, wia 's Deandl brunzn ko
    gråd durch den Kittlschlitz und håt koan Spitz.

» Heit nacht håts mi grissn, bin i auf und håb gschissn.
    Mein Nachbarn reißts aa, er steht auf und scheißt aa.

» Pfüat di Gott, du dreckerts Mentscherl, heit Nacht schlaf i net bei dir,
    denn du håst a dreckerts Hemderl. Warum nimmst du koa Papier?

    A Papier hätt i scho gnumma, 's Hemderl is dazwischen kumma.
    Pfüat di Gott, du dreckerts Mentscherl, heit Nacht schlaf i net bei dir.

» Und 's Annerle håut Köichla[3] bacha bei der grouß'n Oicha.
    Dou is ihr oins aafs Ding aaffebappt, öitz konns halt nimmer soicha.

---

3 Köichla = Küchl, Schmalzgebäck

» A bißl higschissn, a bißl hergschissn, a bißl zuaregschissn zum Zaun.
  Und nacha håb i d'Finger gnumma, då werns aa ganz schee braun.

» Draußtahoi Deggndårf geht der Wind går so schårf,
  geht der Weg Straubing zua, leck mi am Årsch!

» Ja, es bleibt ålls beim Åltn und es bleibt ålls beim Brauch.
  Wenn der Schoaß endlich drauß is, na gfreit si mei Bauch.

» 's Moidl is in Båch eigfålln, hupft ihr a Fruasch aaffe aaf d'Schnålln.
  Fruascherl gäih oi, gäih oi, sinst soich i di oi.

» 's Madl håtn Fuaß aufghobn, is a Fink einegflogn.
  Ko schaugn, wias 'n aussabringt, dass er net singt.

» 's Madl vo Dinglfing håt nix im Brustzeich drin.
  Scheiß ma ihr an Hauffa ei, na konns hoffärtig sei!

» Unser Moad, de grouß, döi lou(ß)t an Schoaß, dass's boußt[4].
  Unser Moad, de kloa, döi ko koin sechtan toa.

» Gest håb i gschissn gråd auf an Stoa,
  na håb i gsagt: Dreckerl, jetz bist dann alloa.

» Heint nacht ummara zwoa, då tuat der Gockl an Schroa.
  Då såg i zu meiner Åltn: Etz brunz ma all zwoa!

» 's Moidl håut si am Roi higsessn, håut ihr a Maus a Loch in Bauch eigfressn.
  D'Maus is dava(n), und 's Moidl håut ihr Loch nu dra(n).

» Links a Birka, rechts a Birka, in der Mitt an Oicha.
  's Moiderl håtn in Zipfl bissn, jetz konn er nimmer soicha.

» Åber scheißt man net zum Zaun zuawe! O du liaber Zaunstecka,
  du konnst mi am Årsch lecka. Åber scheißt man net zum Zaun zuawe!

» Ja, süaß is net sauer und sauer net süaß,
  wer boarfuaß in Schnee scheißt, den frierts gscheit in d'Fiaß.

» Am Oarschloch hint is's finster, is's finster, is's finster.
  Warum solls då net finster sei? Scheint 's ganze Joahr koa Sunna nei.

  Am Oarschloch hint is's hoare, is's hoare, is's hoare.
  Warum solls då net hoare sei? Kummt 's ganze Joahr koa Båder nei.

---

4 boußt = kracht

Jakob Weinmann

Am Oarschloch hint is's staube, is's staube, is's staube.
Warum solls då net staube sei? Kimmt 's ganze Joahr koa Flederwisch nei.

Am Oarschloch hint is's drecke, is's drecke, is's drecke.
Warum solls då net drecke sei? Kimmt 's ganze Joahr koa Mistwågn nei.
Jakob Weinmann

Erotisches

» Ei, Maderl, då schau her, mir wachst a Schüberl Håår am Bauch.
I glaub, i wer(d) a Bär. Ei, Maderl, då schau her.

» Fiedlwinkas, Fiedlwinkas, jetza håb i'n drinna,
Madl, wennsd as net glaubn willst, stiarlst her mitm Finger.

» 's Maderl geht ins Kammerla und ziagt si nackerd aus.
Sie setzt si auf ihr Schaamerla[5] und spielt mit ihrer Maus.

» Der Hofmann Bäck wollt bachn, der Toag, der wollt net geh.
Der Hofmann Bäck wollt pimpern, der Pimparer wollt net steh.

» 's Maderl is vo Amsterdam, de bringt halt ihr Füaß net zamm.
Dera ko ma eidividiern bis auf ihre Niern.

» Deanderl, heb dei Röckerl auf, jetz kimmt a warmer Spieß.
Und wennsd nan 's erschtmål drinna håst, na woaßt, wia schee daß's is.

» Heit tua(r) i nix, heit mach i nix, heit gfrei i mi auf d'Nacht.
Heit setz i mei greans Hüaterl auf und schau, wås 's Maderl macht.

» I håb dirs an der Kirwa gsagt, i ka(nn) di nimmer lei(d)n.
Öitz kummst du mit dem Krampf daher, i soll di wieder geign.

» Sagst allaweil, es schadt da nix, öitz schau ner a(n) dein Bauch,
dou hockt a kloiner Kasper drin, der håt a schiagats[6] Aug.

Sagst allaweil, es schadt da nix, öitz schau ner a(n) dein Bauch,
öitz schaff da ner glei Windel a(n) und alles, wåsd nu brauchst.

» Moiderl, legh de nieder aaf a Schieberl Håberstrouh,
hint und vorn schöi nieder, in der Mitt schöi houch, schöi houch.

's Röckerl a bissl aaffe, 's Höserl a bissl åbe,
ei, wås siaht ma dou? A Schieberl Håberstrouh.

---

5 Schaamerla = Schemelchen
6 schiagats = schielendes

's erschte Mål gäihts niat gout, waal des Ding nu wäih tout.
's zwoat Mål gäihts schou besser, dou is des Ding schou gräisser.

's dritte Mal gäihts ganz gout, dou is des Ding wöi(r) a Filzhout.
's vierte Mal is's nu schlimmer, dou gäiht des Ding in Trümmer.

Tou nan near schöi eina, legn nan niat aaf d' Seitn,
daß des Kind koan Bugl kröigt, sunst ham ma 's Gspött von Leitn.

» Hätt i 's Madl bimpern wolln, då drobn auf dem Roa.
Sagt des Luader, 's Pimperlloch, as Pimperlloch is z'kloa.

» Åber Maderl, åber Maderl, wo håst denn dei Ding?
Håst as z'weit vorn oder håst as z'weit hint?

De håts net z'weit vorn, und de håts net z'weit hint.
De håts hålt beim Spangler, weils allaweil rinnt.

» Då druntn neban Kellerlooch, då steht der Kaiser Franz.
Der håt sei weiße Handschuah o und putzt sein schwoarzn Sch ...

» Und der Bauernlackl mit sein großn Dackl håt mei Deandl vofiahrt,
dass e vierzeah(n) Tåg wieder z'touan håb, bis s' mein Fiedlbogn wieder gschpiert.

» Hear auf, du zwickst me. Hear auf, du zwickst me.
Hear auf, du zwickst me in mei Hosnboa!

Auf d'Nacht, då steht er. Auf d'Nacht, då steht er.
Auf d'Nacht, då steht der Mond am Firmament.

Er hat an langa, er håt an langa,
er hat an langa Weg vom Wirtshaus hoam.

Sie håt a nasse, sie håt a nasse,
sie håt a nasse Wäsch beim Fenster draußt.

Sie håt zwoa grouße, sie håt zwoa grouße,
sie håt zwoa grouße Töpf am Ofa steh.

Er laßt'n Hänger, er laßtn Hänger,
er laßt'n Hänger zammt an Bulldog steh.

Sie laßt si Vögl, sie laßt si Vögl,
sie laßt si Vögl schicka aus Amerika.

Sie håt a hoarige, sie håt a hoarige,
sie håt a hoarige Angorakatz.

Sie håtn drinna, sie håtn drinna,
sie håtn drinna in der Kuchl gsehgn.

Pass auf, jetz kummts ma, pass auf, jetz kummts ma,
pass auf, jetz kummts ma auf drei Mark net zamm.

Sie schreit nur sperr ma, sie schreit nur sperr ma,
sie schreit nur sperr ma endlich d'Haustür zua.

» Butschgoudern, butschgoudern[7], der Våder liegt aaf der Moudern.
Lou(ß)ts 'n obn liegn, obn liegn, kröign ma wieder an kloan Broudern.

» De Rohrstädter Madln san schlau wia de Füchs,
de stelln se ans Tischeck und reibn se de Büchs.

» Znachst håb i a Bedlwei buglt, bin i übern Berg åbekuglt,
dann håb i s' bombardiert, bombardiert, dann bin i marschiert.

» Neile håb i a Bettlwei buglt, is s' ma übern Ranger oikuglt.
Bettlweibl, bugl hi, bugl her, i stoß koine mehr.

» Neile håb i a Bettlmoidl gheirat, 's Broutsaackl håm ma in d'Stau(d)an einegfeiert,
håb i's dreimål nachanander rangiert. Brouder, dou is's da marschiert!

» Nimm a Kuchahackl, steig am Baam auffe, hau an Ast åba, daß er klingt.
Steig aufs Madl auffe, stouß s' am Bauch auffe, daß as Vürderbandl åbaspringt.

» O, quikerte, quakerte, junge Weiber håm a nackerte,
alte Weiber håm a dreckerte, drei Hoar san dro.

» O, rumperts, pumperts Bauernding, du hoarigs Instrument.
Wo håst denn du dei Ding versteckt, zum Himmlsaaprament.

» Zoag ma(r) amål dei vürders Ding, na zoag i da mein Kümmerling.
Wennsd de buckst, na håstn drin, tradariaho.

» Mir håm a Fuader Schwaanz aufglå(d)n und san auf Nürnberg gfoahrn.
De oa, de håt an Groußn gwollt, de andre wollt an Kloan.

» Då obn am Bergerl då streit a Student.
Der wixt an seim Pfeiferl, dass d'Haut davo hängt.

» Wenn i amål dengln wüll, klappert der Hammerstül.
Pfeif in des Dengln ei, dengl, wer wüll!

» Han ma(r) amål in d'Schwaammerl ganga, håm ma(r) a nackerts Weiberl gfanga,
håm mas unter d'Wirzl glegt, und håm ma'n ihr glei einegsteckt.

---

7 Wortmalerei, Unsinn

» Maderl mit deim Überdüber, Maderl mit deim Vogelhaus,
  tua dein Fuaß zu mein Fuaß rüber, na laß i mein Vogl raus.

  Maderl mit deim Überdüber, Maderl mit deim Ding,
  håb i a Weil umananderbumpert, bums, då woar er drin.

» Ålte Weiber, Zuslbritschn, krachn wia Kanona.
  De oane håt a grouße Britschn, de an(d)ere wia(r) a Bohna.

» Annamirl, Zuckerdirl, lang ma in mei Hosntürl,
  ziag ma mein Soldatn raus, steck ma'n in dei Schilderhaus.

» Trullala, dirullala, Zwetschga san koi Pflaama[8].
  's Moidl, wo koin Boum niat håt, döi macht se's mitn Daama[9].

» Im Winter is koa Kirwa net, im Summer koa Neijoahr.
  De Katzn rammeln zeitenweis, de Weiber 's ganze Joahr.

» Er is halt so winzig kloa, er traut si im Steh net toa.
  Åber im Liegn, då håt er'n glei drin.

» Beim Wirt san ma eikehrt, åber tanzt ham ma net.
  Aus is 's Liadl, aus der Tanz, d'Bairin nimmt an Mo beim Schwanz.

Kirwa-Gstanzl, gesungen von Kirwaburschen

» I håb amal a Moidl kennt, de war vo Ursensolln.
  De håb i achtmal auffeghaut und zwölfmal hätt i solln.

  I håb amal a Moidl kennt, de war vo Langabruck.
  De håt a lange Feder drin, då hupft er wieder zruck.

  I håb amål a Moidl kennt, döi woar va Etzlwang.
  Döi håut a reat[10] a kurze ghat, dou woar der meine z'lang.

  I håb amål a Moidl kennt, döi woar va Hirtnstaa.
  Döi håut a reat a grouße ghat, dou woar der meine z'klaa.

  I håb amål a Moidl kennt, döi woar va Edelsfeld.
  Döi håut ja blouß a halbe ghat, döi an(d)er Hälft håut gfehlt.

  I håb amål a Moidl kennt, döi woar va Ottensoos.
  Döi håut a reat a enge ghat, dou woar der meine z'groß.

---

8 Pflaama = Pflaumen
9 Daama = Daumen
10 reat = recht

I håb amål a Moidl kennt, döi woar va Pommelsbrunn.
Döi håut a reat a gråde ghat, dou woar der meine z'krumm.

I håb amål a Moidl kennt, döi woar va Überding.
Dou håb i nimmer einekinnt, dou woar schou oiner drin.

I håb amål a Moidl kennt, döi woar va Kümmersbruck.
Döi håut a reat a schoarfe ghat, i glaab, i zöig me zruck.

I håb amal a Moidl kennt, döi woar vo Röckenricht.
Döi håut glei so stark zammazwickt, håb gmoint, der mei, der bricht.

I håb amal a Moidl ghabt, döi is vo Groußnschwand.
Wenn döi amal an Housterer tout, dann häng i an der Wand.

I håb amal a Moidl gha(b)t, döi woar vo Tännesberg,
döi håut fei blouß oa Dittl gha(b)t, und des woar nach der Zwerch.

Und 's Moidl is vo Atznhof, döi håut so grouße Duttn.
Und wenn s' ihr Alter niat zwoamal packt, nou kröigt er aa koa Suppn.
(Fast alle Orte sind im Lkr. Amberg-Sulzbach und Umgebung)

Um a Fünferl a Durchanander

Im untern Dorf, im obern Dorf, då kemma d'Manner zamm.

Allerlei

» Musikantn, spülts aaf, nacha sing ma oans draaf.
  Musikantn, zuigts o, dass neamd eischlaffa ko.

» Und a Jungfernkraanzl und a Sauschwaanzl und a Engerl aaf an goldan Wågn.
  Und a Mentschakaammerl und a Gummihaammerl und a Preißnfotzn zum Daschlågn.

» Mei Vatter is a Pfannaflicker, Parasolflicker is er aa.
  Wenn eahm 's Pfannaflicka nimmer gfreit, tuat er Parasol flicka für d'Leit.

» Und an Sååck voller Weiber, Herr verzeih ma de Sünd,
  und zuabindn und ozündn und zuaschaun, wias brinnt.

» Wia oft wascht ma d'Pratzn, wia seltn de Knia,
  åber då, wo ma draufhockt, des wascht ma går nia.

» Då druntn im Tål, wo ma zammkemma san,
  wachst im Winter im Schnee a scheens Bleamerl in d'Höh.

» Auf an Fuchs passn måg i net, då is's mir z'kålt.
  I pass auf ara Füchsin, de håt an scheen Balg.

» Auf Straubing bin i ganga, hå(b) i Pfluagradln gfoahrn.
  Då håts mi recht sakrisch in d'Oarschbacka gfroarn.

» Vo unt san ma(r) aaffa, glaub net, daßds uns kennts.
  Tean ma Küahkaibl kaaffa und routblassat Gäns.

» Jetza håb i halt a bsonders Glück, jetza håb i a Madl aus der Zigarrnfabrik.
  Jetza rauch i wia(r) a Lokomotiv und tua manchmal an Pfiff.

» Und wenn i schiaß, na schiaß i fix und wenn i fehl, na triff i nix.
  Und wen geht des wås o, daß i fehlgschossn hå(b)?

» Und wenns rengt und wenns schneit, und wenns blitzt, daß ålls kracht,
  's is ma halt ålls oans, und is's Tåg oder Nacht.

» In d'Städt eifoahrn, in d'Städt eifoahrn mit unserm åltn Schinderkoarrn.
  In d'Städt eifoahrn, in d'Städt eifoahrn mit unserm åltn Koarrn.

» Und dreizeah Moidla mou(ß) ma håm, laatter wunderschöine,
  wenn der Teifl a Dutzend hult, håut ma doch nu oine.

» 's Konzellera Dörferl is scheibnkuglrund.
  Wann ma draussd ummageht, beißt oan koa Hund.

UM A FÜNFERL A DURCHANANDER

Im Konzellera Dörferl gehts kreuzluste zua,
då wachst koa Betschwesterl auf und koa trauriger Bua.

Wenns beim Tåg finster waar und nachts waarats hell,
dann waars am Feld finster, in der Bettstått waars hell.

» Drin im Honigdeegerl sitzt a Frauakäferl, i ziags aussa und schlecks å(b).
Ja, vo dera Jausn taat ma heint no grausn, 's war koa Frauakäferl, 's war a Schwåb[1].

» A Floh und a Fliagn san eh leicht zum Kriagn.
A Fliagn und a Floh, åber kriagn tuat ma's do(ch).

» Kaatherl, Kaatherl wart a weng, draußn is a großer Regn.
Laß ma erscht an Regn vorbei, nacha geh ma glei.

's Kaatherl, des is untern Tisch, waachlt mit ran Flederwisch.
(N.N.), laß des Kaatherl geh, 's Kaatherl is so schee.

» Linz is a Staadtl und Wean is a Ståådt.
Z' Linz iß i a Braatl und z' Wean an Sålåt.

» Im untern Dorf, im obern Dorf, då kemma d'Manner zamm.
Und wer de längste Nåsn håt, den schickas wieder haam[2].

» Hams an Saubärn zum Tor aussetriebn, is er auf d'Sau auffegstiegn.
Halts Maul, dumms Wei, dumms Wei, kriagn ma wieder jung Sai!

» Und a Gans is a Vogl, und a Fuchs is a Viech,
und a Mannsbild is a Stingl, mir grausts, wenn i oan siegh.

» Es is scho meiner Lebtåg so dumm auf der Welt:
Deselln[3], de stoareich san, de ham 's mehra Geld.

» Wer zu neinafuchzg Kreuzer auf d'Welt kemma is,
der bringts zu koan Guldn, des is amål gwieß.

» Hinterm Haiserl fliaßt a Bacherl, in dem Bacherl schwimmt a Fisch,
wollt ins Wasser langa, wollt des Fischerl fanga, håb des Fischerl net dawischt.

» Der Adam und d' Eva san eini unter d' Staudn
ham 's Gebot vergessn und ham Äpfi gfressn.

» Hennei bibi, Hennei bobo,
wennstd ma koa Oar net legst, stich i di o!

---

1 Schwåb = großes Kücheninsekt
2 hamm = heim
3 Deselln = diejenigen

» Und an Dokter håm 's Nåchtgschirr, der Hebamm de Klistierpistoin,
  mir håms as Mensch[4] davo, jetz gehts 's Stej(h)n o.

» Und a oanaugate Maus is in Brunna åbikrocha.
  Håt si d' Axl ausgfåin und 's Schwaanzl åbbrocha.

» Und 's Gamserl am Gwänd håt an Kopf åbighängt,
  weil d' Sunn åbigeht und koa Bock dabeisteht.

» Wia 's Diandl jung is gwen, då håts koan Loder[5] mögn.
  Jetz åls an åider Scherbn, måchts sie 's gern.

» Der Teifi und der Toud kriachn nauf übern Schrout[6].
  O, låßts es nur kriachn, dia zwee Narrn, dia schiachn.

» Då hint bin i vüra, wo d'Sunna schee scheint,
  wo Winter und Summer koa Fenster aufleint.

» Drei Rousn im Goartn und drei Vögerl im Wåld,
  und im Summer is woarm und im Winter is kålt.

» Vo N. N. san ma vüra, wo ma Erdäpfl baut.
  Åber drum san ma(r) aa gwachsn wia 's Erdäpflkraut.

» Ja, as Schraunsdorfer Glöckerl håt aa(r) an scheen Klang.
  Wennsd du amål stirbst, leb i aa nimmer lang.

» Auf der Wies singt a Heischreck, auf oamal is er staad.
  Ja, weil eahm der Bauer an Kopf håt weggmaaht.

» Und dass mei Haus net eifalln ko, då is scho gsorgt dafür.
  Denn vorn, då steht der Advokat und hint der Grichtsvollziahr.

» Hinter mein Nachbarn sein Hauseck hockt a greagscheckater Hoh(n)[7].
  Und a kloans Hendl hockt aa danebn, gagaztn[8] ållawaal o.

» Håt mi mei Vatter so prüglt, tuat mir mei Bugl so weh.
  Wenn er mi wieder so prüglt, pack i mein Ranzn und geh.

» A Sennerin und a Kuahhaut, hängst as auffi an Raach,
  konnst as siadn oder brå(t)n, bleibn ållaweil zaach.

---

4 Mensch = Mädchen
5 Loder = jungen Kerl
6 Schrout = Holzbalkon
7 Hoh(n) = Hahn
8 gagatzn = gackert ihn

» Wo viele Fenster san, san viele Zimmer.
   Wo neamands außaschaugt, is neamands drinna.

» Hätt i des eher gwißt, daß der Fuchs d'Hehner frißt,
   hätt i s' net aussegjagt. Glei håt ers ghabt.

» Eins, zwei, drei, vier, fünf, sechs, siebn, dies Jahr bin i sitzn bliebn.
   Håb z'vül Musi gmacht und gspuit, des is an dem Ganzn schuid!

» Åber 's Deanderl håt an Fuchsn gsehng weit draußn im Feld.
   Und der håt ihr går so gfålln, weil er 's Stutzerl so stellt.

» Åber wenn oaner Sepperl hoaßt, na håts hålt scho gfei(h)t[9],
   weil er går so gern auffesteigt auf d' Weiberleit.

» Åber entahål(b) der Doana, då hoaßt's hålt am Gai.
   Då is ma oa Deandl liaber als im Wåld herin drei!

   Und die Deandln im Gai håm a Geld als wia's Hei,
   und de Deandln im Wåld håm a Herz als wia 's Gold.

   Und de Katzn vom Gai fressn d'Mais ållweil glei.
   Und de Katzn vom Wåld fressns, wanns eahna gfållt.

» Auf d'Ofabänk setz i mi nimmer, då gibts so hupfate Dinga.
   De hupfa so hi, so her, wenn i bloß net higanga wär.

» A Student bin i gwen, håb sechs Joahr lang studiert.
   Und a Pfarrer wollt i wern, na håt mi 's Madl verfiahrt.

» Wenn oaner an Ochsn stiehlt, so is des ganz klar,
   dass der, der nan gstohln håt, koa Taschndiab war.

» D' Elektrizität will jetz d'Dampfkraft votreibn.
   I håb nix dagegn, wenn nur Dampfnudln bleibn.

» Zwischn Minga und Straubing då håt sa se gschickt,
   då håt 's Madl an Buam d'Fläih gsuacht und håt daweil gstrickt.

» Gestern håm ma Nudl ghabt, sans ma opickt am Goam[10].
   Wenn ma wieder selle[11] Nudl kriagn, geh i drei Tåg nimmer hoam.

» Heit bin i wieder kreizüberdüber, gibt ma der Våder 's Scheißhaisl über.
   Jetz raam i's wieder aus, na håb i a neis Haus.

---

9 gfei(h)t = gefehlt
10 Goam = Gaumen
11 selle = solche

» Und der Adam und d' Eva schwimma mitand übern See.
   Der Adam, der geht unter, und d' Eva steigt auf d'Höh.

» Hinter meim Våter sein Stådl, sitzt a schnee-, schneeweiße Gans,
   håt an schnee-, schneeweißn Schnåbl, håt an schnee-, schneeweißn Schwanz.

   Hinter meim Våter sein Stådl, stinkts nach Mist und nach Odl,
   Hätt i mei Haisl hibaut, mi håts vorm Odl z'hårt graut.

» Ja und gestern auf d'Nacht då håt d'Hehnasteign kracht,
   und der Gockl håt gscholtn und d'Hehna håm g'lacht.

» Mitn Schubkarrn ins Holz, mit der Kirm[12] um a Straa[13],
   mitn Saackl in d' Schwaammerl, und bettln teans aa.

» Hinter meim Våttern Haus sitzt a Krowåt[14].
   Der traut si net vüra, weil er d Hosn voi håt.

---

12 Kirm = Buckelkorb
13 Straa = Streu
14 Krowåt = Kroate, Soldat

Kunst-Gstanzl

Neben den mündlich überlieferten Vierzeilern, bei denen Autor und Herkunft meist unbekannt sind, gibt es auch solche, die von Schriftstellern, Herausgebern oder anderen meist Intellektuellen selbst geschaffen und unter ihrem Namen veröffentlicht wurden und werden. Bei diesen neuen, absolut salonfähigen, meist aus dem Stadtleben stammenden und dem Schriftdeutschen angenäherten „Kunst-Gstanzln" versucht der „Dichter", Inhalt, Stil, Dialektschreibweise, Farbigkeit, Bildhaftigkeit, Charme, Witz, Humor, Hintersinn, Provokation, Naivität und Mundart des ursprünglichen „Volks-Gstanzls" zu imitieren, zu kopieren, was ihm selten gelingt.

Im Glauben, diesen Volkston getroffen zu haben, stellt z. B. Johann B. Westermair seine von ihm und Kollegen fabrizierten Gstanzl als „echt urwüchsige, lustige bayerische Schnaderhüpfl" vor.

Zur Verdeutlichung der zweifellos bestehenden Qualitätsunterschiede zwischen dem geläufigen „Volksgstanzl" und dem „Kunst-Gstanzl" seien einige Beispiele angeführt:

Echt urwüchsige, bayerische Schnaderhüpfl
(Original-Schreibweise beibehalten)

» A Schnadahüpfl, a lustigs an jeden wohl freut.
  Es riegelt das Bluat und bringt Leb'n unter d'Leut.
  J. B. W.[15]

» Aber alleweil kreuzfidel, voller Hamur,
  von anra Traurigkeit koa bißl a Spur.
  J. B. W.

» Wo's singan und Zithernschlag'n, da is mei Freud.
  Drum is ma zum Wirt nauf der Weg gar nia z'weit.
  L. K.

» Wenn oan 's Trinka und 's Singa und d'Musi net freut,
  aso a loamiger Kerl, der g'hört net unter d'Leut.
  L. K.

» A lustiger Bua bin i, 's hab'n mi alle Leut gern.
  Meine Liadl, mei Singa mag jeder gern hörn.
  J. B. W.

» Herrgott, san mir Leut, ja wir hab'n sakrisch Schneid.
  Hab'ma aa net viel Geld, deßweg'n san ma doch g'stellt.
  J. B. W.

---

[15] J.B.W. = Johannn Baptist Westermair, alle anderen Autorenabkürzungen unbekannt

» Dö Vögerln im Wald drauß', dö pfeifen voll Freud.
  Und wenn i a Geld hätt', i pfeifat auf d'Leut.
  L. K.

» Dös is halt von jeher schon 's Kreuz auf der Welt.
  Der oane hat an Beutl, und der ander hat 's Geld.
  L. K.

» Dö nix zahl'n woll'n und aufdrahn und's Maul aufreiß'n,
  dös san koane Bayern, des san sicher – Preuß'n.
  L. K.

» Mei Schatzerl is sauber, is net kloa und net groß.
  Vorn und hint'n is eben als wia 's Erdinger Moos.
  L. K.

» Mei Bruader, der schiaglt akrat wia d'Mama.
  Und i hab an Kropf grad als wia der Papa.
  L. K.

» Mei Vater is a Schneider, macht dö Leut a neu's G'wand.
  Und mi schickt er zriss'n am Bettl umanand.
  L. K.

» Unser Bader, der hilft uns mit seiner Kurier:
  a Dachsfetten und Krebsaug'n und a saftig's Klistier.
  L. K.

» Da Seppnbauer vo Krailling hat an Wehdam z'nachst g'spürt.
  Nacha habns'n zum Schröpfa in's Rentamt neigführt.
  S. F.

» Unser Bräu, der is wampert, ös habt's koan Begriff.
  Der schnauft und der blast grad wia a Lokomotiv.
  L. K.

» Was braucht denn a Bauer a Regenparasol?
  Der wascht si aso nia, 's Regna tuat eahm grad wohl.
  L. K.

» A Bauer frißt koan Gockl, so a Mistviech mit G'stank.
  Außer es is er selber oder der Gockl schwerkrank.
  A. R.

» Da Jager mit der Schicks, in der Stadt sagt ma Braut,
   der hat unsern Kater für an Marder og'schaut.
   L. K.

» Kloane Buabn hoaßt ma Lausbuabn, a Madam hoaßt gnä Frau.
   Zu de Stadtkinder sagt ma Fackl, zu de Landkinder sagt ma Sau.
   L. K.

» Die Autler lachn d'Leut aus, wenn der Dreck recht wegspritzt.
   Doch d'Leut lachn nachher, wenn 's Töff im Straßgrabn sitzt.
   P. S.

» Beim Wirt hat's an Kurzschluß geb'n, so les i jetzt grad,
   weil da Metzga de Weißwürst z'früah zuadrahtlt hat.
   S. F.

» I kenn mein Dackl, mei Dackl kennt mich.
   Mei Dackl is a Hund, und sei Herr is a Viech.
   L. K.

» Dö schön Madln san wenig, von Hundert kaum drei,
   und doch wird a jede a grantigs alt's Wei'.
   L. K.

» Der Stadtherr sagt Suckl, de Bauer sagt Sau.
   Du steigst mir am Buckl, sagt zu mir meine Frau.
   A. W.

» I wenn zum Wirt geh', muaß i jedes Mal lüag'n.
   Sonst muaß i Kaffee mahln oder 's Kinderl ei'wiagn.
   L. K.

» Mit meiner Alt'n mag i nit streitn, dös is a boshaftigs G'spiel.
   Denn sie hat allemal Recht, mach i's grad wia da will.
   J. B. W.

» Mei Alter is grantig, is a recht fade Molln.
   I wollt, es weret ei'brochn und werat ma g'stohln.
   J. B. W.

» Geh, tuats was zum Trinken her, wenns no was habts!
   Aber ja nur koan Alkohol, höchstens an – Schnaps.
   L. K.
   (in: Westermair's Lieder-Büchl Nr. 1)

Und einmal fordert Westermair in seinem Vorwort zum Liederbüchl 3 von seinen Lesern:

- » A Liadl in Ehrn dös hat Gott und Welt gern.
  An fröhlichen Sänger mag Jeder gern hörn.

- » Drum singts meine Liadln im Solo, Duett.
  Probierts as – es geht scho! – sogar im Quartett.

- » Und wenn i amal stirb, singts ma a Liadl in's Grab,
  Weil i d'Musi und 's Singa aa dort no gern hab.

II. Gstanzlgruppen: Gstanzllieder

Thematisch zusammenhängende Vierzeiler

Jetzt wer(d) i a paar singa, des woaß i ganz gwiß.

Kindergstanzl

» I bin der kloa Florian, åber taischts eich fei net.
I schau langsam drei, åber bläd bin i net.

Äitz bin i siebn Jåhr ålt und geh scho in d'Schui,
bin åiwei no ledig, waal mi koane wui.

In d'erschte Klass geh i, mei Liaber, o weh.
Des erscht, wås i glernt håb, war as Eckerl eisteh.

Kaam bin i dahoam, geht d'Hausaufgab o.
Mei, wås håb i mit dem Lerna scho vui Zeit vodo!

Unser Freilein is grantig, is oft gar net nett.
De waar vielleicht netter, wenn s' aa(r)an Mo hätt.

Mei Papa moant, er is der Gscheider, und tuat recht schlau redn.
Dawei is er zwoa Jahr lang in der gleichn Klass gwen.

Am scheenstn hammans håit d'Lehrer, des is fei koa Witz.
A håibs Jåhr hams Ferien und a håibs Jåhr tuans nix.

Und mit dera Schui, då wer(d) i net schlau.
Oft sitz i vor der Hausaufgab und schwitz wia(r)a Sau.

Mei Oma håt a Bruin mit an gußeisan Gstäng.
Wenns drum und drauf okimmt, sehgts åiwei no z'weng.

Mei Opa håt a Plattn, håt nimmer vui Håår.
Der braucht sched[1] mehr a Handtuach, mitn Kampln wird's går.

Mei Oma konn guat singa, då zittert 's ganz Haus,
drum håit si bei uns dahoam koa oanzige Maus.

Dass so vui Leit då san, dessell gfreit mi scho.
Und i tua selber Gstanzl singa, waals der Paapp net gscheit ko.
Florian Fleischmann (7 Jahre)

» Am Gstanzl, då håb i a bsondere Freid,
am Gstanzl, då håb i a bsondere Freid.
A wengerl aussinga mächt i eich heit, juchhe,
a wengerl aussinga möcht i eich heit.

---

1   sched = bloß

's fürstliche Bier wird bei enk dåda braut,
's fürstliche Bier wird bei enk dåda braut.
D' Fürstin håt zvul dawischt, då ham d' Leit gschaut, juchhe,
d' Fürstin håt zvul dawischt, då ham d' Leit gschaut.

Gloria, Gloria, Fürstin oweh,
Gloria, Gloria, Fürstin oweh,
warum taan deine Haar gar so wegsteh, juchhe,
warum taan deine Haar gar so wegsteh?

's fürstliche Schloss in der Oberpfalz steht,
's fürstliche Schloss in der Oberpfalz steht.
Alle Leit wissns, bloß d'Fürstin woaß's net, juchhe,
alle Leut wissns, bloß d' Fürstin woaß's net.

Denk da nix, Fürstin, wås is scho dabei,
denk da nix Fürstin, wås is scho dabei?
Schlimmer waars, du hättst gsagt, es liegt auf Hawaii, juchhe,
schlimmer waars, du hättst gsagt, es liegt auf Hawaii.

A Maus is koa Katz und a Katz is koa Hund,
a Maus is koa Katz und a Katz is koa Hund.
Liabe Leut, pfüat eich Gott und bleibts ma gsund, juchhe,
liabe Leut, pfüat eich Gott und bleibts ma gsund.
Tina Heigl (8 Jahre) 1986

» Griaß eich Gott, liabe Leitl, i sing für eich gern.
Wenns ålle sche staad sads, brauch i net aso plärrn.

I håb 's Talent vo meim Papa, des is der Boarische Hias,
weil mei Mama net singa ko. Åber trotzdem is's siaß.

Seit zwoatausadnei bin i iatz in der Schui.
Åber mei Lehrer tuat åiwei no net, wås i wui.

I brauchat koa Schui net und aa net studiern,
denn zum Gstanzlsinga braucht ma von Haus aus a Hirn.

I håb ma denkt, i fang 's Singa scho ois kloaner Bua o,
weil mei Papa dann früher in d'Rentn geh ko.

Då drunt sitzt a Deandl, de waar auf mi scharf.
Åber momentan håb i überhaupt koan Bedarf.

I trink iatz mei Hoibe, sitz mi ei unter d'Leit.
Zum Wohle, Land Bayern, heit feiern mia gscheit.
Michael Huber (8 Jahre)

» Grüaß Gott, liabe Leitln, vielleicht kennts mi no,
grüaß Gott, liabe Leitln, vielleicht kennts mi no.
Bin scho neun Jahr alt und håb no koan Mo, juchhe,
bin scho neun Jahr alt und håb no koan Mo.

Bloß schåd, dass i von der Politik nix versteh,
bloß schåd, dass i von der Politik nix versteh.
Herrschafts naa, waaratn de Gstanzl schee, juchhe.
Herrschafts naa, waaratn de Gstanzl schee.

Wenn i amal größer bin, derf i mi traun,
wenn i amal größer bin, derf i mit traun.
Mei liabe Fürstin, na werst åber schaun, juchhe,
mei liabe Fürstin, na werst åber schaun.

Drum sing i halt liaber vom Fürst und seim Wei,
drum sing i halt liaber vom Fürst und seim Wei,
weil då fallt mir auf der Stell glei wås ei, juchhe,
weil då fallt mir auf der Stell glei wås ei.

Des fürstliche Haus is vom Bier uns bekannt,
des fürstliche Haus is vom Bier uns bekannt,
åber für d' Gstanzl is's mei Lieferant, juchhe,
aber für d' Gstanzl is's mei Lieferant.

Sechzg Jåhr is er ålt worn der goldige Mo,
sechzg Jåhr is er ålt worn, der goldige Mo,
åber man siehgt eahm gråd neunafuchzg o, juchhe,
åber man siehgt eahm gråd neunafuchzg o.

A fürstlicher Maler håt s' allesamt gmaln,
a fürstlicher Maler håt s' allesamt g'maln.
Åber scheints håt sich halt d' Fürstin net gfalln, juchhe,
aber scheints håt sich halt d Fürstin net gfalln.

Mei Fürstin, i malat di, des taat da gfalln,
mei Fürstin, i malat di, des taat da gfalln.
Arm wiasd bist, brauchast aa gar nixe zahln, juchhe,
arm wiasd bist, brauchast aa gar nixe zahln.

Des Maln is so einfach, des kann i eich sågn,
des Maln is so einfach, des kann i eich sågn.
Wenns es wollts, tua i mei Technik verrå(t)n, juchhe,
wenns es wollts, tua i mei Technik verrå(t)n.

Gesprochen:
Punkt, Punkt, Komma, Strich.
Fertig ist das Fürstengsicht.

» Jetzt hear i schnell auf, weil sonst werd i no gschlågn,
jetzt hear i schnell auf, weil sonst werd i no gschlågn.
I mächt eich Dankschön fürs Zuhearn no sågn, juchhe,
i mächt eich Dankschön fürs Zuhearn no sågn.
Tina Heigl (9 Jahre) 1987

» Annamirl, Zuckertürl, geh mit mir in d'Schleha!
Na, na, na, es ko net sa(n), i håb a böse Zeha.

Ko net übers Graaberl hupfn, ko niat übespringa.
Wa(r)t nur, bis der Jackl kimmt, der wird de übebringa.

Annamirl, Zuckertürl, geh mit mir in d'Schleha!
I tua da nix, i tua da nix, i beiß de bloß in d' Zeha.

» Und s'Madl geht um Holz in Wald, recht zeitig in der Fruah,
und hinter ihr, då schleicht si drei a saubrer Jagersbua.

Und wias im Wåld san, sagt der Bua: Scheens Madl, wås machst då?
Sie antwort drauf: Mei liaber Bua, dürre Asterl brich i å(b).

Geh, laß de dürren Asterl steh und geh mit mir spaziern.
I mächt dir in die Aigerl schaun und gern mit dir dischkriern.

In d'Aigerl schaun, des derfst du net, de san ja himmelblau,
und d'Jaager derfan, wia(r) i woåß, ja nur ins Greane schaun!

Åber Madl, glaub doch du des net und schau mir in de Augn!
Wo i die Vögerl åberschiåß, is aa der Himmel blau.

So schiåß halt zua in Gottes Nam, sagt 's Deanderl voller Liab.
Åber mach, daß i net woana muaß, sonst wird der Himml trüab!

Erwachsenengstanzl

» Åber nei(n), nei(n), nei(n) muaß ma håm, wenn ma will an Ochsn derschlågn.
Zwoa vorna, zwoa hintn, zwoa haltn, zwoa bindn
und oaner sticht nei, nei(n), nei(n) muaß ma sei.

Åber nei(n), nei(n), nei(n) muaß ma sei, soll 's Musimacha uns gfrein.
A Baß, a Trompetn, a Horn, a Klarinettn, fünf singa drei, drei, nei(n) muaß ma sei.

Åber nei(n), nei(n), nei(n) muaß ma sei, wennsd mi heiratst, na håm mas glei:
As erste Mal Drilling und dreimal no Zwilling,
na samma nei(n), nei(n), nei(n) muaß ma sei.
(Melodie s. S. 244)

» Ja, Wiggerl, wann geh ma denn wieder zum Hopfazupfer in d'Holledau?
Und laß ma uns recht gschmackig nieder bei dem Landl zwischen Moa(n)burg und Au.

Ja, Simmerl, wennsd moanst, nacha geh ma; es wird ja der Metzn[2] guat zåhlt.
Und tua dir a Deckn mitnehma, aufm Heibodn drobn is's oft saukålt.

Und d'Hauptsach dearfst ja net vergessn, dei vierreihige Zuchharmonie.
De brauch ma(r) auf d'Nacht nachm Essn und d'Schnåderhüpfl sing nachad i.

De Bairin, de wird wieder jammern und bei der Nacht d'Deandln eisperrn,
weils Angst håt, dass ma drüber kaamatn[3], åber so wås tean mia net probiern.

Ja, Wiggerl, wennsd moanst, nacha geh ma zum Hopfazupfa in d'Holledau
und lasst ma uns gern wieder nieder bei dem Landl zwischn Moa(n)burg und Au.

» Un(s)er Håslbächer Moila håm zwoa Paarla Sock'n oa(n),
åber d'üaban[4], döi san zrissn, da(ß) ma d'untan durchsäihr[5] koa(n).

Refrain:
Goute Nacht, löiber Schåtz, in mein Herzn håust koin Plåtz.
U sua gäiht der Håslbächer Marsch, Marsch, Marsch, u so gäiht der Håslbächer Marsch.

Un(s)er Håslbächer Moila, döi håm Fläich[6], is neat zun Någn,
wenn sie kratzn möi(ß)n, nou sågn sie, dass sie d'Muckn gstochn håm.
Refrain

Un(s)er Håslbächer Moila, döi håm allweil ihran Witz.
Fröih, wenn 's Inlett tropfert nåß is, affa[7] sågn sie: Mia håm gschwitzt.
Refrain

Un(s)er Håslbächer Moila, döi håm laatter zrissne Schouh.
De bessern, sågn sie, toun ma schouna[8], und dahoim, dou håut ma gnou.
Refrain

Un(s)er Håslbächer Hebamm håut schou lang an Haaffn Göld,
oarwat åber fleißig weiter, waal(r)a d' Oarbat za gout gföllt.
Refrain

Un(s)er Håslbäcker Burschn lou(ß)n de Moila neat in Rouh,
åber wenn van Hei(r)a(t)n gredt wird, hålten sie sei(n) Ouhan[9] zou.
Refrain

---

2 Metzn = Hopfenmaß
3 kaaman = kämen
4 d'üaban = die oberen
5 durchsäihr = durchsehen
6 Fläich = Flöhe
7 affa = dann
8 schouna = schonen
9 Ouhan = Ohren

Un(s)er Håslbächer Bauern nehmas neat sua goua[10] gnau,
sie dawischn in der Finza[11] öimål[12] d'Stubnmoad stått der Frau.
Refrain

Un(s)er Håslbächer Weiber, döi håm dreizeah Kidl oa(n),
und döi genga neat weit unti, da(ß) ma auffiguckn koa(n).
Refrain

Un(s)er Håslbächer Wachter is a ålter Tattamoa(n)[13].
Wenn a(r)a Moidl siaht, sa floucht er, waal er nex mehr leistn koa(nn).
Refrain

» Wenn i nea(r) wissat, wöi des waa(r), wenn i an schöin Moiderl a Busserl gaa(b)?
's möißt sua sa, wöi wenn i Honi(g) aaß, und daba in an Schmalztuapf saaß.

Wenn i nea(r) wissat, wöi des waa(r), wenn i an schöin Weiberl a Busserl gaa(b)?
's möißt sua sa, wöi wenn i a Räiserl häitt und in a Rousnlaabn sitzen täit.

Wenn i nea(r) wissat, wöi des waa(r), wenn i an åltn Wei(b) a Busserl gaa(b)?
's möißt sua sa, wöi wenn i Schläiha[14] fraaß und dabaa in der Durnstaudn[15] saaß.

» De Gamserl schwoarz und braun, de san so liab zum Schaun.
Und wannsd as schiaßn willst, då muaßt di auffetraun.

Sie san so sakrisch gschwind, de håm di glei im Wind.
Sie fanga 's Pfeifa o und san davo.

Refrain:
So leb denn wohl, du wunderschönes Gamsgebirg!
Mia schiaßn überall und treffen allemal.

So leb denn wohl, du wunderschönes Gamsgebirg!
Mia schiaßn überall in Berg und Tal.

Und wia(r)i's z'Nacht håb gsehgn, sans Stuckara sechzehn gwen.
Über d'Schneid sans auffizogn, so viel i håb gsehgn.

I håb mi niederduckt, scho hear i 's Stutzerl knalln.
Und wia(r) i auffe schau, is's åbergfalln. *Refrain*

De Gams is troffa scho, es håt mi net betrogn.
I håb's durchs Feuer gsehgn, es san de Håår aufgflogn.

Håt doch des Lumpaviech an Zentner und an hål(b)n,
so wiar i 's gwogn håb drunt auf dera Ålm. *Refrain*

---

10 goua = gar
11 Finza = Finsternis
12 öimal = manchmal
13 Tattermoa = Vogelscheuche
14 Schläiha = Schlehen
15 Dornenstaude

» Öitza mächt e oins singa, wöi fang e's blouß oa[16]?
San in Mitterteich zwölf Moila, kröigt koine an Moa[17]!

De äierst is faal, der zweitn hängt's Maal,
de dritt, döi is z'dick, de viert d'Manner zwickt.

De fünft håut z'vül Hunger, de sechst håut z'vül Durscht,
de siebnt frißt blouß Tortn, de achte blouß Wurscht.

De neint, döi will tanzn, de zeahnt stäiht blouß durt,
de elft wüll schou hamgöih, bringt de zwölft niat mit furt.

Zum Tanzn waarns kumma, häi(tt)n Stöcklschouh oa(n),
Häi(tt)n denkt, sie kröign Tanzer, doch es schaut s' neamads oa.

» Und d'Liab is wia(r) a Båch, laaft ma überåll nåch,
und sie laßt ma koa Ruah, ob i rast oder ruah.

Mia san oft beinand gsessn, bis si d'Vogerl ham grüahrt.
Warst scho längst übers Bergerl, håb de Busserl no gspürt.

I håb di gspürt mit de Händ und gern ghabt bei der Nacht,
und na ham ma mitnander hinterm Hollerbusch glacht.

Und d'Liab is verganga wia der Tau in der Früah.
Åber im Herz drin vergessn, ja, des konn i di nia.

» Ei, Deandl, wo håst denn dei Liegastått? Ei, Deandl, wo håst denn dei Bett?
Über zwoa Stiagerl muaßt auffesteign, drunt auf der Straß håb i's net.

Denn wenn i mei Bett auf der Straßn hätt, dann hätt i de ganz Nacht koa Ruah.
Denn jeder Bua, der då vom Wirtshaus kaam, der gaang auf mei Bettstaaderl zua.

Då schickt mi mei Muatter in Gartn naus, då schickt mi mei Muatter in Klee.
Då kemma drei buidsaubere Jaagersbuam, de hebn ma mei Röckerl auf d' Höh.

Der erschte, der håt halt koa Pulver net, der zwoate, der håt ja koa Blei.
Dem Drittn, dem steht går sei Stutzerl net, dann leckts mi am Årsch alle drei!

Då is halt mei Bua a ganz anderner, wås denkst denn, wås håt er mir to(n)?
Då führt mi der Stingl in Gartn naus und loahnt mi am Zwetschgnbaam o(n).

Ei Büaberl, i will da net zorne sei, du håst as a bisserl probiert.
Du spuist mit mir allaweil umdada, bis daß si der Zwetschgnbaam rührt.

Ei, Deandl, wo håst denn dei Drulijeh? Ei, Deandl, wo håst denn dei Ding?
Unter mei Schürzerl muaßt auffischaugn, då is ja mei Drulijeh drin!
Jakob Weinmann

---

16 oa = an
17 Moa = Mann

» Heit san ma då in Schierling, då, wos uns no net kenna.
   Mia san vo Seibersdorf zwoa ålte Suppnhehna.

   Unsere Manner san alloa dahoam und mia san allweil furt.
   Naa, unsre liaben Manner håms fei bei uns net guat.

   Froh san sie, dass's uns håm, de taan uns net vokaaffa.
   Åll Tåg waschn sie uns d'Füaß und tuan des Wasser saaffa.

   Vo unsre liabn Manner is jeder a weng a Lump.
   Wo ma aa no hischaut, Mannsleit san oft a Glump.

   Es gibt fei knickat[18] Manner, de wissens goar net, wia.
   Aus so an Geizkrågn macha mia schnell a sauerne Brüah.

   A Gans is a Vogl, a Fuchs is a Viech,
   a Mannsbild is a Stingl. Mir grausts, wenn i oans siech.
   Seubersdorfer Sängerinnen

» Jetzt sing i a paar Gstanzln, åber heit net über Sie.
   Dann brauchts eich aa net ärgern, i sings heit über mi!

   Mei Bruader is a Bauer, und Ochsn håt er gråd oan.
   Wenn i net dahoam bin, dann håt er gar koan.

   Neile håt mi jemand gsehng mit an Kappl am Hirn.
   Des tråg i bloß im Winter, dass ma d'Lais net dafriern.

   I håb fei scheene Hoar, de san wirklich recht schick.
   De waarn a guats Muster für a Bürstenfabrik.

   Auf mi håt der Herrgott sein göttlichen Zorn.
   Sonst waar i statt a Brennessel a Maiglöckerl worn.

   Sonst bin i schee sauber, håb a Goscherl recht süaß,
   håb a Erdäpflwampn und dreckate Füaß.

   No braver wia(r) i ko unmöglich wer sei.
   I woaß net, is's woahr oder bild a ma's ei.

   Wenn i in d' Kircha geh, mach i treiherzige Augn
   wia de Klosterfraun beim Betn, wenns zum Himmel naufschaugn.

   Jetzt håt oaner gsagt, mit mir hä(tt)ns d' Leit schwer,
   und wenns wieder an Sperrmüll holn, na gebns mi fei her.

   Bin a lammfrommes Pferdl, des net schlågt und net beißt.
   Und wenns amal wüld wird, no lang net z'vül zreißt.

---

18 knickat = geizig

Jetz hear i wieder aaf, sonst werd i no berühmt,
dann setzt ma mir a Denkmal, wo 's Wasser außarinnt.
Andreas Lobinger

» I lieg im Straßengråbn, wås wird mei Weiberl sågn?
Rauschi, åber rauschi, rauschi bin i.

Wenn i mei Deandl siehg, gibt's ma im Herz an Stich!
Rauschi, åber rauschi, rauschi bin i.

Wia(r) i bin jünger gwen, bin i no scheener gwen.
Rauschi, åber rauschi, rauschi bin i.

Lusti und kreizfidel, bin i bei meiner Seel.
Rauschi, åber rauschi, rauschi bin i.

Schatzerl, wennst mi net mågst, håst a Maul, daßd mas sågst.
Rauschi, åber rauschi, rauschi bin i.

Und draußn in der Pfalz, gehnga ma(r) auf die Walz.
Rauschi, åber rauschi, rauschi bin i.

Schwiegermutter

» Mei Schwiegermuatter, de hams jetz bei der Zeitung angagiert,
weil's am Montag scho woaß, wås am Freitag passiert.

Mei Schwiegermuatter und a Papagei håm de gleiche Natur:
Wenns an Schnåbl amål aufhåm, nacha bringans'n nimmer zua.

Mei Schwiegermuatter håt lauter foische Zähn außer oan guatn, den håts no.
Den brauchts, wenns ihr Bies heraußt håt, dass s' trotzdem nåchschnappn ko.

Mei Schwiegermuatter wollt a Tangahöschen, åber då håts koa Glück,
weil 's Schnürl am Oarsch hint net glangt, brauchts an Tanga mit Strick.

Mei Schwiegermuatter, de hålt se Antn, mei Schwiegermuatter, de hålt Küah,
mei Schwiegermuatter hålt ålles, bloß ihr Goschn hålts nia.

I håb mei Schwiegermuatter zwengs ihrn Meckern unter d'Schåf eineto.
Des håm åber d'Schåf net ausghoitn, de san auf und davo.

Dass mei Schwiegermuatter net in Himml kimmt, Leitl, des woaß i scho,
weil a Dracha net höher als hundert Meter steign ko.

Neile wollt i mei Schwiegermuatter reseikln, Bua, des war a Gfrett:
's ganze Alteisn håms gnumma, åber a soichane Beißzanga net.

Mei Schwiegermuatter is wia(r) a Bumerang, de låßt einfach net luck.
De konnst hischleidern, wåsd mågst, de kimmt oiwei wieder zruck.

Weil mei Schwiegermuatter peckt wia(r) a Henn und weils ihrn Schnåbl aufziagt,
håb i's a hoiberts Jahr eigsperrt ghabt, net dass s' d' Voglgripp' kriagt.
Franz Huber

Rauchverbot

» A Minischtrant steht vor der Kircha mitn Weihrauchfassl in der Hand.
Såg i: Warum gehst denn net eine? Sågt er: Weil ma drin Rauchverbot ham.

I kriag oa Zigarrn nåch der andern vo meiner Frau, des is gwieß.
Wo de doch ganz genau woaß, dass striktes Rauchverbot is.

Frågt oa Freindin de ander, ob's nåchm Liebesspiel raucht.
Håts gsagt: Des konn i da net sågn, då håb i no nia åbegschaut.

Sågt oa Zigarettn zur andern: Du, mia kriagn a Problem.
Wenn d'Leit nimmer rauchan, wirds uns båld nimmer gebn.

Wennst du des rauchst, wås du saufst, na sagt uns der Doktor ganz gwieß,
dass demnächst für uns zwoa Rauch- und Saufverbot is.

Jetzt håms uns 's Raucha verbo(t)n, demnächst verbiatns uns 's Bier.
I sing gråd boarische Gstanzl, de verbiatns uns nia.
Franz Huber

» A Sprung über d'Gassn, a Juchazer drauf,
a Klopfer ans Fenster: Scheens Deandl, mach auf!

Und lasst mi net eine, so lasst as hålt bleibn.
I wer(d) wohl zwegn deina dem Kini net schreibn.

Zu dir bin i ganga, zu dir håts mi gfreit.
Zu dir geh i nimmer, der Weg is ma zweit.

Wenns bumpert im Kammerl, tuat d'Mutter scheltn.
Wenn i såg, des is d' Katz, laßt sie's net geltn.

Zum Deandl bin i ganga, håb 's Fensterl verfei(l)t,
håb dreiviertel Stund an de Wänd ummakrai(l)t[19].

Åber zu dir bin i ganga beim Regn und beim Wind,
und zu dir geh i nimmer, weil an anderner kimmt.

Und balsd mi net mågst, na såg mirs nur gschwind,
an anderne Muatter håt aa(r) a scheens Kind.

---

19 ummakrai(l)t = herumgekratzt

Wås is um a Mentscherl, wås is aa um zwee?
I håb scho a Dutzad ghabt und so lauter schee.

Zu dir bin i ganga drei ganze Wocha.
Bal i nomål zu dir geh, wer(d) i heilig gsprocha.

» I muaß jetz bald zum Doktor zweng meinem Reimatiss,
weil jeds Mål, wenn i an Mo siegh, dann gibts ma an Riss.

Am Tanzbo(d)n wenn ma gwen san, heit derf ma des ja sågn,
då ham si wega uns zwoa de Buama hålb daschlågn.

So schee wia(r) aa de Zeit war, des is uns ganz klar.
Heit raaffat bestimmt koaner mehr um uns altn Zwoa.

Mia ham amål scheene Röckerl trågn, des war für d'Buam a Freid.
Heit håm ma zrissne Jeanshosn o, de wo uns d'Füaß dakrai(l)t[20].

Beim Dokter, wenn ma gwen san, wia mia schee warn und jung,
då håt er alles sehgn wolln, heit glangt eahm scho de Zung.

Sågt der Bauer zu sein Nachbarn: Wenn dei Kaibl mål net saafft,
na setz eahm doch ganz oafach a Maurerkappl auf.

Es sågt amål a Baierin: I koch so guat i ko.
Und wås de Sai net fressn mögn, des kriagt halt dann mei Mo.

Bauern fahrn Mercedes, in dem teans nacha fliagn.
Na jammerns, dass für d'Gummistiefl koan Zuschuss mehra kriagn.
Seubersdorfer Sängerinnen

Weltuntergang 2012

» Vüll Leit ham Angst, dass d' Welt untergeht, des gült åber net für mi.
Denn i håb mir a Handy kaafft, des håt zwoa Joahr Garantie.

De Garantie, de is scho wichtig, Wenn alles zammabricht,
na hol i mir an Rechtsanwalt und zuig vor 's jüngste Gricht.

Mia ham de Weihnachtsfeier vom Gflügelzuchtverein.
Då konn vo mir aus d'Welt vageh, dann bin i net daheim.
Benedikt Weber

---

20 dakrai(l)t = verkratzt

Und ewig lockt das Weib

» Früher håt ma de Drachn umbråcht, Jungfraun håt ma gheirat und gliebt.
Heint heira(t)n d'Manner an Drachn, weils koane Jungfraun mehr gibt.

Der Adam und d' Eva warn koane Chinesn, des håt d' Wissenschaft festgstellt.
Weil de Eva sonst net den Apfel, sondern d'Schlang gfressen hätt.

Dass Jesus zerscht de Weiber predigt håt, håt an Grund ghå(b)t ganz bestimmt,
weil er wollt, dass sei Frohbotschaft möglichst schnell unter d'Leit kimmt.

Warum Frauen so guat schmeckand, håb i aa scho durchschaut,
weil s' zu siebnazwanzg Prozent bestehn aus Orangenhaut.

Glang bei Frauen ja net z'weit auffe, wo der Fuaß dicker is,
sonst kimmst wieder då hi, wousd herkemma bist.

Wo Lebensgefährtin herkimmt, des is doch ganz klar.
Des is bloß a Ableitung von Lebensgefahr.
Benedikt Weber

Hochzeit

Polterabend

» Ja, grüaß de Gott, Hochzeiter, äitz lou no gscheid um,
waal heit bist no ledig, åber de Zeit is båid rum.

Heit sehng ma di 's letzt Måi[21] im ledinga Stand,
waal nächstn Samstag då bist scho im Heiratsgewand.

A mords Hochzeit håst ogricht, du tuast da scho traun.
De scheener Zeit is vorbei, äitz muaßt unter d'Haubn.

Ja, des Junggsellenlebn war betimmt a scheene Zeit,
åber i glaub, mit dein Weiberl håst no a gräißere Freid.

De Sturm- und Drangzeit is umme, äitz håst as hålt schee.
Äitz brauchst auf d'Nacht nimmer zum Wallfahrten geh.

Und d'Hochzeiterin, de gfreit se, des kennt ma doch glei.
Denn äitz derfs auf d'Nacht eine zum Gickerl in d'Steign.

's Gschirr håt laut gscheppert, åiss[22] tuat se heit amüsiern.
Hoffentlich wern då amåi an Hochzeiter net de ganzn Teller nauffliagn.

So gheart sa se am Polterabnd: Åiss hammands zammghaut,
dass all zwoa glücklich werds åis Braitigam und Braut.

---

21 Måi = Mal
22 åiss = alles

Zum Essn und Tringa tuat vui gnua då steh,
då kimma ja mia de ganz Nacht net hoamgeh.

Und 's Gschirr, des is brocha, a Glück solls eich bringa.
Auf enga gemeinsame Zukunft woin mia äitz alle tringa.

Drum soll äitz a jeder sei Glaaserl erhebn.
Unser zukünftiges Brautpaar soll dreimoi hoch lebn!
Hermann Fleischmann

Abholen der Braut vom Elternhaus

» Ja, äitz hoißts Abschied nehma vom liabn Elternhaus,
wo d'Braut in der Jugend ganga is ein und aus.

Då war des scheene Platzerl, wosd 's erst Mal håst glacht,
wosd håst dei scheene Zeit der Jugend verbracht.

Du wirst dir oft denka, wia wars doch so schee.
Doch aus Liab zu deim Braitigam tuast vom Elternhaus geh.

Bedank di beim Vattern, der oft an di håt dacht.
Er håt aus dir bestimmt ja an guatn Menschn gmacht.

Bedank di bei deiner Muatter, schau dir s' no amoi o.
Såg Vergelts Gott, liabe Muatter, wås d' für mi alls håst to.

Nehmts 'n Abschied net so schwaar äitz und net so zwider.
Denn als glückliche Ehefrau besuacht sie eich wieder.
Hermann Fleischmann

Gstanzl des Hochzeitsladers bei einer Hochzeit

» Wou ma de Hochzeit schee macha, soll sich wirklich wås rührn.
Unsre Musikantn lassns gscheit kracha, und i werd mi bemühn.

Ham ma heit a hübsche Ehrmutter, wås mir als Hochzeitslader a Freid bringt,
und sie schaut, dass sie des Finanzielle unter Dach und Fach bringt.

Vereine san aa dabei, daß alls passt und alls stimmt.
Und sie hoffend heit fest, dass des Freibier gscheit rinnt.

Der Wirt gratuliert gråd an Brautpaar zum Fest
und sågt: Kemmts alle eina, ich bewirt eich aufs Best.

Musikantn, seids dann so freindlich und spuits uns voro,
und mia alle mitanander, mia schließn uns o.

Übers Mahl singen

» A paar Gstanzl übers Essn, de kinnand[23] net schå(d)n,
waal an Hunger, an groußn wern eh alle håm.

D'Ehrmuatter schöpft d'Suppn außa, de is då spezialisiert,
waa(l) de håt dahoam de ganz Wocha 's Aussaschöpfa probiert.

's Essn kinnts heit genießn, liabs Brautpaar, mit alle Leit.
Denn heit brauchts net kocha, heit kocht der Wirt für enk gscheit.

Brautstehlen

» So, liaber Braitigam, weilsd net aufgmirkt håst, håms da d'Braut gstoihn.
wennsd as wieder wüllst, muaßt de ganze Zech zåhln.

Sei vorsichtig, Braitigam, mit dem Stehler, waal des is a rechter Hund.
Wenn der net allwei unter scheene Deandla is, na is er net gsund.

Jetz, Braitigam, muaßt in d'Knia geh, a weng
und bittn um dei Braut, dann werns da s' scho wieder gebn.

Zum Schluss is d'Hochzeit wieder umme und alls hübsch vorbei.
Liabs Brautpaar, recht glücklich soits mitanand sei!

I wünsch eich a drei, a vier Buama und a so a Teil Deandla dazua,
då habts Unterhaltung und Arbat gråd gnua.

Mia bedank ma uns bei der Muse, beim Wirt und bei alle Leit.
Der Tåg is schnell vaganga, und es håt uns recht gfreit.
Hans Schwarzensteiner

Zur Unterhaltung der Hochzeitsgesellschaft

» Ja, jetz werd i a paar singa, des woaß i ganz gwiß,
und werd enk erzähln, wias früher in der Hochzeit gwen is.

I woaß des ganz gwiß, und manche hearns nia,
åber oganga is allerweil scho glei in der Früah.

Des war halt a scheener Brauch, es geht a so zua,
Kranzljungfrau und Brautführer und Musikanten grad gnua.

Na is halt der Brautführer mit de Musikanten, weils de Leit a so gfallt,
ins Elternhaus higfahrn und ham de Braut gholt.

Warn alle im Wirtshaus, då wars nimmer arg,
då håm der Hochzeitslader und d' Weißwürscht scho gwart.

Endlich warn alle beinander, es håt neamad mehr gfehlt,
na håt der Hochzeitslader den Hochzeitszug zammgstellt.

---

23 kinnand = können

D'Musi håt's Spieln ogfangt, gscheppert håts gnua,
na sand alle mitanander der Pfarrkircha zua.

Då drin in der Kircha, då håt neamand mehr glacht,
då håt der Herr Pfarrer de zwoa zu an Ehepaar gmacht.

Und wieder ei dann en Tanzbodn, då war des a Pracht,
då håms als ersts dann an Hungertanz gmacht.

Allmählich is's zum Essn worn, is net viel Zeit bliebn,
derweil håt der Hochzeitslader seine Leit zum Ehrn zammagschriebn.

Der Brautführer håt nacha 's Singa ogfangt, wias es se gheart,
liabe Leit, richts eich a Geld her, jetz wird na glei g'ehrt.

Dann hams mit dem Ehrn ogfangt, es geht a so umma,
und der Brautführer håt dann alle recht ghearig ausgsunga.

Danåch hams dann d' Braut gstohln, ja, des warn solche Kundn,
de hams oft weit furt und dann lang nimmer gfundn.

Hernach hams nochmal wås gessn, des gheart aa no dazua,
dann hams weitertanzt bis um zwölfe, und dann war a Ruah.

's Brautpaar is na aufgstandn, ham gsagt, sie mächtn nach Haus,
und der Brautführer håts nochmal außegsunga, und d'Hochzeit war aus.
Hans Schwarzensteiner

Schluss der Hochzeit, langsam und getragen

» De Hochzeit is aus für heint, des mua(ß) a so sei.
Aa der scheenste Tåg im Lebn geht amål vorbei.

An Hauffa Leit san heint då gwen, des warn wirklich net zweng.
Gehts eich zwoa amål net so guat, stehngan allzam hinter enk.

Es[24] warts a wunderbars Brautpaar, des is wirklich a Freid,
touts allwei fest zammhåltn, dass se gwiss nixe feih(l)t.

I wünsch eich alls Guate und a recht a langs Lebn.
Vüll Glück und Gesundheit soll der Herrgott eich gebn.

Und i bin jetz staad für heint, schee langsam gib i mei Ruah.
I wünsch eich no a scheene Hochzeitsnacht, des gheart aa dazua.
Benedikt Weber

---

24 Es = alte Form von Ihr

III. Gstanzlgruppen: Gstanzlserien

Thematisch nicht zusammenhängende Vierzeiler

Mia san halt Bayern, san Leit, de gern feiern.

Politische Schnaderhüpfel (März 2012)

I bin der Piendl Josef, des gib i enk zu versteh,
de meisten sågn zu mir Bäff, und mei Frau sågt bloß „he".

Und wås des Wörterl Bäff bedeit, des muaß i enk schnell sågn,
Bäff is a Abkürzung für beautyful, äntzückend, friedlich und fromm.

Und i schaffs nie in den Fernseh, des konn i enk vortrågn,
höchstens vielleicht mål zur Sendung Aktenzeichen XY.

Åber ich mächt eh net ins Dschunglcamp, des såg i enk gråd,
i brauch koane Kakerlaken, mir reicht das Müllerbrot.

Obwohl oamål war i scho bei „versteckte Kamera" dabei,
åber d' Kamera war net vom Fernsehn, sondern vo der Polizei.

Wissts, worum die Heidi Klum ihren Seal nicht mehr lieben kann,
weil ihre vier Kinder allweil gsagt ham, wir fürchten uns vorm schwarzen Mann!

Die Heidi Klum wenn in a Flugzeug steigt, dann greifts die Security von obn bis untn o,
und wenn d'Angela Merkel kimmt, dera glaubn ses aso!

Bei uns am Stammtisch hams diskutiert:
Wer is in der deutschen Politik des greißlichste Wei?
Na håt mei Nachbar gsagt, der Westerwelle is unter de erstn drei.

Aber es gibt aa viele Politiker, die håm scho die 4.-5.-6. Frau lieb,
bei den Grünen nennt ma des dann das Rotationsprinzip.

Und i glaub, i geh mål zur CSU, des derfan alle Leit hearn,
weil die Gloria von Thurn und Taxis håt gsagt, die Schwarzen schnacksln recht gern.

Wissts, worum unser Ex-Kanzler Schröder net gsagt håt,
so wahr mir Gott helfe', des woaß i ganz genau,
weil sonst hätt der Franz Josef Strauß runtergschrian: An Dreck werd i tåu.

Åber i findt einige Politiker, de wolln einfach zu viel,
de wolln glei fuchzg Prozent, mia glangan knapp zwoa Promill.

Und i wünsch aa alle Politiker a recht a langs Lebn,
damits den Dreeg, den wo s' o'stelln, no recht viel Jahr sehng.

Und unsere katholische Kirche is jetzt überall in der Diskussion.
Åber då bin i mir sicher, a bsuffane Bischöfin wern mir so schnell net håm.

I wünsch Deutschland den WM Titel, den Frieden der Bundeswehr,
und der Angela Merkel einen neuen Friseur!

Der Osterhas bringt die Eier, der Nikolaus die Nüss,
und der Bäff bringt jetzt nix mehr, drum såg i ganz bayerisch „Pfüat Gott!"
Josef Piendl

Allgemeine Gstanzl

» Jetz sing ma(r) amål des Ding, des Ding, im Schubkarrn is koa Radl drin.
Jetz sing ma(r) amål des Ding, des Ding, im Schubkarrn is koans drin.

Refrain:
Schee muaß's geh und schee muaß's geh, oder i geh hoam, geh hoam,
Schee muaß's geh und schee muaß's geh, oder i geh hoam

Der Wirt vo Gimpertshausn, der håt an åltn Sådlgaul[1].
Des Luader mächt mi beissn und håt koan Zahn im Maul.
Refrain

I und du und no a Bua ham im Wirt sein Keller tua.
Wenn der Wirt fragt: Wer håts tua? I und du und no a Bua.
Refrain

I wett mit dir, i wett mit dir, fünf Maß Bier san mehr wia vier.
I wett mit dir, i wett mit dir, fünf san mehr wia vier.
Refrain

Mei Wei is krank, mei Wei is krank, die liegt dahoam im Bett.
Wås fehlt ihr denn? Wås fehlt ihr denn? Der Branntwein håt ihr gschmeckt.
Refrain

Druck nur zua, ja druck nur zua, wird 's a Deandl oder a Bua.
Druck nur zua, ja druck nur zua, Deandln gibts gråd gnua.
Refrain

Der Seff und d'Zenz ham lang probiert, åber es is nix passiert.
Sie håm aa net de Lust verlorn und probierns nomål vo vorn.
Refrain

Oans und zwoa und drei und vier, Deandl, ja du ghearst zu mir.
Fünf und sechs und siebn und acht, bsonders bei der Nacht.
Refrain

Schierlinger Gstanzl

Ja mia san hålt Bayern, san Leit, de gern feiern.
Wenns net so anstrengend waar, taat ma no arbatn aa.

Mia san Bernhardswalder vom schwarzn Revier.
Wenn ander Leit essn, na kocha erst mia.

---

1 Sadlgaul = Sattelgaul

Im Schierlinger Rathaus, ja wias hålt so geht,
nimmt koaner a Papiertaschntüachl, weil då Tempo draufsteht.

Sågt a Jaager zum Politiker: Uns fürcht a jeds Tier.
Sågt der Politiker zum Jaager: Åber de größten Böck schiaß ma mia.

Der Altburgermoaster Gascher gibt jetz recht gscheit o,
dass er französisch, spanisch, griechisch, chinesisch, italienisch zum Essen geh ko.

Der Burgermoaster Kiendl wollt beichtn voll Aufrichtigkeit.
Drauf sågt der Herr Pfarrer, er håt net so lang Zeit.

Såg, Burgermoaster Kiendl, kånn denn des sei,
dass d' Einwohnerzahl in Schierling is gleich allerwei(l)?

Und doch kemman an Haufa Kinder auf d'Welt.
Sågn S', wern de bei eich denn überhaupt net zählt?

Des scho, moant glei der Gemeindeboß drauf,
bloß hebt se 's Ergebnis bei uns wieder auf.

Denn kaum tuat a Kindl sein ersten Schroa,
verschwindt glei a Bursch aus unserer Gmoa.

Warum lassn se d'Schierlinger Weiber net gern fotografiern?
Då miassns 's Maul håltn und derfan se net rührn.

Wia oft waschn se d'Schierlinger Bauern de Füaß und de Knia?
Åber då, wos drauf sitzn, des waschns goar nia.

De Tanngrindler[2] spulln schee staad, dass's eahna an Fotz aufblaaht
wia de Schååf beim Scheern, wenns ums Lampl recht plärrn.

Weil an Schindlbeck[3] sei Schnurrbart sei Gsicht ganz vodeckt,
drum woaß ma nia, ob er lacht oder d'Zunga rausstreckt.

Du bist hålt a Mannsbüld, håst dein Vollboart schee highaut,
dass d' ausschaust wia(r) a Bisamratz, der vom Kanaldeckl rausschaut.

Des höchste beim Gstanzlsängertreffen is no allerweil a Braatl, a Bier.
Hä(tt)ns heit a Museum eröffnet, waar koaner vo eich mehra hier.

Ja und bei beim Aumeier[4], då geht ålles no gråd.
De ham sogar an Wirt, der no an Führerschein håt.

Und d' Wirtin, hams gsagt, ko recht sparsam kocha.
Sie ko aus zwoa Zehanägel no a Rindssuppn måcha.

---

2 Tanngrindler = bekannte Wirtshauskapelle aus Hemau (Lkr. Regensburg)
3 Schindlbeck = Ortsheimatpfleger von Schierling (Lkr. Regensburg)
4 Aumeier = damaliger Wirt in Schierling

Weil unsane Erdäpfel net vull Geld bringa,
håt uns d'Mama wieder furtg'schickt zum Gstanzlsinga.
Geschwister Reisinger

Hirschbachtaler Gstanzl

Kennst du den Kaiser Franzl vo der Weanerstådt,
der is a lustigs Bürscherl, wenn er gnua gsuffa håt.

Sechsadreißig Seidla sauft er alle Tåg,
zu seim Deandl geht er, wenn er måg.

Und de Weaner Madln, de san net aso.
De legn se net aufs Hei und legn se net aufs Stroh.

De mächtn a Zuadeck håm, de muaß lebendig sei,
muaß auf und nieder geh und steha ei.

Ja und im vorign Winter san ma Schlittn gfoahrn.
Is uns d' Achs abbrocha, san uns d' Stiefl gfroarn.

Und vo der Annamirl ihrem Stådltürl,
då håm ma ihrn Schubkoarrn gschmiert, und des håts gspiert!

Ja und der Schuastersbua, der hilft no aa dazua,
der flickt de ganze Nacht und bringts net zua.

Auf der Zieglhüttn hockt a Spåtz am Dåch,
und im Wåld laafft der Hås der Häsin nåch.

Auf der Hammerleitn geht der Wind so kalt,
wenn der Schnee vom Dåch åberfållt.

Neile durt amål, i muaß enk bloß verzähln,
war i aa(r)a weng bei am Madl glegn.

Is der Bauer kemma, großer Schreck, o Graus,
bin i glei zum Kuahstållfenster naus.

Von meim liabstn Schåtz, naa, då laß i net.
Då ko sei, wias måg, gleich wer de Welt regiert.

Wenn der Sommer kimmt, na nimm i'n bei der Hand,
geh i dann mit eahm zum Standesamt.
Hirschbachtaler Sänger

I bin der Bou vo Klausn, i håb an altn Sattlgaul.
Des Louder wüll mi beißn und håt koan Zahn im Maul.

Ja, schauts no o, ja, schauts no o, ja schauts no gråd den Haiter[5] o!
Des Louder wüll mi beißn und håt koan Zahn im Maul.

I bin der Bou vo Klausn, i kaaf an junga Sattlgaal.
Den altn tou i tauschn, der Haiter is ma zfaal.

Ja, schauts no o, ja, schauts no o, ja schauts no gråd den Haiter o!
Den altn tou i tauschn, der Haiter is ma zfaal.

I bin der Bou vo Klausn, håb i an junga Sattelgaul,
foahr i glei furt vo Klausn und hol ma(r) a scheens Wei.

Ja, schauts no o, ja, schauts no o, ja schauts no gråd des Weiberl o.
Foahr i glei furt vo Klausn und hol ma(r) a scheens Wei!

I bin der Bou vo Klausn, i woaß a Moidl kuglrund!
Mit dera wüll i hausn, sunst kumm i aaf koan Grund.

Ja, schauts no o, ja, schauts no o, ja schauts no gråd des Moidl o.
Mit dera wüll i hausn, sunst kumm i aaf koan Grund.
Hirschbachtaler Sänger

Ja, i bin der Weber Bene, bei eich eh scho bekannt.
Und wäi sichs gheart für an Burschn, såg i „Grüaß Gott" mitnand.

Dort hint bin i vüra, net weit vo Bruckmühl,
ko hibuckln, ko herbuckln, ko hoambuckln, wann i wüll.

Dou drobn aafm Bergerl, dou gäiht der Wech links,
dou hockn drei Bauern, o jeggerl, dou stinkts.

Dou hint san ma vüra vom schwoarzn Revier,
wenn an(d)a Leit essn, na kocha erst mia.

Dou hint bin i vüra vo dera bäihmischn Kultur,
dou fressn d'Leit Erdepfl mitsamt da Montur.

Mei Vatter is a Totengråber und d' Muatter is a Hebamm.
Und wås mei Vatter forttrågt, trågt d'Muatter wieder hoam.

Warum håst du so a greißliche Freindin, fråg i mein Bruader ganz verwirrt.
De håb i im Fasching kennaglernt, håb gmoint, de is maskiert.

Als Hochzeitslader is's net einfach, des såg i ungeniert.
Wenn ma jeden Samstag siehgt, wäi a junger Mo ausm Lebn grissn wird.

Frisst a Beamter Viagra, dann is des saudumm,
då stehngan de meist Zeit glei zwoa umsonst rum.

---

5   Haiter = altes Pferd

Unsern Herrn Pfarrer håb i gfragt, warum er in d' gmischte Sauna geht.
Drauf sagt er: De poar Protestantn, des störn mi eigentlich net.

Alle Leit sågn immer, de Merkel schaut so zwider.
Då muaß ma bloß an Kopf umdraahn, dann låcht sie glei scho wieder.

So, des war jetz a Musi und a wengerl a Gsang.
Sågts de Musikanten Dankschee, weils ma nåchegspäit ham.

Und wenn ma uns wieder sehgn, dann gehts scho wieder rund.
Dawei(l) wünsch ich alls Guate, pfüat Gott und bleibts gesund!
Benedikt Weber

Trommelverse

O Publikum, ich bin so frei und singe jetzt so mancherlei.
Wenn es auch blöd ist und recht dumm, so gfällt es doch dem Publikum.

Wohin man blickt, wohin man schaut, überall wern neue Häuser baut.
Und gehst vorbei und schaust net auf, fliegt da d'Hypothek aufn Schädl nauf.

Zum Maxl sagt der Herr Papa: Der Klapperstorch war heut Nacht da.
Der Maxl sagt: Gspannt håb ich's scho, dass er nimmer recht lang ausbleibn ko.

A Maderl noch sehr jung und schön wollt unbedingt ins Kloster gehn.
Doch weil ihr was dazwischenkam, nahm sie a Stell als Amme an.

D' Marie liebt oan von der Infantrie. An solchn, sagts, hatt' ich noch nie.
Der küsst nicht nur, er kann noch mehr, er präsentiert sehr schön 's Gewehr.

Das Schweinefleisch, es ist zu stark, es kost das Pfund bereits zehn Mark.
Was brauchn wir uns am Schweine laben, solang wir so viel Ochsen haben?

A alte Jungfrau ist entschlafen, sie ließ zurück den Mops, den braven.
Der hat ihr dann zu guter Letzt ein Denkmal auf ihr Grab gesetzt.

Abraham war neunzig Jahr, die Sarah, glaub ich, siebzig gar.
Und doch kam noch was Kleines an, Respekt, Respekt fürn Abraham.

Will oaner a russischs Madl liabn, so muaß er a Messer aa eischiabn.
Denn wenn er von ihr an Kuss will habn, muss er zuerst an Dreck wegschabn.

Die Bairin liebt den Trommler sehr, der kam fast jeden Abend her.
Jetzt bleibt er aus, is des net dumm, und sie rennt mit der Trommel rum.

Eine Mutter sagt zum Hochzeitspaar: Ich wünsch einen Sohn euch übers Jahr.
Humorvoll spricht der Schwiegersohn: Den kriagn mia ja 's nächst Monat schon.

Jüngst lag ich mal im grünen Gras, auf einmal spürt am Kopf ich nass.
Erschrocken sah ich auf sodann, schaut a Hund mein' Kopf für an Eckstein an.

Weil nach dem Krieg im deutschen Reich versteuert wurd jeds Feierzeig,
drum rat ich einem jeden Mann: Schafft euch bloß keine Flamme an!

Jüngst frug a Frau mich wohlgemut: Wie kleidet mich mein neuer Hut?
Sehr schön, sag ich zu ihr ganz kalt: Nur d'Schachtl dazu ist viel zu alt.

Auf d'Volksernährung wird jetzt gschaut, a jedes Fleckerl wird bebaut.
Wenn oaner a große Plattn hat, der baut sich drauf an Kopfsalat.

Wer hätte früher das gedacht, dass der Bierpreis sich so fühlbar macht.
So weit kommt's noch, wenns so weiter lauft, dass man 's Bier in der Apothekn kauft.

Ein Vater sagt zu seinem Sohn: Ich glaub, du hast a Gspusi schon.
Der Sohn sagt drauf: No ja, warum? Bist mir etwa no neidig drum?

Ein Fräulein wollt auf d' Trambahn nauf. Doch der Wagen war im vollen Lauf.
Der Schaffner sagt: So geht es net, da mußt du warten, bis er steht.

Der Wirt uns gutes Bier verspricht, doch schauts uns an ganz fürchterlich.
Was hat denn dieser Tropf gemacht, dass 's Bier heut solche Augen macht?

Gar mancher fährt mit Extrapost, wo's Fuhrwerk ihn koan Pfennig kost
und vorn und hint a Diener drauf. Was führt denn der für'n Lebenslauf?

Jüngst hatt ich einen Traum gehabt, dass ich den Ochs beim Schwanz gehabt.
Als ich erwacht, da war mir klar, dass ich der Ochse selber war.

A Frau sagt: Mein Mann, der sauft so sehr, bei dem hilft rein schon gar nichts mehr.
Und lass ich ihn allein zu Haus, so sauft er mir 's Petroleum aus.

Ein Spanfackerl kennt man ganz genau, wenns älter wird, dann wirds a Sau.
Und wenn dann auch die Sau ergraut, daraus entsteht das Sauerkraut.

Jüngst saß ich mal im Varieté, ein Ehepaar hang drobn am Trapé.
Es ist doch schön, wenn man bedenkt, wenn der Vater so an der Mutter hängt.
Johann Lenz, vulgo Schuasterlenz

Schönwerth-Gstanzl

Durt obn am Bergl steht a Waagl voll Roum,
dou sitzt a schöins Moidl, woa(r)t aa(r) aaf ihrn Boum.

Herzat schöins Moidl, derfst niat aso woin,
håust schwoarzbraune Augn, kröigst glei wieder oin.

Kröigst glei wieder oin, der di vül besser gfreit,
der a frischs Blout håut und a besse(r)ne Schneid.

Schöiner Bou, feiner, zöigh d'Schough aas, leg di einer!
Weit hergöih, lang herstöih derfst niat wegn meiner.

Wenn i glei niat schöi bin, konn i aa niat schöi måln.
Der Bou, der koi Geld håut, koa ma(r) aa koi Böjer[6] zåhln.

Koi Böjer, koi Met, koi Branntwei(n) scho net.
Derfst di aa net zu mir legn, waa(l)s da goar aso gäiht.

Machst du net auf, so zoig i da d'Feign.
Am Sunnta is Kirwa, ko(nn)st aa dahoam bleibn.

Bist gestern erst då gwest, kimmst heit scho wieder.
Wennsd alle Tag kimmst, wirds ma denna zwider.

Bist gestern erst då gwest, håst mi am Band.
Is a Strick losgrissn, håst a Trumm in der Hand.

Håst gmoant, du håst mi scho, aso eher net.
Du bist a falscher Bou, dir trau i net.

Drei Stund über d'Doana, drei Stund übern Säi[7],
drei Stund zu meim Böiberl, so schnell, wås i gäih.

Dou druntn am Weiher, wou d'Gawitzl[8] schreia,
wou d'Gawitzl bröi(t)n[9], moußt aa(r)an Boum kröign.

Der Draachsler håts draachslt, der Måler håts gmaln.
Der Postknecht håts blåsn, des Ding håt ma gfalln.

's Deanderl is sauber, vo Fuaß aaf schöi dick.
's håt mas der Drachsler vo Wean auffagschickt.

Lusti is's gwen, wannsd gwen bist de mei.
Waarsd net so falsch gwen, kaantsd aa scho mei sei.
Franz Xaver von Schönwerth (Nachlass)

---

6   Böjer = Bier
7   Säi = See
8   Gawitzl = Kiebitz
9   bröi(t)n = brüten

Da drobn aufm Bergerl-Gstanzl

Då drobn aufm Bergerl, då liegt a Brettl,
då tanzt der Herr Pfarrer mit seiner Gretl.

Då drobn aafm Bergerl, då sitzt an ålts Wei,
des quiekert und quakert im Erdepflbrei.

Då drobn aafm Bergerl, då geht der Weg links,
då sitzn zwoa Preißn, pfui Teifl, då stinkts.

Då drobn aafm Bergerl, då steht a Soldat,
der traut si net åba, weil er d'Hosn voll håt.

Då drobn aafm Bergerl, då steht a neis Haus,
då schaua drei Burschn zum Fenster heraus.

Der erste hoaßt Michl, der zwoat, der hoaßt Franz,
der dritt is mei Bruader, führt d'Naandl zum Tanz.

Drei Wocha vor Ostern, då geht der Schnee weg,
då heirat mei Deanderl, und i håb an Dreeg.

Und heirat' mei Deandl, wås bleibt na für mi?
A Dreeg drin im Schachterl und ihr Fotografie.
Helmut Kreger

IV. Gstanzlmelodien – Auswahl

Wenn i sing, na sing i hell.

Die derzeit verbreitetsten Gstanzlmelodien in Bayern

Roider-Jackl-Melodie

Wenn i sing, na sing i hell und wenn i schiaß, na schiaß i schnell. Wenn i juchz, na gibts an Hall bei mein Deandl im Tal.

Nachspiel

GP: Roider Jackl

Då drobn aufm Bergerl

Då drobn auf m Bergerl, då steht a Gerüst, då werden die Frauen elektrisch geküsst. Holladiria, holladaro holladiria, holladaro.

GP: Schulkinder in Regensburg

Weitere bekannte Gstanzlmelodien in Bayern
Dreiertakt

Und a weng an Ålts

in: Eichenseer/Karrer: Freinderl, S. 35

In d'Stådt eifoahrn

in: Eichenseer/Karrer: Freinderl, S. 69

Håust du a Sau schou greina gseah im Walde?

in: Eichenseer/Karrer: Freinderl, S. 76

I lieg im Straßengråbn

in: Eichenseer/Karrer: Freinderl, S. 78

GSTANZLMELODIEN

Vom Wåld bin i außa

in: Eichenseer/Karrer: Freinderl, S. 103

Schöins Moiderl, siah, siah

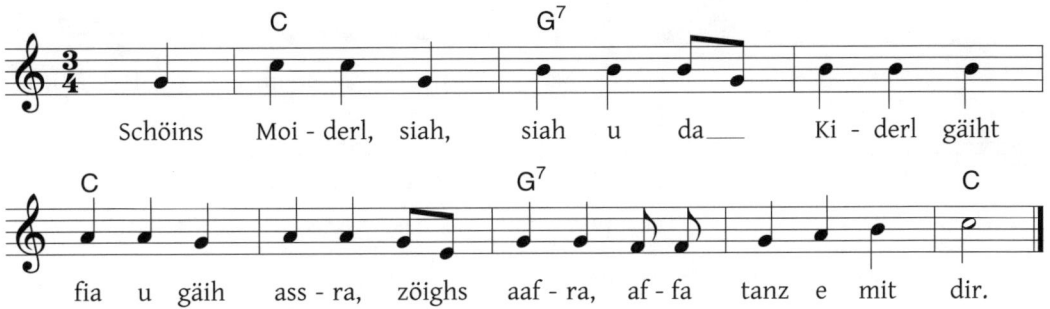

in: Eichenseer/Karrer: Freinderl, S. 105

Åber d'Leit håts hålt gfreit

in: Eichenseer/Karrer: Freinderl, S. 107

Heint håb i wieder ålls ba mir

Heint håb i wie-der ålls ba mir: Stie-fl-wichs und Goi-ßl-schnür
und an Kaar-ma-li-ter-geist und a gselchts Fleisch.

in: Eichenseer/Karrer: Freinderl, S. 108

's Moiderl vo Töiffabåch

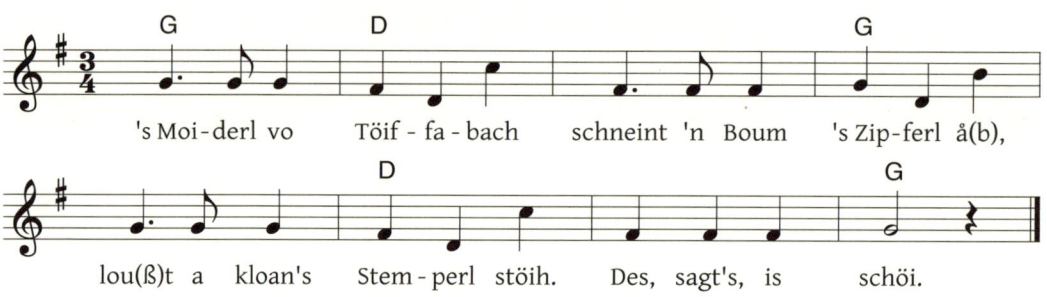

's Moi-derl vo Töif-fa-bach schneint 'n Boum 's Zip-ferl å(b),
lou(ß)t a kloan's Stem-perl stöih. Des, sagt's, is schöi.

in: Eichenseer: Alls bloß koa Wasser net, S. 272

As Kirwal is kumma

As Kir-wal is kum-ma, as Kir-wal is dou, tru-
lje, tru-lje, tru-lje und tru-lio. Döi Al-tn, döi brum-ma, döi
Jun-ga san frouh, tru-lje, tru-lje, tru-lio.

in: Eichenseer/Karrer: Jessas, S. 44

Jetz mächt i oans singa

in: Eichenseer/Karrer: Jessas, S. 37

Und wenn amal döi Kirwa is

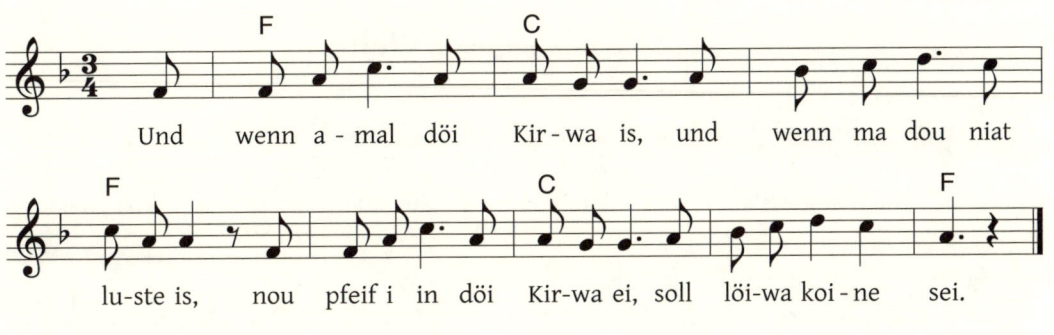

in: Eichenseer/Karrer: Jessas, S. 60

Ja, wenn der Kirchturm a Masskrough waar

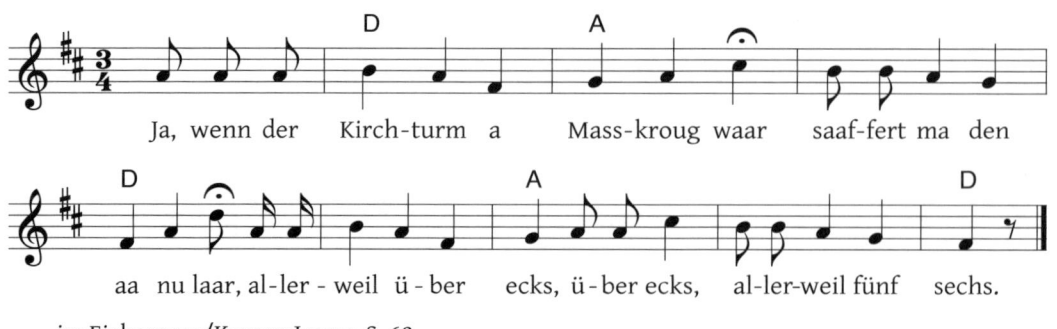

in: Eichenseer/Karrer: Jessas, S. 62

Musikantn, steigts aaffe

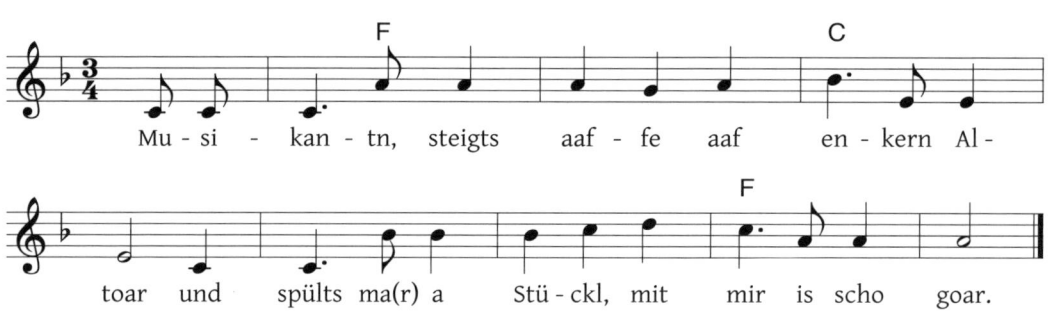

in: Eichenseer/Karrer: Jessas, S. 66

Lustig is's aaf der Welt

in: Eichenseer/Karrer: Jessas, S. 68

Musikantn, pfeifts eine

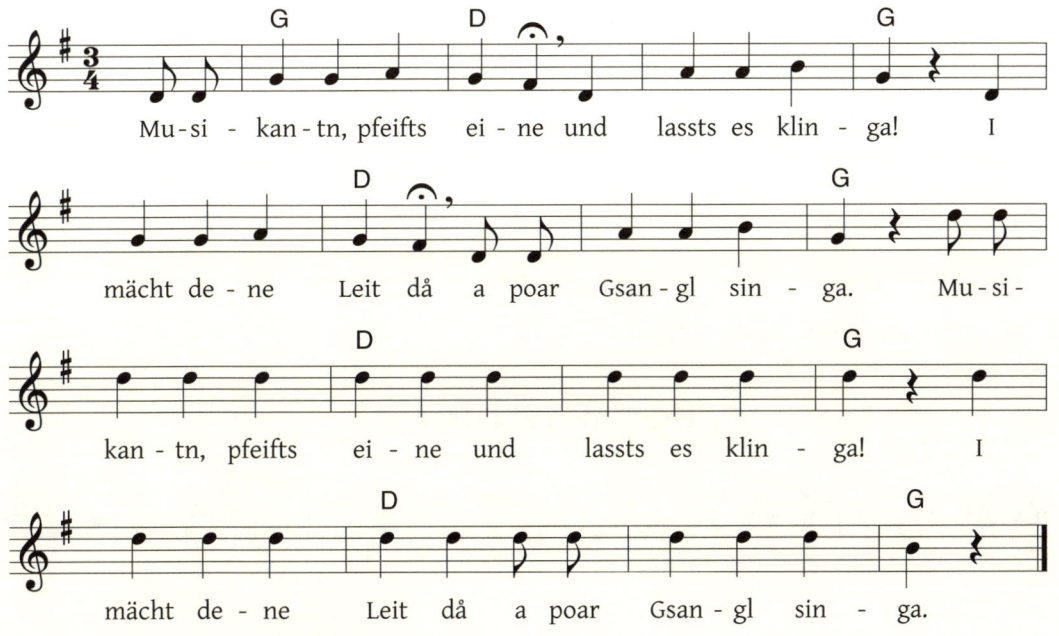

in: Eichenseer/Karrer: Jessas, S. 64

A bissl bäihmisch, a bissl deitsch

in: Eichenseer/Karrer: Jessas, S. 70

Vo hint bin i vüra

Vo hint bin i vüra, von der Winter-seitn. Dou fres-sns de Erd-ä-pfl mit-samt-tn Haitn.

in: Eichenseer/Karrer: Jessas, S. 71

Und im Wåld draußt

Und im Wåld draußt steht a Hütterl, vor dem Hütterl då steht a Baam. Und so oft i då vorbei geh, find i allermal då nimmer h(o)am.

in: Eichenseer/Karrer: Jessas, S. 72

Alle Wiesen sans nåß

Al-le Wie-sn sans nåß, und al-le Vei-gerl sans blau. Jet-za muaß i hålt scho wieder zu mein Dean-derl ei-ne schaun.

in: Eichenseer/Karrer: Jessas, S. 73

Ma Moidl is saaber

in: Eichenseer/Karrer: Jessas, S. 74

Hinter mein Nachbarn sein Hauseck

in: Eichenseer/Karrer: Jessas, S. 87

Mei Vatter tuat nix

Mei Vat-ter tuat nix, und mei Muat-ter pflegt d'Ruah und mei Brua-der reißt 's Maal aaf und i schau eahm zua.

in: Eichenseer/Karrer: Jessas, S. 76

Ja, as Schraunsdorfer Glöckerl

Ja, as Schrauns-dor-fer Glö-ckerl håt aa an scheen Klang. Wennst du a-mal stirbst, leb i aa nim-mer lang.

in: Eichenseer/Karrer: Jessas, S. 77

De Gamserl schwoaz und braun

De Gam-serl schwoaz und braun, de san so liab zum Schaun, und wannst as schia-ßn willst, då muaßt di auf-fe traun.

in: Eichenseer/Karrer: Jessas, S. 190

Wås schlågt denn då drobn aafn Tannabaam

in: Eichenseer: Kreizfidel, S. 165

Und d' Löib is wöi a Båch

in: Eichenseer: Kreizfidel, S. 230

Wann i hint aussischau

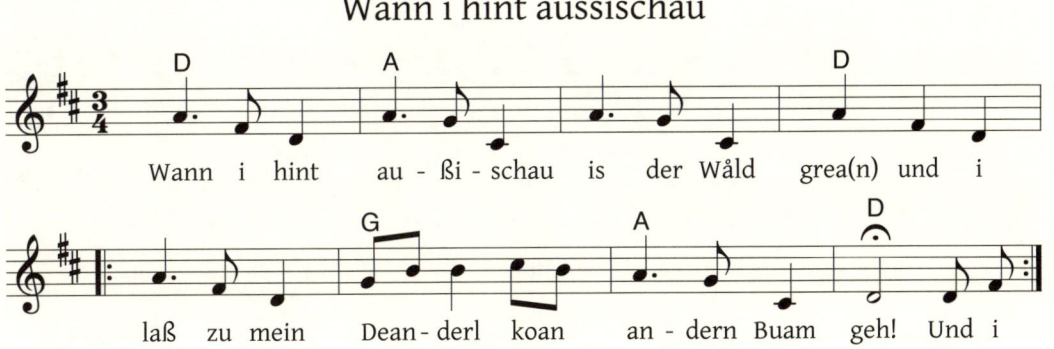

in: Eichenseer: Kreizfidel, S. 249

Aaf der Gigaritschn, aaf der Gagaratschn

in: Eichenseer: Kreizfidel, S. 248

An der bäihmischn Grenz håuts an Fuhrmo vowaaht

in: Eichenseer: Kreizfidel, S. 251

GSTANZLMELODIEN

Durt drunt'n aaf der Wies'

in: Eichenseer: Kreizfidel, S. 253

Hoam geh ma niat

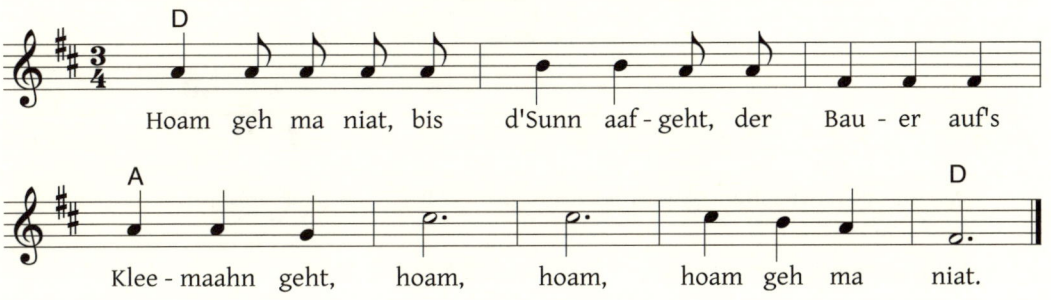

in: Eichenseer: Kreizfidel, S. 259

Gigl, geigl, trink ma(r) a Seidl

in: Eichenseer: Gigl, geigl, S. 16

Ja, Wiggerl, wann geh ma denn wieder

in: Eichenseer: Gigl, geigl, S. 118

Kennst du den Kaiser Franzl

in: Eichenseer: Gigl, geigl, S. 260

GSTANZLMELODIEN

Åber a Wåldbua bin i

in: Eichenseer: Gigl, geigl, S. 168

Alter Hirankl, alter Hoarankl

in: Eichenseer: Gigl, geigl, S. 259

Fidlgungas, fidlgungas

in: Eichenseer: Gigl, geigl, S. 264

Musikant'n, ös Schwaanz

Mu-si-kan-t'n, ös Schwaanz und ös könnts ja koi Taanz, ös könnts ja koi Lia-dla fürs An-na-mia-dla! Ho-la ria di rei ri ru-li rei ria di rei rom, ho-la ria di rei ri ru-li rei rom!

in: Eichenseer: Gigl, geigl, S. 265

Hinter der Hollerstau(d)n

Hin-ter der Hol-ler-stau(d)n, då sitzt a Grill; håt a weng vü-ra-gschaut, å-ber net viel. Håt a weng vü-ra-gschaut, vü-ra-gschaut, vü-ra-gschaut, håt a weng vü-ra-gschaut, å-ber net viel.

in: Eichenseer: Gigl, geigl, S. 266

O, quikerte, quakerte

O, qui-ker-te, qua-ker-te, jun-ge Wei-ber håm a na-cker-te, al-te Wei-ber håm a dre-cker-te, drei Hoar saan droa.

in: Eichenseer: Alls bloß koa Wasser net, S. 94

Schmålz in der Buttn

Schmålz in der But-tn, Loam in der Groubn, lus-te san's d'Et-zel-wan-ger Boum. Drobn am Berg, drunt im Tal, härn tout mas ü-ber-åll.

in: Eichenseer: Alls bloß koa Wasser net, S. 96

Ach, grein hålt niat

Ach, grein hålt niat, ach grein hålt niat! Im Räi-her-di-rl stäiht 's Häf-fa-knia-dl, du siahst as hålt niat.

in: Eichenseer: Alls bloß koa Wasser net, S. 97

Stellts ma 's Haaferl unters Bett

Stellts ma 's Haa - ferl un - ters Bett, wenn i gaa - ling zim - bern mächt. Håb i 's Haa - ferl niat da - reucht, håb i a weng ins Bett nei - gsoicht.

in: Eichenseer: Alls bloß koa Wasser net, S. 100

Drobn aufn Wirtshausspitz

Drobn auf n Wirts - haus - spitz gehts lus - ti zua, tan - zen die Bau - ern - ma - dl mit die Schnal - len - schuah, tan - zen die Bau - ern - ma - dl mit die Schnal - len - schuah!

in: Eichenseer: Alls bloß koa Wasser net, S. 109

Öitza mächt i oins singa

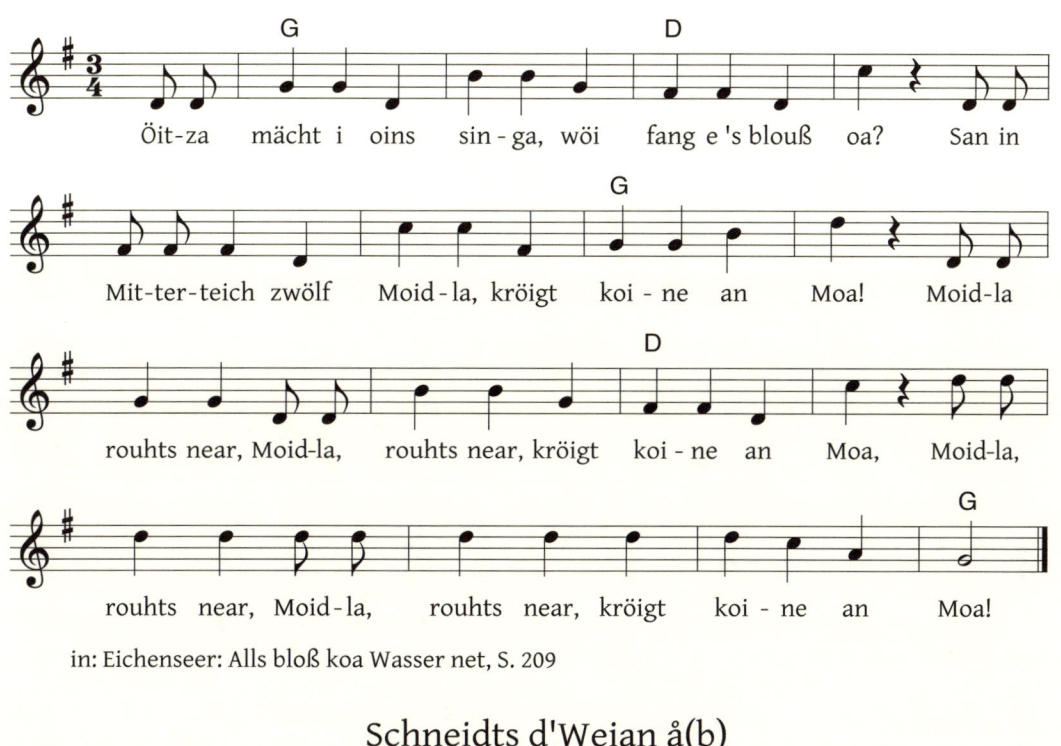

in: Eichenseer: Alls bloß koa Wasser net, S. 209

Schneidts d'Weian å(b)

in: Eichenseer: Alls bloß koa Wasser net, S. 280

Moiderl, wou håust as denn?

Moi-derl, wou håust as denn, weil is niat find?
Håms da döi Rai-ber gstohln o-der der Wind?

in: Eichenseer: Alls bloß koa Wasser net, S. 229

O, du meinze Musikantn

O, du mein-ze Mu-si-kan-tn, geh, tuats uns den
Will'n und tuats uns an Schnei-di-gn in Saal ei-ne-spüln.

in: Eichenseer: Alls bloß koa Wasser net, S. 278

Ma Moiderl hoißt Nannerl

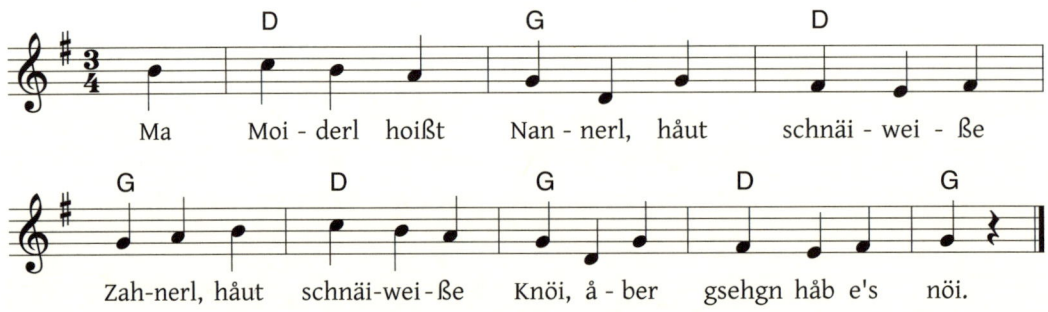

Ma Moi-derl hoißt Nan-nerl, håut schnäi-wei-ße
Zah-nerl, håut schnäi-wei-ße Knöi, å-ber gsehgn håb e's nöi.

in: Eichenseer: Alls bloß koa Wasser net, S. 281

Gstanzlmelodien niederbayerischer Hochzeitslader

Melodie 1: Schwarzensteiner, Heitzer

Mei Mua-der håt gsagt, i soll d'Moi(d)-la gern håm, i solls dru-cka und dat-schln und neh-ma beim Krågn.

Nachspiel (Kapelle d'Felsnstoana)

Nachspiel (Kapelle Deser)

Aus: Franz Schötz, in "Dableckt" S. 64

Melodie 3: Schwarzensteiner, Santl, Heitzer

I woaß net, i håb mit der Oarbat koa Freid. Denn gråd mit der Oarbat vosaamt ma de Zeit.

Nachspiel (Kapelle d'Felsnstoana, Kapelle Deser)

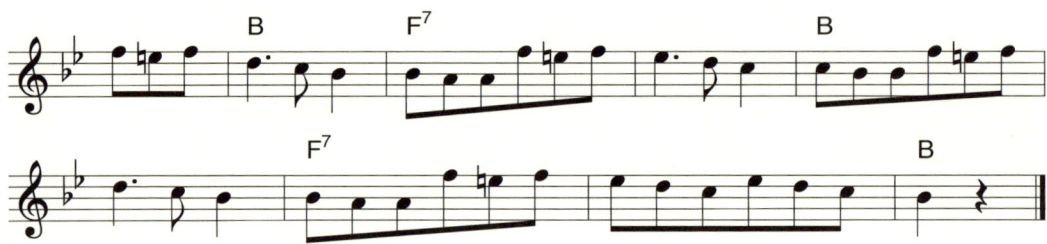

Aus: Franz Schötz, in "Dableckt" S. 64

Melodie 4: Schwarzensteiner

A scheens Schnådahüpfl des härn d'Leit gern. Drum sollts es von mir a ganz Dutzad glei härn.

Nachspiel (Kapelle d'Felsnstoana)

Aus: Franz Schötz, in "Dableckt" S. 64

Melodie 5: Schwarzensteiner, Muhr, Santl

A Vo-gerl, a kloans, auf n Tan-na-wip-fl, und es is nix so liab als wia a Schnå-da-hü-pfl.

Nachspiel (Kapelle d'Felsnstoana)

Aus: Franz Schötz, in "Dableckt" S. 65

Melodie 6: Schwarzensteiner, Heitzer

Nachspiel (Kapelle Deser)

Aus: Franz Schötz, in "Dableckt" S. 65

Melodie 7: Schwarzensteiner, Heitzer, Muhr

Å - ber en - ta - hål(b) der Doa - na, då hoißts hålt am Gai. Då is ma oa Dean-dl lia - ber als im Wåld he - rin drei!

Nachspiel (Kapelle d'Felsnstoana)

Aus: Franz Schötz, in "Dableckt" S. 65

Melodie 8: Schwarzensteiner, Muhr

Nachspiel (Kapelle d'Felsnstoana, Kapelle Brandlberger Buam)

Aus: Franz Schötz, in "Dableckt" S. 65

Melodie 9: Schwarzensteiner

Nachspiel (Kapelle d'Felsnstoana)

Aus: Franz Schötz, in "Dableckt" S. 66

Bauernhochzeit
Vier der gebräuchlichsten Hochzeitsladermelodien mit ihren Nachspielen

Aus: Huber/Simbeck, S. 104

Aus: Huber/Simbeck, S. 104

GSTANZLMELODIEN

Melodie 3

Aus: Huber/Simbeck, S. 105

Melodie 4

Aus: Huber/Simbeck, S. 104

Weitere bekannte Gstanzlmelodien in Bayern
Zweiertakt

Unser ålte Wawa

in: Eichenseer/Karrer: Freinderl, S. 38

As Moiderl sitzt am Fensterbrett

in: Eichenseer/Karrer: Freinderl, S. 64

Drah de hi und drah de her

in: Eichenseer/Karrer: Freinderl, S.70

Geh, himmlischer Våder

in: Eichenseer/Karrer: Freinderl, S. 82

Ei, Moiderl, dou schau her

in: Eichenseer/Karrer: Freinderl, S. 101

Wenn oiner a stoinigs Ackerl håut

in: Eichenseer/Karrer: Freinderl, S. 102

Daß i a lustigs Bürscherl bin

in: Eichenseer/Karrer: Freinderl, S. 104

Schöi rund im Gsicht

Schöi rund im Gsicht, schöi dick in der Mitt, sua mou maa Moidl saa, sua mou maa Moidl saa, sua mou maa Moidl saa, und wenn se niat sua gschafn is, nou ghäierts aa niat maa, nou ghäierts aa niat maa, oder wås?

in: Eichenseer/Karrer: Freinderl, S. 110

Druntn aaf der Schrenka

Druntn aaf der Schrenka hockt a gfreckter Ammerling. D'Fliegl lou(ß)t er henka, is des a nascher Ding.

in: Eichenseer/Karrer: Freinderl, S. 112

Und 's Madl geht um Holz in Wald

Und 's Madl geht um Holz in Wald, recht zeitig in der Fruah und hinter ihr, då schleicht si drei a saubrer Jagersbua.

in: Eichenseer/Karrer: Freinderl, S. 130

In der Fruah, wann der Håh(n)

in: Eichenseer/Karrer: Freinderl, S. 132

I bin der Bou vo Klausn

in: Eichenseer/Karrer: Freinderl, S. 173

Schneidere, du gäihst aaf d'Stäia

in: Eichenseer/Karrer: Freinderl, S. 208

Siehgste wohl, då kimmt er

Siehg-ste wohl, då kimmt er, lan-ge Schrit-te nimmt er.
Sieh-gste wohl, då kimmt er scho(n), der ver-soff-ne Schwie-ger-soh(n)!
Siehg-ste wohl, då kimmt er, lan-ge Schrit-te nimmt er.
Sieh-gste wohl, då kimmt er scho(n), der ver-soff-ne Schwie-ger-sohn!

in: Eichenseer/Karrer: Freinderl, S. 209

Heint tanz ma um an Kirwabaum

Heint tanz ma um an Kir-wa-baam mit sei-ner gröi-na Spitz, mit sei-ner gröi-na Spitz, mit sei-ner gröi-na Spitz. Der Bou und 'sMoi-dl hu-pfn um und näi-ders kummt in d'Hitz, und näi-ders kummt in d'Hitz, ja schau near a(n).

in: Eichenseer/Karrer: Jessas, S. 46

Heint is Kirwa

Heint is Kir-wa, morgn is Kir-wa und die gan-ze Wo-chn. In N. N. N. wenn Kir-wa is, dou faalts aa niat am Ko-chn.
Ort einsetzen

in: Eichenseer/Karrer: Jessas, S. 47

Beim Melwer, dou is Kirwa

Beim Mel-wer, dou is Kir-wa, mei Lia-ber, mei Lia-ber. Beim Mel-wer, dou is Kir-wa, is Kir-wa vier-zeah Tåg.

in: Eichenseer/Karrer: Jessas, S. 48

Soll denn des a Kirwa sa

Soll denn des a Kir-wa sa? Niat a-mal a Kou-chn. Gäih gäi(b)ts uns doch a Brö-ckl, laits-n uns doch ver-sou-chn! Vier-zeah Tågh da-vor und vier-zeah Tågh da-nou, Him-ml aas der Bett-stått! O Kir-wa, lou niat nou!

in: Eichenseer/Karrer: Jessas, S. 49

Dou druntn aaf der Bruck

in: Eichenseer/Karrer: Jessas, S. 50

Schittrisch, Schottrisch mou ma kinna

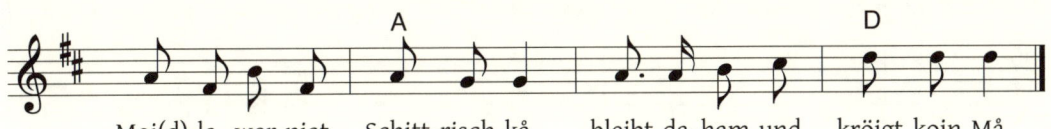

in: Eichenseer/Karrer: Jessas, S. 55

In unnan stoinan Krough

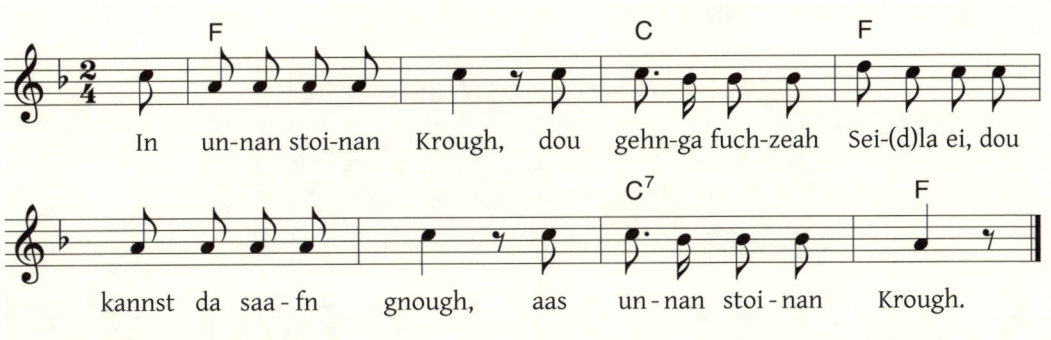

in: Eichenseer/Karrer: Jessas, S. 61

Håb i mei Letta koa Gout niat tou

in: Eichenseer/Karrer: Jessas, S. 80

Jetz sing ma(r) amål des Ding

in: Eichenseer/Karrer: Jessas, S. 98

Mei Deanderl is ins Wasser gfålln

in: Eichenseer: Kreizfidel, S. 100

GSTANZLMELODIEN

Katherl, Katherl, waa(r)t a weng

in: Eichenseer: Kreizfidel, S. 105

Moiderl, legh de nieder

in: Eichenseer: Kreizfidel, S. 108

Häitt i 's Moidl bimpern wolln

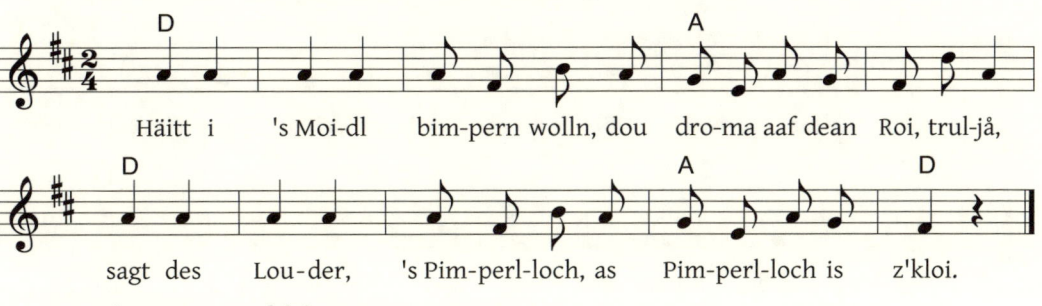

in: Eichenseer: Kreizfidel, S. 112

Droben auf der rauhen Alm

in: Eichenseer: Kreizfidel, S. 132

Heit tua(r)e nix, heit mach e nix

in: Eichenseer: Kreizfidel, S. 258

Rumblde, bumblde Bauerndirn

in: Eichenseer: Kreizfidel, S. 204

Ja, Dunnerwetter, Margaret

in: Eichenseer: Gigl, geigl, S. 102

Eins, zwei, drei, vier, fünf, sechs, siebn

in: Eichenseer: Gigl, geigl, S. 103

Un(s)er Håslbächer Moidla

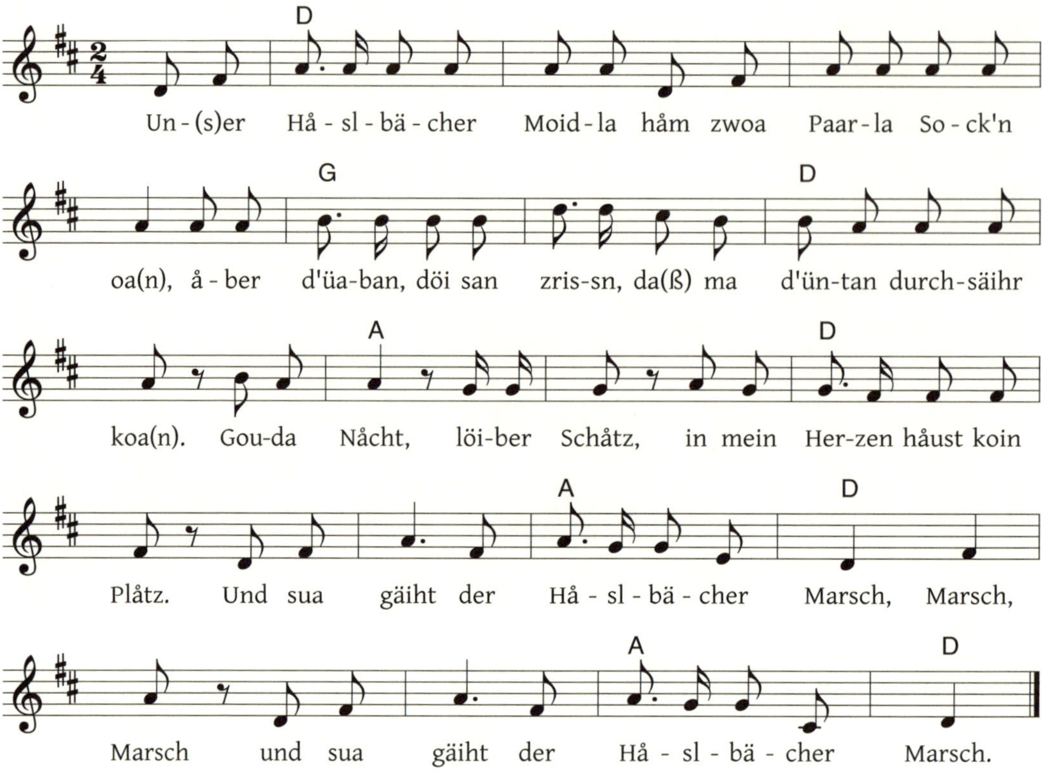
D
Un - (s)er Hå - sl - bä - cher Moid - la håm zwoa Paar - la So - ck'n
G D
oa(n), å - ber d'üa-ban, döi san zris-sn, da(ß) ma d'ün-tan durch-säihr
A D
koa(n). Gou-da Nåcht, löi-ber Schåtz, in mein Her-zen håust koin
A D
Plåtz. Und sua gäiht der Hå - sl - bä - cher Marsch, Marsch,
A D
Marsch und sua gäiht der Hå - sl - bä - cher Marsch.

in: Eichenseer: Gigl, geigl, S. 141

Döi Wirtsstubn, döi is eckat

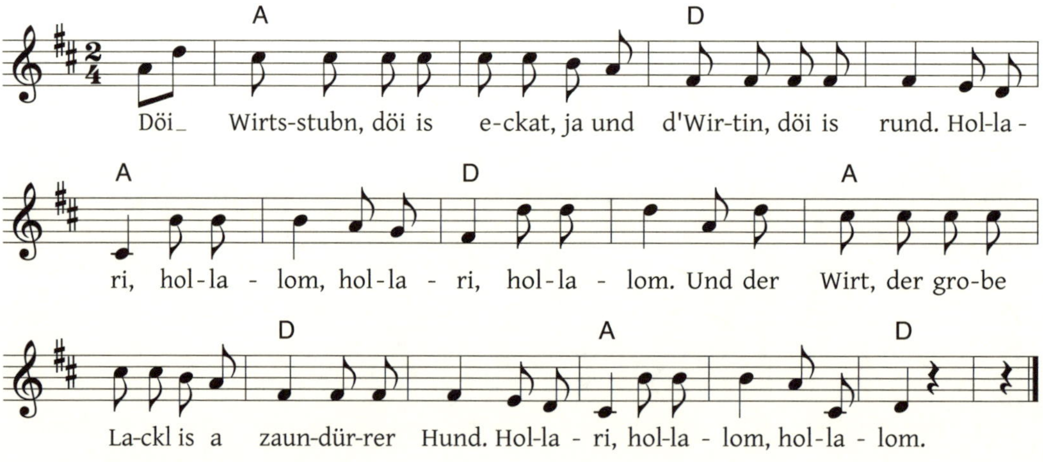
A D
Döi_ Wirts-stubn, döi is e-ckat, ja und d'Wir-tin, döi is rund. Hol-la -
A D A
ri, hol-la - lom, hol-la - ri, hol-la - lom. Und der Wirt, der gro-be
D A D
La-ckl is a zaun-dür-rer Hund. Hol-la - ri, hol-la - lom, hol-la - lom.

in: Eichenseer: Gigl, geigl, S. 269

Wenn i nea(r) wissat, wöi des waa(r)

in: Eichenseer: Gigl, geigl, S. 164

Ja, weil 's schwoazaugat is

in: Eichenseer: Gigl, geigl, S. 173

Bist du niat der Weibertsschinder

Bist du niat der Wei-berts-schin-der? Bist du niat der sel-be Moa? Gäih near ei-ner, schind de mei aa, daß e oi-ne-hei-an koa.

in: Eichenseer: Alls bloß koa Wasser net, S. 105

Der Wirt vo Gimpertshausn

Der Wirt vo Gim-perts-hau-sn, der håt an al-tn Så-dl-gaul, des Lua-der mächt mit bei-ßen und håt koan Zahn im Maul. Ja, schauts nur an, ja schauts nur an, ja schauts nur gråd den Hei-ter an! Des Lua-der mächt mi bei-ßen und håt koan Zahn im Maul. Ja, håt koan Zahn im Maul.

in: Eichenseer: Alls bloß koa Wasser net, S. 108

Moiderl mit der Buttn

Moi-derl mit der But-tn, blei(b) a bis-sl stöih, lou(ß) di a bis-sl dru-ckn, koa(n)st glei wie-der göih!

in: Eichenseer: Alls bloß koa Wasser net, S. 110

Weitere bekannte Gstanzlmelodien in Bayern
Wechseltakt

Heiratn mågh i niat

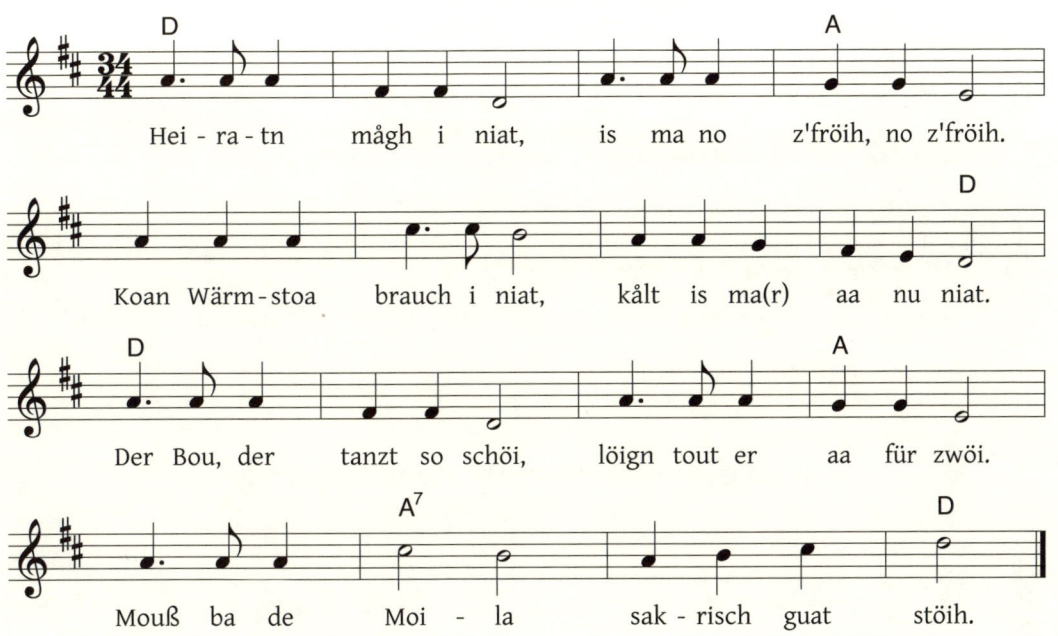

in: Eichenseer/Karrer: Freinderl, S. 213

Åber nei(n), nei(n), nei(n) mou mer sei(n)

Å-ber nei(n), nei(n), nei(n) mou mer håm, wenn ma will an Och-sn der-schlågn. Zwoa vor-na, zwoa hin-tn, zwoa hål-tn, zwoa bin-dn und oa-ner sticht nei, nei(n), nei(n) mou ma sei(n).

in: Eichenseer/Karrer: Freinderl, S. 212

Und drei mal neun ist siebnazwanzg

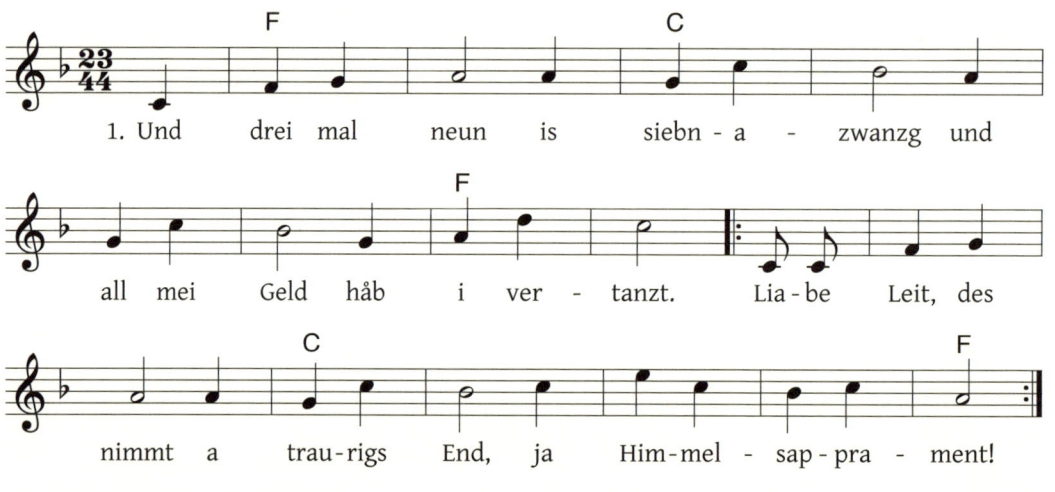

1. Und drei mal neun is siebn-a-zwanzg und all mei Geld håb i ver-tanzt. Lia-be Leit, des nimmt a trau-rigs End, ja Him-mel-sap-pra-ment!

in: Eichenseer: Kreizfidel, S. 261

V. Anhang

Gstanzl-Werkstatt

Singa – Osinga – Aussinga

Weil ma gråd Zeit håm, mach ma Schnåderhüpfe,
und tuans sa se reima, sans aa ganz zünfte.

Selbst gemachte Gstanzl sind bei allen möglichen privaten Festen und Geburtstagen, Jubiläen, Hochzeiten o. Ä. ein sehr beliebtes, persönliches Geschenk, das die Gäste zum Lachen bringt, sie zum Mitmachen einlädt und ein wahrer Stimmungsknüller ist.

Bei politischen Veranstaltungen oder Starkbierfesten tauchen sie in anderem Gewand auf, haben neben dem Unterhaltungswert auch eine politische Botschaft, man denke nur an das berühmte Politikerdablecken vom Roider Jackl.

Mit ein paar Tricks und ein bisschen Mut kann man solche Gstanzln durchaus selber machen und – wenn irgend möglich – auswendig vortragen.

Und so geht's:

1. Variante: Man verändert ein bekanntes Gstanzl durch andere Namen und Situationen:

   Åber grüaß di Gott, Seppe, der Herr ist mit dir,
   du bist voll der Gnaden, jetz zåhlst a Maß Bier!

   De N. N. Buam / Deandl, de san ja so fei.
   De draahn se de Hoar mit ara Mistgabl ei.

2. Variante: Man sucht sich eine bekannte Melodie (s. Gstanzlmelodien S. 199 ff.), prägt sich deren Rhythmus gut ein, am besten durch Klopfen, und unterlegt sie silbenweise mit neuen Texten.

   Beispiel für den Dreiertakt: Da drobn auf dem Bergerl (Noten s. S. 200)
   1 – 2 – 3, das ist Hauptschlag und zwei Nachschläge, (ram–dam–dam)

Da drobn auf dem Bergerl,	da / ram-dam-dam / ram-dam	(6 Silben)
da steht ein Gerüst,	da / ram-dam-dam / ram-0	(5 Silben)
da werden die Frauen	da / ram-dam-dam / ram-dam	(6 Silben)
elektrisch geküßt.	da / ram-dam-dam / ram-0	(5 Silben)

ANHANG

Beispiel für den Zweiertakt: Dass i a lustigs Bürscherl bin (Noten S. 218)

Dass i a lustigs Bürscherl bin,	*da / ram-dam / ram-dam / ram-dam / ram*	*(8 Silben)*
des kennt ma an meim Haus.	*da / ram-dam / ram-dam / ram - o - o*	*(6 Silben)*
Der hintre Giebl wacklt scho,	*da / ram-dam / ram-dam / ram-dam / ram*	*(8 Silben)*
der vordre liegt scho drauß.	*da / ram-dam / ram-dam / ram - o - o*	*(6 Silben)*

Für eine freiere Gestaltung sammelt man aus dem Umfeld der Bezugspersonen Ereignisse, fasst sie in Verse und baut sie in das Rhythmusgerüst ein. Dabei sollen die Reimpaare 1–2, 3–4 oder 1–3, 2–4 ohne Zwang laufen, ohne Füllworte, ohne verquälten Satzbau, und die Zeilen sollen nicht zu viele Silben haben, sonst wirkt das Gstanzl holperig und bringt die begleitende Musik in arge Schwierigkeiten.

Das Wichtigste an einem guten Gstanzl aber ist seine Schlagkraft, die vom Frozzeln, Naufschiaßn, Auf-den-Arm-nehmen bis zum Provozieren gehen kann, ohne aber, und das ist die Kunst, den Getroffenen zu beleidigen. Zuweilen meldet sich dieser Getroffene aber auch gleich selbst zu Wort und singt dagegen, was natürlich eine höchst spannende Gaudi ergibt. Am Ende wissen die Gäste, wer der Bessere ist.

Viel Glück also beim Gstanzlmachen und -singen zum Gaudium des Betroffenen und aller schadenfrohen Zuhörer.

Kleines bairisches Glossar

In Altbayern, also in Ober- und Niederbayern und in der Oberpfalz sowie früher im Böhmerwald und Egerland wird bzw. wurde bairisch gesprochen, sowohl mittelbairisch als auch nordbairisch.

Wesentliche Charakteristika im Nordbairischen sind:
1. die phonetisch schwierigeren sog. gestürzten Diphthonge äi, öi und åu,
2. das Aussparen bzw. Verschlucken von Konsonanten,
3. das Aufweichen von Konsonanten am Silbenende.

Einige Grundwörter sollen diese Unterschiede veranschaulichen. Sonstige Worterklärungen findet man als Fußnoten am unteren Seitenende der Texte.

Mittelbairisch	Nordbairisch	Hochdeutsch
(Oberbayern, Niederbayern, südl. Rand der Oberpfalz, Böhmerwald)	(Oberpfalz etwa nördlich von Etterzhausen, Egerland)	
auf	aaf	auf
auffe	aaffe	hinauf
bal(d) / båi(d)	båld	bald
blåsn	blousn	blasen
Bua	Bou	Bub, Knabe
då	dou	da
Deandl	Moidl	Mädchen
deim, meim, seim	deim, meim, seim	deinem, meinem, seinem
früah	fröih	früh
Fuaß	Fouß	Fuß
Füaß	Föiß	Füße
geh ma	gäih ma	gehen wir
gehen	göih	gehen
gibts	gits	gibt es

Mittelbairisch	Nordbairisch	Hochdeutsch
gnua(g)	gnough	genug
grea(n)	gröi(n)	grün
guad	goud	gut
gwesn	gwen	gewesen
ham ma	håm ma	haben wir
håt	håut	hat
Huat	Hout	Hut
kriagt	kröigt	kriegt / bekommt
Kruag	Krough	Krug
Kuah	Kouh	Kuh
Lebtåg	Lätta	Lebtag
Liab	Löib	Liebe
Mo	Mo, Moa	Mann
muaß	mou(ß)	muss
müassn	möi(ss)n	müssen
net	niat / neat	nicht
oane	oine	eine
san ma	san ma	sind wir
so	so / sua	so
steh	stöih	stehen
steh ma	stäih ma	stehen wir
tuan / tean	töin	tun
und	und / u	und
Wei	Wei	Weib
wern	wern	werden
wia	wöi	wie
worn	worn	geworden
ziagn / zuign	zöign	ziehen

Quellenregister

- **Bayer. Landesverein für Heimatpflege (Hrsg.):**
  Dableckt. Gsangl, Gstanzl, Schnaderhüpfl. Über den Roider Jackl und das Gstanzlsingen. Volksmusiksammlung und -dokumentation in Bayern, E22, München 2009
- **Bergmann Alois:**
  Liederbuch der Egerländer, Geislingen 1952
- **Brosch Albert:**
  Der Liederschatz des Egerlandes, 4 Bände, hg. von Seff Heil, Sulzbach-Rosenberg 1986, Bd. 4: Schnaderhüpfl
- **Brunner Johann:**
  Heimatbuch des bayerischen Bezirksamtes Cham, München 1922
- **Drechsler Gustl:**
  Kärwa-Liedla, Nürnberg 1978
- **Eichenseer Adolf J.:**
  Volksgesang im Inn-Oberland. Die Funktion des Singens in einem oberbayerischen Dorf der Gegenwart, Historischer Verein Rosenheim 1969
- **Eichenseer Adolf J. / Mayer Wolfgang A. (Hrsg.):**
  Volkslieder aus der Oberpfalz und angrenzenden Gebieten, Bd. 1: Gesungene Bairische, Regensburg 1976 / 2. Aufl. 2000
- **Eichenseer Adolf J. / Karrer Lothar E. (Hrsg.):**
  Freinderl, wann geh ma hoam – Wirtshauslieder aus der Oberpfalz und angrenzenden Gebieten, Regensburg 1999 / 3. Aufl. 2009
- **Eichenseer / Adolf J. / Karrer Lothar E. (Hrsg.):**
  Jessas, is's im Wirtshaus schee – Wirtshauslieder aus der Oberpfalz und angrenzenden Gebieten, Regensburg 2006 / 2. Aufl. 2009
- **Eichenseer Adolf J. (Hrsg.):**
  Heit san ma wieder kreizfidel – Bairische Wirtshausliader und Trinksprüch' – gschaamige und ausgschaamte, München 2012
- **Eichenseer Adolf J. (Hrsg.):**
  Gigl, geigl, no a Seidl – Bairische Wirtshausliader und Trinksprüch' – gschaamige und ausgschaamte, München 2012
- **Eichenseer Adolf J. (Hrsg.):**
  Alls bloß koa Wasser net – Bairische Wirtshausliader und Trinksprüch' – gschaamige und ausgschaamte, München 2013
- **Eichenseer Adolf J. (Hrsg.):**
  Volkslieder aus der Oberpfalz und angrenzenden Gebieten für Kinder und Jugendliche, Regensburg 1979
- **Fisch Silvie:**
  Oberpfälzer Hochzeitsbüchl – über's Heiraten in Stadt und Land, Regensburg 1999
- **Fleischmann Hermann:**
  Gstanzl, Gedichte und Couplet's vom Hochzeitslader Hermann Fleischmann – Übers Heiraten im Bayerischen Wald. Broschüre, Eigenverlag, Moosbach 2002
- **Huber, Kurt / Simbeck Ludwig:**
  Niederbairisches Liederbuch, München o. J.
- **Jungbauer Gustav:**
  Volkslieder aus dem Böhmerwald, Prag 1930, X Schnaderhüpfl
- **Kreger Helmut:**
  Tirschenreuther Liedermappen – Lieder aus dem Stiftland, Steinwald und Kemnather Land, 1994–2004 Hefte 1–5 hg. von Helmut Kreger für den Lkr. Tirschenreuth, Hefte 6–9 hg. von Oberpfälzer Volksmusikfreunde
- **Lassleben Johann Bapt.:**
  Baierische Schnaderhüpfl, Kallmünz 1922
- **Piehler Uli:**
  Houch drobn am Kirchbam. Das Schnodahipflsingen bei der Oberpfälzer Kirchweih. In: Bayerischer Landesverein für Heimatpflege (Hrsg.): Dableckt, S. 71 ff.
- **Pfann Ludwig:**
  Moidl van Staabruch – Wirtshaus- und Kirwalieder aus Hartmannshof und Umgebung, Amberg 2009
- **Pröls Ilse:**
  Das oberpfälzische Lenewendentum – Gereimtes und Ungereimtes aus dem Volksleben der Oberpfalz, (Ms.) o. O., o. J.
- **Röhrich Roland:**
  Das Schönwerth-Lesebuch, Regensburg 1981

- **Sänger und Musikantenzeitschrift:** Schnodahüpfln und Gstanzln, 49/3, 2006
- **Schmidkunz Walter:** Das leibhaftige Liederbuch, Wolfenbüttel 1938
- **Schötz Franz / Wax Hans:** Singen im Tirschenreuther Land, Kallmünz 2006
- **Seidl Hans:** Oberpfälzische Volkslieder, München 1957
- **Seidl Hans:** Gesungene Zwiefache, München 1957
- **Seidl Helmut A.:** Sprichwörtliches über Altbayern. 444 Ortsportraits aus Oberbayern, Niederbayern und der Oberpfalz, Regensburg 2013
- **Verband der katholischen Burschenvereine für das Königreich Bayern:** Burschenliederbuch, 3. Aufl., Regensburg 1910
- **Westermair Johann B.:** Westermair's Lieder-Büchl 1-4, München 1924/25

Gewährspersonen

- **Achatz Josef,** Ottenzell / Arrach (CHA)
- **Artmann Klaus,** Regensburg (R)
- **Aufinger Martin,** Niederaudorf / Oberaudorf (RO)
- **Batzl Heribert,** Amberg (AM)
- **Bauer Michael,** vulgo Kaasgagl Michl, Wildstein / Teunz (SAD)
- **Bäuml Hans,** Hohenfels (NM)
- **Bayer Eberhard,** Kranzberg (FS)
- **Bayer Gerhard,** vulgo Bayerischer Johann, Oed / Weigendorf (AS)
- **Bergauer Josef,** Waldsassen (TIR), jetzt Massenhausen (FS)
- **Berger Josef,** Niederaudorf / Oberaudorf (RO)
- **Bergmüller Florian,** Mettenbach / Essenbach (LA)
- **Bichler Konrad,** Niederaudorf / Oberaudorf (RO)
- **Biersack Fritz,** Hemau (R)
- **Binder Hanns,** Sulzbach-Rosenberg (AS)
- **Bosl Franz Xaver,** Roding (CHA)
- **Brander Viergesang,** Brand (WUN)
- **Brandl Martha,** Chamerau (CHA)
- **Busch Reinhold,** Tressau / Kirchenpingarten (N)
- **Daller Sebastian,** Teugn / Saal a. d. Donau (KEH)
- **Danner Josef,** Oberharthausen / Geiselhöring (SB))
- **Demleitner Alois,** vulgo Sapplweber, Stein / Pfreimd (SAD)
- **Donauer Emma,** Wolfsegg (R)
- **Dorrer Georg,** Neunburg vorm Wald (SAD)
- **Eggersberger Franziska,** Niederaudorf / Oberaudorf (RO)
- **Ehrl Herbert,** Beratzhausen (R)
- **Eichenseer, Adolf J.,** Regensburg (R)
- **Eisenreich Zenzl und Karl,** Warzenried / Eschlkam (CHA)
- **Ettl Geschwister,** Konzell (SR)
- **Ettner Josef,** Kneiting / Pettendorf (R)
- **Fanderl Familie,** Langenthonhausen / Breitenbrunn (NM)
- **Fenzel Georg,** vulgo Scherbauer, Paulusbrunn (Egerland), später Tirschenreuth (TIR)
- **Fink Ernst,** Neudek / Erzgebirge, jetzt Marktleuthen (WUN)
- **Fischer Andreas,** Pirkensee / Maxhütte-Haidhof (SAD)
- **Fischer Herbert,** Kemnath (NEW)
- **Fischer Maria,** vulgo Wirts-Marie, Wildstein / Teunz (SAD)
- **Fleischmann Florian,** Prackenbach / Moosbach (REG)
- **Fleischmann Hermann,** Prackenbach / Moosbach (REG)
- **Fochtner Karl,** Schmidmühlen (AS)
- **Forster Veronika,** vulgo Dewoldn-Vrone, Fuchsberg / Teunz (SAD)
- **Frauenholz Sepp,** Sulzbach-Rosenberg (AS)
- **Frey Rupert,** Wörth an der Donau (R)
- **Fuchs Resi,** Witzenzell / Falkenstein (CHA)
- **Fuchsberger Sänger,** Fuchsberg / Teunz (SAD)
- **Gascher Otto,** Schierling (R)
- **Geiss,** Greising / Deggendorf (DEG)
- **Gericke Ingrid und Franz,** Schnaittenbach (AS)
- **Gerstner Josef,** Neuablbenreuth (TIR)
- **Gessendorfer Hans,** Regensburg (R)

- **Gill Brüder,** Bärnau (TIR)
- **Gleißner Georg,** Güttern / Fuchsmühl (TIR)
- **Gleixner Lina,** Wackersdorf (SAD)
- **Gmeiner Franz,** Spielberg / Waldthurn (NEW)
- **Gölling Michael,** Eschenbach / Pommelsbrunn (NL)
- **Gollwitzer Alfons,** Woppenrieth / Waldthurn, (NEW)
- **Grass Leo,** Obertraubling (R)
- **Gröninger Albert,** Pirkensee / Maxhütte-Haidhof (SAD)
- **Gruber Michael,** Niederaudorf / Oberaudorf (RO)
- **Gruber Simon,** Niederaudorf / Oberaudorf (RO)
- **Haberkorn Josefa,** Konnersreuth (TIR)
- **Hagen Rudolf,** Mitterteich (TIR)
- **Hammer Otto,** Mitterteich (TIR)
- **Hartl Erika,** Dettenhofen / Pielenhofen (R)
- **Heimerl Maria,** Atzenzell / Traitsching (CHA)
- **Hegen Rudolf,** Mitterteich (TIR)
- **Heigl Evi,** Hagelstadt (R), jetzt Augsburg (A)
- **Heigl Tina,** Hagelstadt (R)
- **Helgert Theo,** Weiherhammer (NEW)
- **Hierl Georg,** Amberg (AM)
- **Hierl Hans,** Hohenschambach / Hemau (R)
- **Hilmer Paul,** Neuhausen / Offenberg (DEG)
- **Hirschbachtaler Sänger,** Hirschbach (AS)
- **Honis Pius,** Neuern / Böhmerwald, später Burglengenfeld (SAD)
- **Huber Betty,** Gunzenhausen (WUG)
- **Huber Franz,** vulgo Bayerischer Hiasl, Frauenbiburg / Dingolfing (DGF)
- **Huber Josef,** Abensberg (KEH)
- **Huber Konrad,** Frauenbiburg / Dingolfing (DGF)
- **Huber Michael,** vulgo Meiki, Frauenbiburg / Dingolfing (DGF)
- **Jehl Alois,** Nittenau (SAD)
- **Jura-Musikanten,** Oed / Weigendorf (AS)
- **Kapelle Oskar Sattler,** Wiesenfelden (SR)
- **Karrer Lothar E.,** Pielmühle / Lappersdorf (R)
- **Kerscher Cornelius,** Kellnburg / Rattenberg (SR)
- **Kerscher Sepp,** Stadlhof / Roding (CHA)
- **Kienberger Rosa,** vulgo Lenz-Nigl-Roserl, Rattenberg (SR)
- **Kinskofer Alfred,** Hainsacker / Lappersdorf (R)
- **Kirwaburschen** Birgland (AS)
- **Kirwaburschen** Etzelwang (AS)
- **Kirwaburschen** Raigering / Amberg (AM)
- **Kistenpfennig Alfons,** Neustadt a.d.Waldnaab (NEW)
- **Knahn Christian,** Schwend / Birgland (AS)
- **Kogler Marianne,** Niederaudorf / Oberaudorf (RO)
- **Koller Simon,** Thanhausen / Bärnau (TIR)
- **Kollmer Martha,** Lohberghütte / Lohberg (CHA)
- **Körber Ottilie,** Hartenstein (N)
- **Kranz Lois,** Niederaudorf / Oberaudorf (RO)
- **Kraus Franz,** Hinterrandsberg / Bruck (SAD)
- **Kreckl Josef,** Niederaudorf / Oberaudorf (RO)
- **Kreger Helmut,** Kornthan / Wiesau (TIR)
- **Kriegner Hias,** Ramspau (R)
- **Landgraf Franz,** Waldsassen (TIR)
- **Leser Ingrid,** Bärnau (TIR)
- **Liebl Hans,** Riekofen / Sünching (R)
- **Lindl Peter,** Berching (NM), jetzt Lauf a. d. Pegnitz (LAU)
- **Lobenhofer Marita und Josef,** Schwarzenfeld (SAD)
- **Lobinger Andreas,** vulgo Bouwerl Andres, Oberviechtach (SAD)

- **Lobinger Bartholomäus,** vulgo Bouwerl Bath, Zeinried / Gleiritsch (SAD)
- **Lorenz Heinz,** Falkenau / Egerland, später Burglengenfeld (SAD)
- **Lottner Rudi,** Bierlhof / Trausnitz (SAD)
- **Lukas Heribert,** Wallersdorf (DGF)
- **Maier Renate,** Wolfskugel / Pfarrkirchen (PAN)
- **März Josef,** Niederaudorf / Oberaudorf (RO)
- **Maurer Hans,** Neuenhammer / Georgenberg (NEW)
- **Meier Eduard, Käß Karl** und andere, Wiesau (TIR)
- **Menzl Josef,** Pentling (R)
- **Moser Anna,** Niederaudorf / Oberaudorf (RO)
- **Neukirchner Sänger,** Neukirchen bei Sulzbach-Rosenberg (AS)
- **Neumaier Alois,** Warzenried / Eschlkam (CHA)
- **Niedermayr Felix,** Niederaudorf / Oberaudorf (RO)
- **Oberberger Leonhard,** Neumühle / Rettenbach (R)
- **Oberndorfer Sänger,** Oberndorf (KEH)
- **Pangerl Georg,** Stocksgrub / Rettenbach (R)
- **Pecher Johann,** Neudek / Erzgebirge, später Tirschenreuth (TIR)
- **Pfab Sepp,** Mangolding / Mintraching (R)
- **Pickl Hansgirg,** Ernhüll / Weigendorf (AS)
- **Piehler Uli,** Freudenberg (AS)
- **Piendl Josef,** vulgo Bäff, Trasching / Roding (CHA)
- **Plank Erna und Sepp,** Lorenzen / Lappersdorf (R)
- **Plank Hans,** Falkenberg (TIR)
- **Pöllinger Franz,** Hemau (R)
- **Raith Monika,** Mitterdorf / Roding (CHA)
- **Raith Tanja und Monika,** Mitterdorf / Roding (CHA)
- **Rechenauer Evi,** Niederaudorf / Oberaudorf (RO)
- **Regler Erich,** Mitterteich (TIR)
- **Reil Georg,** vulgo Pauschhofgirgl, Lückenrieth / Leuchtenberg (NEW)
- **Reisinger Daniel,** Lorenzen / Lappersdorf (R)
- **Reisinger Ulrike und Jürgen,** Bernhardswald (R)
- **Rester Franz,** Schwandorf (SAD)
- **Ries Hans,** Hohersdorf / Schmidgaden (SAD)
- **Röhrl Franz,** Tattenberg bei Greising / Deggendorf (DEG)
- **Roider Jakob,** vulgo Roider Jackl, Freising (FS)
- **Roider Sepp,** Katzbach / Cham (CHA)
- **Roßkopf Frieder,** Hemau (R)
- **Roßmann Manfred,** Hebermühle / Teunz (SAD)
- **Saller Georg,** Wiesau (TIR)
- **Sappé Julius,** Waldsassen (TIR)
- **Sattler Oskar,** Wiesenfelden (SR)
- **Schäffler Martin,** Niederaudorf / Oberaudorf (RO)
- **Schulkinder,** Regensburg (R)
- **Schwarz Martin,** Freudenberg (AS)
- **Schwarz-Buam,** Wolfsegg (R)
- **Schwarzensteiner Hans,** Lohhof / Neukirchen (SR)
- **Seebacher Hans,** Niederaudorf / Oberaudorf (RO)
- **Silberdisteln** (Frauendreigesang), Lupburg (NM)
- **Spangler Sepp,** Hemau (R)
- **Sporer Johann,** Vollmau / Böhmerwald, später Furth im Wald (CHA)
- **Spörer Friedrich,** Hohenburg (AS)
- **Standfest Josef,** Bärnau (TIR)
- **Stauber Markus,** Sulzbach-Rosenberg (AS)
- **Steiger Ludwig,** Niederaudorf / Oberaudorf (RO)
- **Stempfl Franz,** Irching / Bad Füssing (PA)
- **Stoapfälzer Sängerinnen,** Wackersdorf (SAD)

ANHANG

- **Stöckl Eberhard,** Falkenberg (TIR)
- **Strehl Evi,** Sulzbach-Rosenberg (AS), jetzt München (M)
- **Strehl Werner,** Untersteinbach / Pfreimd (SAD)
- **Süß Adolf,** vulgo Schunkn-Adolf, Leuchtenberg (NEW)
- **Süß Engelbert,** Mitterteich, jetzt Pfreimd (SAD)
- **Süß Hermann,** Fuchsberg / Teunz (SAD)
- **Tretter Else,** Premenreuth / Reuth bei Erbendorf (TIR)
- **Utz Leonhard,** Schwend / Birgland (AS)
- **Viehauser Martin und Albert,** Gögglbach / Schwandorf (SAD)
- **Vilsmeier Josef,** Reisbach (DGF)
- **Vogl Franz,** Stachesried / Eschlkam (CHA)
- **Vogl Walburga,** Hohenfels (NM)
- **Wagner-Buam** Bischl / Velden / Vils
- **Wanninger Alois,** Lehdorf bei Atzenzell / Traitsching (CHA)
- **Watzke Joe,** Schierling (R)
- **Weber Benedikt,** vulgo Weber Bene, Sattelpeilnstein / Traitsching (CHA)
- **Weber Erhard,** Ziegelhütte / Neukirchen bei Sulzbach-Rosenberg (AS)
- **Weigl Heiner,** Brennberg (R)
- **Wein Christl,** Hersbruck (N)
- **Weinmann Jakob,** Kneiting / Pettendorf (R)
- **Weiß Alfred,** Waldmünchen (CHA)
- **Weiß Franz,** Daberg / Furth im Wald (CHA)
- **Weiß Josef,** Großkonreuth / Mähring (TIR)
- **Wendt Ludwig,** Schrenkenthal / Lohberg (CHA)
- **Wiederer Josef,** Gumplitz / Egerland, später Bärnau (TIR)
- **Wild Barbara,** Unterhütte / Böhmerwald, später Schönsee (SAD)
- **Wild Manfred,** Eslarn (NEW)
- **Wirtshaussänger** Atzenzell / Traitsching (CHA)
- **Wirtshaussänger** Rödlaser Berghütte, Hirschau (AS)
- **Wirtshaussänger** Rittsteig / Neukirchen b. Hl. Blut (CHA)
- **Wittl Franz Xaver,** Parsberg (NM)
- **Wittmann Roswitha,** Seubersdorf (NM)
- **Zagler Gaby,** Tirschenreuth (TIR)
- **Zangl, Kati und ihre Mutter „Tauber" Rizi,** Böhmerwäldler-Siedlung Wolfsberg im Banater Bergland (Rumänien)
- **Zelzner Erna,** Sulzbach-Rosenberg (AS)
- **Zintl Hans,** Münchenreuth / Waldsassen (TIR)
- **Zupfer Sepp,** Neustadt a. d. Waldnaab (NEW)
- **Zwack Helmut,** Fuchsberg / Teunz (SAD)
- **Zwei Sängerinnen aus der Böhmerwäldler-Siedlung Wolfsberg,** Josephinental, Banater Bergland (Rumänien)